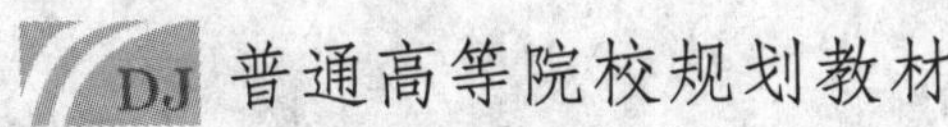

微型计算机使用与维护

主编　乜　勇

编者　乜　勇　张慕华
　　　宋艳茹　张卓星

陕西师范大学出版社

陕西师范大学教师教育平台专项基金资助

前言

随着科学技术的迅速发展,计算机科学也得到了迅猛的发展。为了各行各业适应信息社会快速发展的需要,我们必须培养大量的微型计算机应用型、实用型的人才。我们从微型计算机应用的实际出发,本着“理论够用,重在实践”的原则,来指导学生实际应用的需要,以培养学生对计算机结构及系统的感性认识,提高他们的动手能力,使他们在微型计算机硬件、微型计算机组成原理及维护和微型计算机网络应用等诸方面的实际工作能力得到训练,使其成为在计算机应用领域具有合理的知识结构、较强的技术应用能力和良好的可持续发展能力的高级人才。为此,我们编写了这本《微型计算机使用与维护》教材。

全书共分10章。第1章介绍了微型计算机基础知识,包括微型计算机的诞生、发展、组成及各部件的基础知识;第2章介绍微型计算机硬件系统的主要部件的功能、性能及基本参数等;第3章介绍微型计算机硬件系统的组装和调试,较为详细地介绍了整个微型计算机的装机过程,并且配有图表,使学习者能够较为直观地学到微型计算机一般的装机和调试方法;第4章介绍了BIOS系统的基本内容及其设置,其中包括BIOS的种类、什么时候需要对BIOS进行设置、进入BIOS的一般方法,主要项目的设置方法等。第5章介绍了微型计算机系统不可缺少的外存储器——硬盘。较为全面地介绍了硬盘的基本组成结构、硬盘在微型计算机系统中基本使用方法;第6章全面介绍了微型计算机系统中系统软件,主要介绍常用的操作系统的功能、种类及具体的安装方法及其优化;第7章介绍了主要的应用软件,如Office2003、常用的杀毒软件、播放软件、下载软件等常用软件的功能、作用及软件的基本安装、调试和卸载的方法;第8章较为全面地介绍了微型计算机常用外设的性能、安装连接、驱动的安装及基本的使用与维护,如投影仪、打印机、扫描仪、数码相机、摄像头等设备。第9章介绍了微型计算机系统的整体维护的基本方法,对微型计算机使用中常出现的部件和故障进行了较为详细的介绍。第10章介绍了微型计算机在网络中的应用,主要介绍了微型计算机网络的基本组成、基本特点、常见网络的基本组建方法。

本书是作者在总结近几年来教学实践经验并和团队一起参考部分资料基础上编写完成的，全书具有内容实用、知识系统、叙述翔实、实用性强等特点。本书适合各类高等学校计算机、通信电子、教育技术及其他相关专业的本科生、研究生和教育硕士作为计算机使用和维护方面课程的参考教材使用，也适合一些工程技术人员和其他读者参考和自学。

本书由陕西师范大学新闻与传播学院教育技术系乜勇主编，具体编写人员有乜勇、张慕华、宋艳茹、张卓星。本书在编写过程中，得到了学院有关领导、研究生部领导和陕西师范大学出版社负责老师的大力支持与帮助，在此一并感谢！

由于编者水平有限，书中错误或疏漏在所难免，敬请广大读者和专家批评指正。

编　者

2010 年 1 月

CONTENTS

第 4 章　BIOS 设置

第 5 章　硬盘的管理

第 6 章　操作系统的安装

第 7 章　应用软件的使用与安装

第 8 章　常用外设的使用与维护

第 9 章　计算机的日常维护

第 10 章　网络的组建

第1章

计算机基础知识

自从1946年第一台电子计算机问世以来,计算机科学与技术就成了本世纪发展最快的一门学科。计算机在社会各个领域的广泛应用,推动了社会的发展和进步,改变了人类社会的生产和生活方式,同时也对人们的学习、工作和生活提出了挑战。当今社会,了解计算机基础知识,掌握与计算机相关的各种技能已经成为每个公民的迫切需求。

本章主要介绍计算机系统的基础知识,包括计算机的应用与发展、计算机系统的组成等内容,具体知识结构图如下。

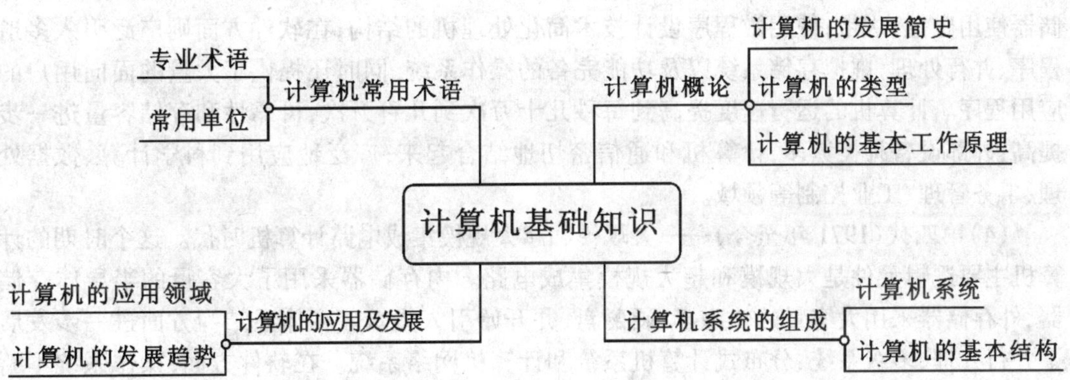

1.1 计算机概论

1.1.1 计算机的发展简史

1. 世界上第一台计算机的诞生

1946年2月,世界上第一台大型通用电子数字计算机ENIAC(Electronic Numerical Integrator and Calculator)在美国宾夕法尼亚大学研制成功,如图1-1所示。这台计算机用了18000多个电子管,占地面积约150平方米,重量达30吨,而运算速度只有5000次/秒,但它却是科学史上一次划时代的创新,奠定了电子计算机的基础。

图1-1 通用电子数字计算机ENIAC

2. 计算机的发展阶段

自从1946年第一台电子计算机问世以来,计算机科学与技术已经成为发展最快的一门学科。由于计算机的发展与电子技术的发展密切相关,每一次电子技术的突破性进展,都会带来计算机领域的一次重大变革。因此,人们通常以计算机物理器件的变革作为标志,把计算机硬件系统的发展分为四代,分别是电子管计算机时代、晶体管计算机时代、集成电路计算机时代、大规模和超大规模集成电路计算机时代。

(1)第一代(1946年—1958年)——电子管计算机时代。计算机硬件使用的主要逻辑元件是电子管,主存储器先采用延迟线,后采用磁鼓、磁芯,外存储器采用磁带;采用机器语言和汇编语言编写程序,还没有软件这个概念。这个时期计算机的特点是:体积庞大、运算速度低,存储容量小,可靠性差并且造价昂贵。第一代计算机主要用于科学计算和军事应用方面。

(2)第二代(1959年—1964年)——晶体管计算机时代。计算机硬件使用的主要逻辑元件是晶体管,主存储器采用芯片、外存储器采用磁带和磁盘。这个时期计算机的另一个很重要的特点是存储器的革命,软件配置开始出现,一些高级程序设计语言相继问世,如科学计算用的FORTRAN语言,商业事务处理的COBOL语言,符号处理用的LISP等高级语言开始进入实用阶段。操作系统也初步成型,使计算机的使用方式由手工操作改变为自动作业管理。

(3)第三代(1965年—1970年)——集成电路(Integrated Circuit,IC)计算机时代。计算机硬件使用中、小规模集成电路替代了分立元件,用半导体存储器替代了磁芯存储器;外存储器使用磁盘、磁带;使用微程序设计技术简化处理机的结构;在软件方面则广泛引入多道程序、并行处理、虚拟存储系统以及功能完备的操作系统,同时还提供了大量的面向用户的应用程序。计算机的运行速度提高到每秒几十万次到几百万次,可靠性和存储容量进一步提高;外部设备种类繁多,计算机和通信密切地结合起来,广泛地应用到科学计算、数据处理、事务管理、工业控制等领域。

(4)第四代(1971年至今)——大规模和超大规模集成电路计算机时代。这个时期的计算机主要逻辑元件是大规模和超大规模集成电路。内存储器采用了大容量的半导体存储器,外存储器采用大容量的软磁盘、硬磁盘,并开始引入光盘。在体系结构方面进一步发展了并行处理、多级系统、分布式计算机系统和计算机网络系统。在软件方面,操作系统不断得到发展和完善,同时发展了数据库管理系统、通讯软件、分布式操作系统以及软件工程标准等。第四代计算机的运行速度可达到每秒上千万次到万亿次,计算机的存储容量和可靠性又有了很大提高,功能更加完善。计算机的类型除小型、中型、大型机外,开始向巨型机和微型机(个人计算机)两个方面发展。

目前人们使用的计算机都属于第四代计算机,而新一代的计算机即第五代计算机正在设想和研制阶段。第五代计算机的目标是把信息采集、存储处理、通信和人工智能结合在一起的计算机系统,也就是说新一代计算机由处理数据信息为主,转向处理知识信息为主,如获取知识、表达知识、存储知识及应用知识等,并有推理、联想和学习(如理解能力、适应能力、思维能力等)等人工智能方面的能力,能帮助人类开拓未知领域和获取新的知识。但遗憾的是新一代计算机的研究至今还没有突破性的进展。

1.1.2 计算机的类型

计算机种类很多,按照不同的标准,可以将计算机划分为不同的类型。计算机的划分方式主要有如下几种:

1. 按所处理的信号划分,计算机有数字计算机和模拟计算机两类

(1)数字计算机的电子电路处理的是按脉冲的有无、电压的高低等形式表示的非连续的

(离散的)物理信号,该离散信号由0和1组成的二进制数字表示。数字计算机的计算精度高,抗干扰能力强。现在大多数计算机都是数字计算机。

(2)模拟计算机的电子电路处理的是连续变化的模拟量,如电压、电流、温度等物理量的变化曲线。这种计算机的计算精度低,抗干扰能力差,应用面窄,已基本被数字计算机取代。

2. 按计算机的功能划分,计算机有通用计算机和专用计算机两类

(1)通用计算机硬件系统是标准的,并具有扩展性,安装上不同的软件就可以做不同的工作。通用计算机可做科学计算,也可作信息处理。如果在扩展槽中插入相关硬件,还可实现数据采集、完成实时测控等任务。这种类型的计算机通用性强,应用范围广。

(2)专用计算机的软/硬件全部根据应用系统的要求配置,因此,具有最好的性能/价格比,但只能完成某项专门任务,如生产过程控制、军事装备的自动控制等。这种类型的计算机功能单一,适用范围小。

3. 按计算机综合性能划分,可以将计算机分为巨型计算机、大型计算机、小型计算机、微型计算机、工作站和服务器

(1)巨型计算机又叫超级计算机(super computers),是指其运算速度每秒超过数百万亿次的超大型的计算机。它采用大规模并行处理体系结构,使其运算速度快、存储容量大、有极强的运算处理能力。巨型计算机主要用于复杂的科学计算和军事、科研、气象、石油勘探等专门的领域。我国自行研制成功的“银河”百亿次计算机和“曙光”千亿次计算机都是巨型计算机的代表,还有其他的巨型计算机,如图1-2所示。

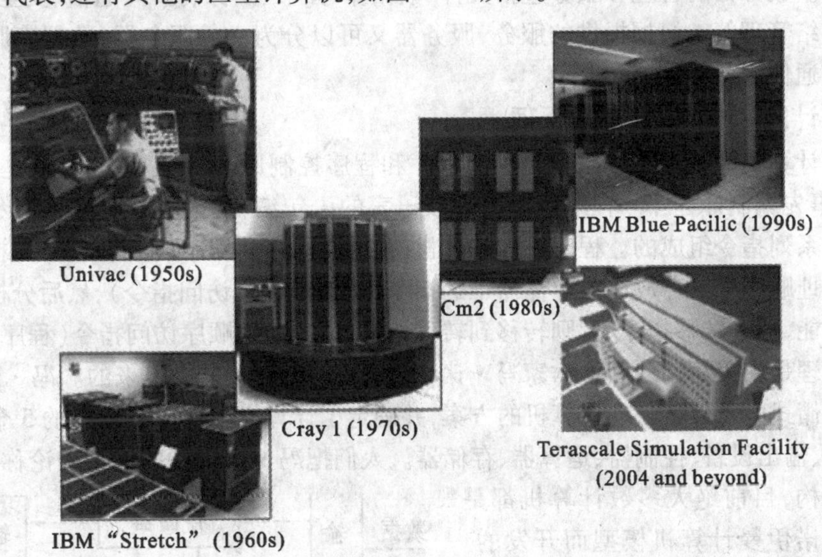

图1-2　IBM大型机,Gray超级计算机

(2)大型计算机(main-frame computer)有极强的综合处理能力,它的运算速度和存储容量次于巨型机,但也具有较高的运算速度,每秒钟可以执行数亿条指令以上,并具有较大的存储容量和较好的通用性,但价格比较昂贵。大型计算机主要用于计算中心和计算机网络中,通常被用来作为银行、铁路等大型应用系统中的计算机网络中的服务器使用。

(3)小型计算机(mini-computer)的运算速度和存储容量低于大型计算机,规模较小、结构简单、操作简便、维护容易、成本较低。由于小型计算机与终端和各种外部设备连接比较容易,适合作为联机系统的主机,所以它主要用于科学计算、数据处理,还用于工业生产过程的自动化控制以及数据采集、分析、计算等。

(4)微型计算机(micro - computer)由微处理器、半导体存储器和输入输出接口组成。微型计算机以其体积小、灵活性好、价格便宜、使用方便、可靠性强等优势遍及社会各个领域,真正成为人们信息处理的工具。目前最普及的微型机是所谓的个人计算机(personal computer, PC)即面向个人或家庭使用的低档微型计算机。主要包括台式微型计算机、便携式计算机、掌上个人计算机等。

(5)工作站(workstation)是一种介于微型计算机和小型计算机之间的高档计算机系统。世界上第一个工作站 DN - 100 于 1980 年由美国的 Appolo 公司推出。工作站主要面向的是专业应用领域,主要包括工程设计、动画制作、科学研究、软件开发、金融管理、信息服务和模拟仿真等。工作站通常配有高分辨率的大屏幕显示器和大容量的内、外存储器,具有较强的数据处理能力和高性能的图形功能。早期的工作站大都采用 Motorola 公司的 680X0 芯片,配置 UNIX 操作系统。现在的工作站大都采用 Intel 公司的 Pentium 4,配置 Windows 2000/XP 或者 Linux 操作系统。

(6)服务器是一种在网络环境下为多个用户提供服务的计算机系统。从硬件上来说,一台普通的计算机也可以充当服务器,关键是服务器应该安装网络操作系统、网络协议和各种服务软件。服务器的管理和服务包括文件、数据库、图形、图像、打印、通信、安全、保密、系统管理和网络管理等。根据提供的服务,服务器又可以分为文件服务器、数据库服务器、应用服务器和通信服务器等。

1.1.3 计算机的基本工作原理

现代计算机的基本工作原理是存储程序和程序控制原理,该原理的要点是为解决某个问题,需事先编制好程序。程序可以由高级语言的语句编写,也可以由机器指令组成,即程序是由一系列指令组成的。程序输入计算机,存储在内存储器中(存储原理)。在运行时,控制器按地址顺序取出存放在内存储器中的指令(按地址顺序访问指令),然后分析指令,执行指令的功能,遇到转移指令时,则转移到转移地址,再按地址顺序访问指令(程序控制)。

该原理是由美籍匈牙利科学家冯·诺依曼于 1946 年首先提出来的。冯·诺依曼提出了程序存储式电子数字自动计算机的方案,并确定了计算机硬件体系结构的 5 个基本部件:输入设备、输出设备、控制器、运算器、存储器。人们把冯·诺依曼的这个理论称为冯·诺依曼体系结构,目前绝大多数计算机都是基于冯·诺伊曼计算机模型而开发的。冯·诺伊曼的主要思想可概括为以下 3 点。

1. 冯·诺伊曼计算机结构模型

冯·诺伊曼计算机结构模型主要包括:输入设备、输出设备、存储器、控制器、运算器 5 大组成部分,它们之间的关系如图 1 - 3 所示。

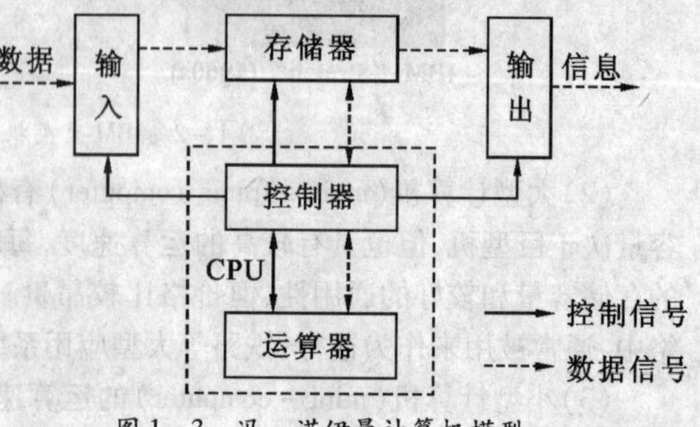

图 1 - 3 冯·诺伊曼计算机模型

2. 采用二进制形式表示数据和指令

指令是人们对计算机发出的用来完成一个最基本操作的工作命令,它由计算机硬件来执行。指令和数据在代码形式上并无区别,都是由 0 和 1 组成的二进制代码序列,只是各自约定的含义不同。在计算机中采用二进制,使信息数字化容易实现,并可以用二值逻辑元件进行表示和处理。

3. 存储程序

这是冯·诺依曼思想的核心内容。程序是人们为解决某一实际问题而写出的指令集合,指令设计及调试过程称为程序设计。存储程序意味着事先将编制好的程序(包含指令和数据)存入计算机存储器中,计算机在运行程序时就能自动地、连续地从存储器中依次取出指令并执行。

1.2　计算机系统的组成

1.2.1　计算机系统

完整的计算机系统包括两大部分,即硬件系统和软件系统。所谓硬件,是指构成计算机的物理设备,即由机械、电子器件构成的具有输入、存储、计算、控制和输出功能的实体部件。软件也称"软设备",广义地说软件是指系统中的程序以及开发、使用和维护程序所需的所有文档的集合。我们平时说的"计算机",都是指含有硬件和软件的计算机系统。计算机系统的组成如图 1－4 所示。

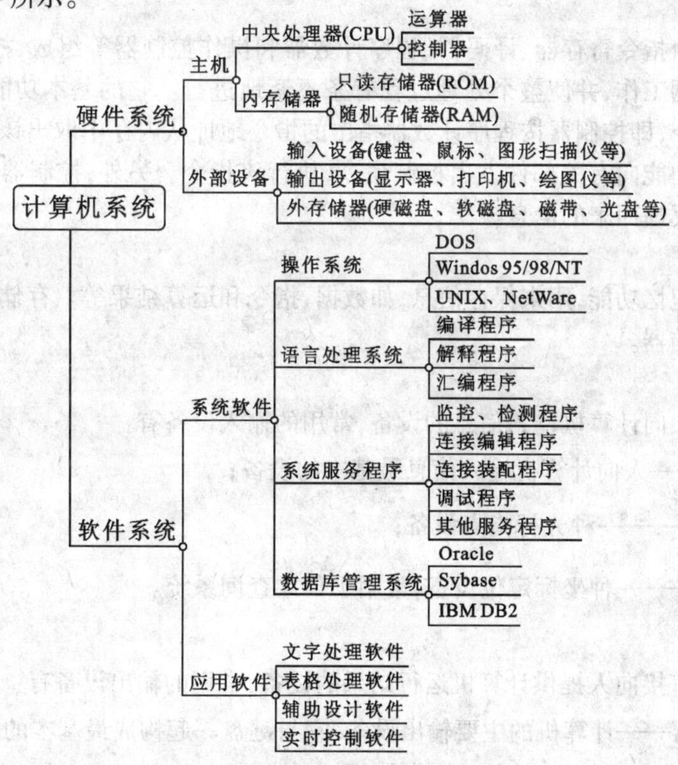

图 1－4　计算机系统的组成

1.2.2 计算机的基本结构

计算机由运算器、控制器、存储器、输入设备和输出设备五个基本部分组成,也称计算机的五大部件,其结构如图 1-5 所示。

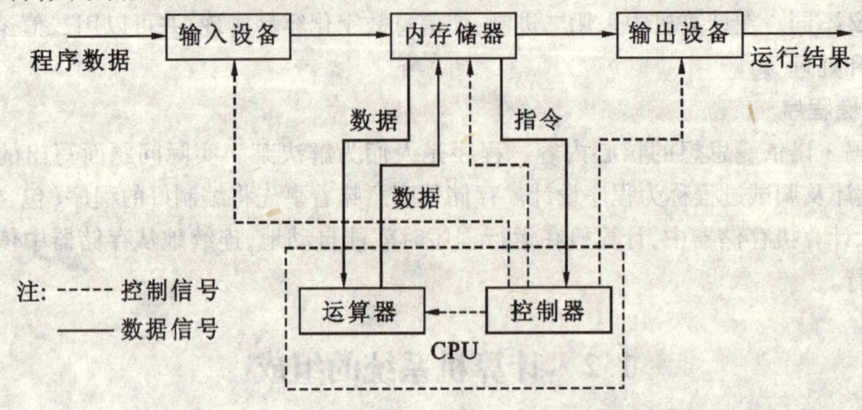

图 1-5 计算机基本结构

1. 运算器

运算器又称算术逻辑单元(Arithmetic Logic Unit,简称 ALU),是计算机对数据进行加工处理的部件,它的主要功能是对二进制数码进行加、减、乘、除等算术运算和与、或、非等基本逻辑运算,实现逻辑判断。运算器在控制器的控制下实现其功能,运算结果由控制器指挥送到内存储器中。

2. 控制器

控制器主要由指令寄存器、译码器、程序计数器和操作控制器等组成,控制器用来控制计算机各部件协调工作,并使整个处理过程有条不紊地进行。它的基本功能就是从内存中取指令和执行指令,即控制器按程序计数器指出的指令地址从内存中取出该指令进行译码,然后根据该指令功能向有关部件发出控制命令,执行该指令。另外,控制器在工作过程中,还要接收各部件反馈回来的信息。

3. 存储器

存储器具有记忆功能,用来保存信息,如数据、指令和运算结果等。存储器可分为两种:内存储器与外存储器。

4. 输入设备

输入设备是人向计算机输入信息的设备,常用的输入设备有:

键盘——人向计算机输入信息最基本的设备;

鼠标器——一种光标指点设备;

触摸屏——一种坐标定位设备,常用于公共查询系统。

5. 输出设备

输出设备是直接向人提供计算机运行结果的设备,常用的输出设备有:

显示器——计算机的主要输出设备,它与键盘一起构成最基本的人机对话环境;

打印机——打印机为用户提供计算机信息的硬拷贝(常用的打印机有击打式、喷

墨式和激光打印机)

1.3　计算机的应用领域及发展趋势

1.3.1　计算机的应用领域

计算机的应用领域已渗透到人类社会生活的各行各业,正在改变着传统的工作、学习和生活方式,推动着社会的发展。计算机的主要应用领域如下:

1. 科学计算(或数值计算)

科学计算是指利用计算机来完成科学研究和工程技术中提出的数学问题的计算。在现代科学技术工作中,有各类复杂的数学计算问题,比如核反应方程式、卫星轨道和材料结构受力分析等的计算,这些计算的工作量很大,用一般的计算工具,靠人工来计算是不可想象的,用高速、大型计算机,能够快速、及时、准确地获得计算结果。

2. 数据处理(或信息处理)

数据处理是指对各种数据进行收集、分类、排序、加工、整理、合并、统计、制表、检索,以及存储、计算、传输等操作。据统计,80%以上的计算机主要用于数据处理,这类工作量大面宽,决定了计算机应用的主导方向。

数据处理从简单到复杂已经历了三个发展阶段,分别是:

(1)电子数据处理(Electronic Data Processing,简称 EDP),它是以文件系统为手段,实现一个部门内的单项管理。

(2)管理信息系统(Management Information System,简称 MIS),它是以数据库技术为工具,实现一个部门的全面管理,以提高工作效率。

(3)决策支持系统(Decision Support System,简称 DSS),它是以数据库、模型库和方法库为基础,帮助管理决策者提高决策水平,改善运营策略的正确性与有效性。

目前,数据处理已广泛地应用于办公自动化、企事业计算机辅助管理与决策、情报检索、图书管理、电影电视动画设计、会计电算化等各行各业。

3. 辅助技术(或计算机辅助设计与制造)

计算机辅助技术主要包括计算机辅助设计、计算机辅助制造、计算机集成制造系统和计算机辅助教学,下面分别介绍这几种技术:

(1)计算机辅助设计(Computer Aided Design,简称 CAD)是利用计算机的计算、逻辑判断、数据处理以及绘图等功能,并与人的经验和判断能力结合,共同完成各种产品或者工程项目的设计工作,实现设计工作的自动化或半自动化。它已广泛地应用于飞机、汽车、机械、电子、建筑和轻工等领域。例如,在建筑设计过程中,可以利用 CAD 技术进行力学计算、结构计算、绘制建筑图纸等,这样不但提高了设计速度,而且可以大大提高设计质量。

(2)计算机辅助制造(Computer Aided Manufacturing,简称 CAM)是利用计算机系统进行生产设备的管理、控制和操作的过程。例如,在产品的制造过程中,用计算机控制机器的运行,处理生产过程中所需的数据,控制和处理材料的流动以及对产品进行检测等。使用 CAM 技术可以提高产品质量,降低成本,缩短生产周期,提高生产率和改善劳动条件。

(3)计算机集成制造系统(Computer Integrated Manufacturing System, 简称 CIMS)是指将

计算机技术集成到制造工厂的整个制造过程中,使企业内的信息流、物流、能量流和人员活动形成一个统一协调的整体。CIMS 的对象是制造业,手段是计算机信息技术,实现的关键是集成,集成的核心是数据管理。在 CIMS 中,利用计算机将接受订单、产品设计、生产制造、入库与销售以及经营管理的整个过程连接起来,形成一个自动的流水线,从而建立企业现代化的生产管理模式,最终实现无人化工厂(或车间)。

(4)计算机辅助教学(Computer Aided Instruction,简称 CAI)涉及的层面覆盖了整个教学环节,应用得非常广泛,从校园网到 Internet,从 CAI 课件的制作到远程教学,从辅助儿童的智力开发到中小学教学以及大学教学,从辅助学生自学到辅助教师讲课,从计算机辅助实验到整个学校的教学管理等,都可以在计算机的辅助下进行。计算机辅助教学不仅能减轻教师的负担,还能激发学生的学习兴趣,提高教学质量和学校管理水平与工作效率。在计算机辅助教学中使用的主要技术有多媒体技术、校园网技术、Internet 与 web 技术、数据库与管理信息系统技术。

4. 过程控制(或实时控制)

过程控制是利用计算机及时采集检测数据,按最优值迅速地对控制对象进行自动调节或自动控制。采用计算机进行过程控制,不仅可以大大提高控制的自动化水平,而且可以提高控制的及时性和准确性,从而改善劳动条件、提高产品质量及合格率。因此,计算机过程控制已在机械、冶金、石油、化工、纺织、水电、航天等部门得到广泛的应用。例如,在汽车工业方面,利用计算机控制机床、控制整个装配流水线,不仅可以实现精度要求高、形状复杂的零件加工自动化,而且可以使整个车间或工厂实现自动化。

5. 人工智能(或智能模拟)

人工智能(Artificial Intelligence)是计算机模拟人类的智能活动,诸如感知、判断、理解、学习、问题求解和图像识别等。现在人工智能的研究已取得不少成果,有些已开始走向实用阶段。例如,能模拟高水平医学专家进行疾病诊疗的专家系统,具有一定思维能力的智能机器人等等。

6. 网络应用

微电子技术、计算机技术与现代通信技术的结合构成了计算机网络。计算机网络的建立,不仅解决了一个单位、一个地区、一个国家中计算机与计算机之间的通讯,各种软、硬件资源的共享,也大大促进了国际间的文字、图像、视频和声音等各类数据的传输与处理。

1.3.2 计算机的发展趋势

随着微电子技术、网络技术等的发展,计算机未来发展呈现以下趋势:

(1)计算机性能不断提高;

(2)计算机的价格将持续下降;

(3)计算机的信息处理功能走向多媒体化;

(4)计算机应用走进"网络计算机时代"。

总的来说,其发展趋势向巨型化、微型化、网络化和智能化方向发展。

巨型化主要是指功能巨型化。它是指其高速运算、大存储容量和强功能的巨型计算机。其运算能力一般在每秒百亿次以上、内存容量在几百兆字节以上。巨型计算机主要用于尖端科学技术和军事国防系统的研究开发。

微型化主要指计算机体积微型化。20 世纪 70 年代以来，由于大规模和超大规模集成电路的飞速发展，微处理器芯片连续更新换代，微型计算机连年降价，加上丰富的软件和外部设备，操作简单，使微型计算机很快普及到社会各个领域并走进了千家万户。随着微电子技术的进一步发展，微型计算机将发展得更加迅速，其中笔记本型、掌上型等微型计算机必将以更优的性能价格比受到人们的欢迎。

网络化主要指计算机资源网络化。网络化是指利用通信技术和计算机技术，把分布在不同地点的计算机互联起来，按照网络协议相互通信，以达到所有用户都可共享软件、硬件和数据资源的目的。

智能化主要指的是计算机处理智能化。智能化就是要求计算机能模拟人的感觉和思维能力，也是第五代计算机要实现的目标。智能化的研究领域很多，其中最有代表性的领域是专家系统和机器人。

1.4　计算机常用术语

在学习计算机知识的过程中，人们常常会接触到一些计算机领域内的常用术语或单位，这些术语或单位大多不同于其他领域内相同词汇的含义，甚至有些词语只存在于计算机行业内。因此，下面将对使用相对频繁的计算机专业术语和单位进行简单介绍。

1.4.1　专业术语

在计算机中有很多的专业术语，熟悉并掌握这些专业术语有助于我们更快地了解计算机专业知识。下面简要介绍以下常用专业术语。

1. 波特

波特(baud)是数据传输速率的测量标准。通常是指调制解调器的数据传输速度。

2. Chipset(芯片组)

Chipset 是构成主板电路的核心。一定意义上讲，芯片组决定了主板的级别和档次。芯片组是“南桥”和“北桥”的统称，就是把以前复杂的电路和元件最大限度地集成在几颗芯片内。

3. 高速缓冲存储器

高速缓冲存储器(cache memory)是一种极高速的半导体存储器(semiconductor memory)，一般与高性能计算机系统中的主存储器(main store)结合使用。Cache 的存取时间(access time)远小于主存。

4. 端口速率

端口速率(Port Rate)又称 DCE 速率或最大吞吐量，指的是计算机串口到调制解调器的传输速率。由于现今调制解调器几乎都支持该速率的 V. 42bis 和 MNP5 压缩标准(压缩比都是 4:1)，所以这一速率一般比线路速率高得多。

5. I/O 芯片

在 486 以上档次的主板上都有 I/O 控制电路。它负责提供串行、并行接口及软盘驱动器控制接口。

6. frame/帧

在异步串行通讯中，以运行时间衡量的传输单位。它以处于字符之前的起始位开始，并以跟随该字符的最后一位停止位结束。在同步通讯中,信息包作为一个单独单元传送。每一帧都遵循相同的基本结构,并包含同步字符、站地址、错误检测值等控制信息以及多种多样的数据。

1.4.2 常用单位

1. 位

位(bit)是计算机存储数据的最小单位,用"b"表示。

2. 字节

储存容量是用字节(Byte)来表示的。1 个字节是最小的储存单位。

3. 存储量

计算机存储信息的容量,通常使用的单位有:千字节(KB)、兆字节(MB)、吉字节(GB)和太字节(TB)。

常用单位换算如下:

1TB(Terabyte) = 1024GB(Gigabyte)

1GB = 1024MB(Megabyte)

1MB = 1024KB(Kilobyte)

1KB = 1024B(Byte)

习题1

1. 简答题

(1)计算机的发展经历了哪几个阶段? 各阶段的特点是什么?

(2)计算机硬件体系结构由哪几个部件组成? 各部件的功能是什么?

(3)计算机中的常用单位有哪些?

(4)图示计算机系统的组成。

2. 拓展练习题

(1)上网查阅目前微机的外存储设备主要有哪些?

(2)搜集多媒体的相关资料,简述多媒体技术的特性有哪些?

(3)查阅相关书籍,了解计算机系统工作原理。

(4)上网检索或查阅最新的电脑图书资料,了解计算机除了教材中提到的那 6 大应用领域外,还有哪些其他的应用?

第2章

计算机各部件介绍

上一章我们已经知道了计算机主要由主机、显示器、键盘和鼠标等组成。显示器、键盘和鼠标是计算机的外部设备，生活中随处可见，也易于观察。主机外表看起来就像一个密封的黑匣子一样，不知道其中封装些什么东西。主机内部到底是一个什么样子呢？本章我们将为您揭开主机的神秘面纱……

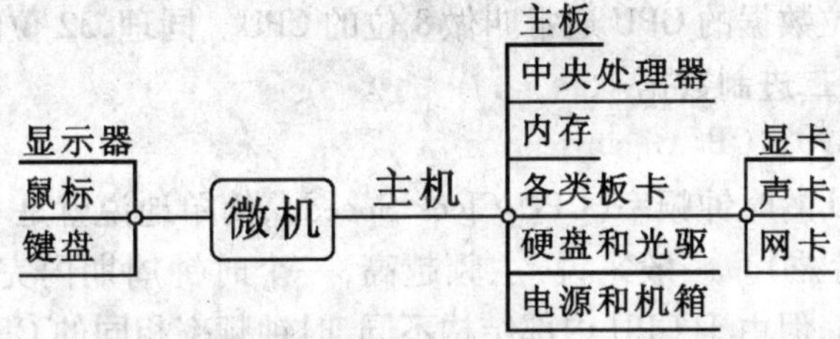

2.1　中央处理器—— CPU

CPU（Central Processing Unit，中央处理器）是计算机的核心部件，也是决定一台计算机性能高低最关键和最具有代表性的部件。CPU 的作用相当于人的大脑、汽车的发动机、一个部门的总经理。

2.1.1　CPU 的组成与工作原理

从外观上看，CPU 一般是由基板、核心和针脚三个部分组成，如图 2－1 所示。

基板是集成芯片和针脚的平台。

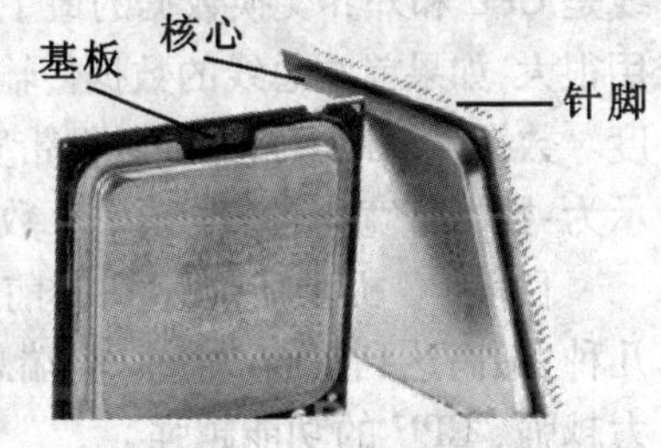

图 2－1　CPU 组成图

核心也就是平常所说的“内核”，它是 CPU 中最重要的组成部件，被密封在 CPU 的内部，CPU 所有的数据计算、接收命令、存储命令等都是由核心完成的。目前流行的“双核”指的就是有两个核心的 CPU。

CPU 的针脚即 CPU 下方的许多金属针，它是连接 CPU 与主板的纽带，针脚数不同的 CPU 对应的主板 CPU 插槽不同，例如 Socket478 接口的 CPU 就有 478 根针脚，Socket 939 接口的 CPU 有 939 根针脚。但是针脚数目的多少并不代表 CPU 性能的好坏。

CPU 的外观组成比较简单，那么这么小的一个部件到底是如何指挥整个计算机为我们工作的呢？下面我们就来看看 CPU 的工作原理。

CPU 主要依赖于运算器、控制器和存储单元这 3 个部分来进行正常工作，其中运算器主要完成各种算术运算（如加、减、乘、除）和逻辑运算（如逻辑加、逻辑乘和逻辑非运算）；控制器负责读取各种指令,并对指令进行分析,做出相应的控制;而存贮单元用来临时存储 CPU 接收到的数据。这 3 部分相互协调,便可以进行分析、判断、运算,并控制计算机各部分协调工作。

2.1.2 CPU 的性能指标

1. CPU 的位和字长

(1)CPU 的位。在计算机中,数据是以二进制形式进行处理和运算的,二进制的代码只有“0”和“1”。我们把这样的一个代码叫 1 位(bit),如十进制数 8 换算成二进制数是 1000,其在计算机中被认为是 4 位。但由于位的单位太小,于是把每 8 位称为一个字节(Byte),即 1 字节 =8 位(1Byte = 8bit)。

(2)CPU 的字长。CPU 在单位时间内(同一时间)能一次处理的二进制的位数叫字长。所以能处理字长为 8 位数据的 CPU 通常叫做 8 位的 CPU。同理,32 位的 CPU 能在单位时间内处理字长为 32 位的二进制数据。

2. CPU 的频率

(1)主频就是 CPU 的时钟频率(CPU Clock Speed),简单地说就是 CPU 运算时的工作频率。单位为 MHz(兆赫兹)。一般来说,主频越高,一个时钟周期内完成的指令数也越多,CPU 的速度也就越快。但由于 CPU 内部结构不同,时钟频率相同的 CPU 的性能也不完全相同。CPU 主频的高低与 CPU 的外频和倍频有关,主频 = 外频 × 倍频。

(2)外频即 CPU 的基准频率,是 CPU 与主板之间同步运行的速度,也可以理解为 CPU 的外频直接与内存相连通,实现两者之间的同步运行状态。外频速度越高,CPU 就可以同时接受更多的来自外围设备的数据,从而使整个系统的速度进一步提高。

(3)倍频是 CPU 运行频率与系统外频之间差距的参数,也称为倍频系数,通常简称为倍频。在相同的外频下,倍频越高,CPU 的频率越高。

(4)前端总线频率(Front Side Bus,通常用 FSB 表示)是将 CPU 连接到北桥芯片的总线。CPU 是通过前端总线(FSB)连接到北桥芯片,再通过北桥芯片和内存、显卡交换数据。前端总线是 CPU 和外界交换数据的最主要通道,因此前端总线的数据传输能力对计算机整体性能作用很大,如果前端总线的数据传输能力不够强的话,再强的 CPU 也不能明显提高计算机整体速度。数据传输最大带宽即数据带宽取决于所有同时传输的数据的宽度和传输频率。用公式表示为:数据带宽 =(总线频率 × 数据位宽)÷8。

目前 PC 机上所能达到的前端总线频率有 266MHz、333MHz、400MHz、533MHz、800MHz 几种,最高达到 1066MHz。前端总线频率越大,代表着 CPU 与北桥芯片之间的数据传输能力越强,CPU 的功能越强。

3. CPU 的缓存——Cache

缓存(Cache)的作用是为 CPU 和内存在数据交换时提供一个高速的数据缓存区。当 CPU 要读取数据时,首先会在缓存中寻找,如果找到了则直接从缓存中读取,如果在缓存中未能找到,CPU 才会从主内存中读取数据。CPU 缓存一般分为 L1 高速缓存和 L2 高速缓存。

(1)L1 高速缓存用于暂存部分指令和数据,以使 CPU 能迅速地得到所需要的数据。L1 高速缓存与 CPU 同步运行,其容量越大,CPU 性能也会越高。

(2)L2 高速缓存(也称为二级高速缓存、L2 Cache)的容量和频率对 CPU 的性能影响也较大,它的作用是为了协调 CPU 的运行速度与内存存取速度之间的差异。L2 高速缓存是 CPU 晶体管总数中占的最多的一个部分。由于 L2 高速缓存的成本很高,因此 L2 高速缓存的容量大小一般用来作为高端和低端 CPU 产品的分界标准。

注意: 由于内存的工作速度远远不如缓存快,因此如果 CPU 的 L1 高速缓存容量越大的话,CPU 的运算能力便会越强。但由于 L1 高速缓存由静态 RAM 组成,结构较复杂,在 CPU 管芯面积不能太大的情况下,L1 高速缓存的容量不可能做得太大。

4. 地址总线宽度

地址总线的宽度决定了 CPU 可以访问的物理地址空间,简单地说就是 CPU 到底能够使用多大容量的内存。486 以上的电脑系统,地址线的宽度为 32 位,最多可以直接访问 4096MB(4GB)的物理空间。现在出现的地址总线宽度为 64 位的电脑系统,能够访问的物理空间就更大了。

5. 数据总线宽度

数据总线负责整个电脑系统的数据流量的大小,而数据总线的宽度则决定了 CPU 与二级高速缓存、内存以及 I/O 设备之间一次数据传输的信息量。对于 Pentium 系列以上级别的 CPU 来说,数据总线的宽度为 64 位,这时 CPU 一次可以同时处理 8 个字节的数据。

6. 制造工艺

CPU 的制造工艺以微米来表示,这里的微米是指 CPU 集成电路内电路与电路之间的距离。例如,0. 18 微米是指 CPU 核心中线路与线路之间的距离为 0. 18 微米。随着技术的发展,CPU 芯片的制作工艺已经从过去的 0. 5 微米、0. 35 微米、0. 25 微米、0. 18 微米、0. 15 微米、0. 13 微米、90 纳米、65 纳米发展到了目前最新的 45 纳米。未来 CPU 的精度会更高,生产工艺也会更先进。(微米、纳米均为长度单位,1 微米等于千分之一毫米,1 纳米等于千分之一微米)

7. 工作电压

工作电压是指 CPU 正常工作时所需的电压。早期 CPU 的工作电压一般为 5V,随着 CPU 主频的提高,CPU 工作电压有逐步下降的趋势,以解决发热过高的问题。目前 CPU 的工作电压一般在 1. 2V ~ 2. 2V 之间。CPU 制造工艺越先进,则工作电压越低,CPU 运行时耗电功率就越小。

工作电压有两种,分别是输入/输出(I/O)电压和内核电压。内核电压的高低主要取决于 CPU 的制造工艺,也就是上面所说的"0. 18 微米"或"0. 13 微米"等。

2.1.3 主流 CPU 产品介绍

目前,在竞争激烈的 CPU 市场上主要有两家公司,分别是 Intel 和 AMD,市场上的主流 CPU 产品也都产自这两家公司。

市场上 CPU 的零售价格波动较大,少则四五百元,多则上千元。500 元以下的 CPU,性价比较高的有 Intel 公司的 Intel Pentium 5200 和 AMD 公司的 Athlon X2 7750,这两款 CPU 的具体参数如表 2 - 1 所示。500 元以上的 CPU 性价比较高的有 Intel Core2 Quad Q8200 和

AMD Phenom Ⅱ X3 710，这两款 CPU 的具体参数如表 2－2 所示。

表 2－1　500 元以下的两款 CPU

项目名称	详细信息	详细信息
产品名称	Intel Pentium E5200	AMD Athlon X2 7750
生产工艺	45nm	65nm
接口类型	LGA775	Socket AM2＋(940)
核心类型	Wolfdale	Kuma
核心电压	1.2V	1.25V
主频	2.5GHz	2.7GHz
外频	200MHz	200MHz
倍频	12.5X	13.5X
一级缓存	32KBytes	L12×128K
二级缓存	L2 2048K	L22×512K
前端总线频率	800MHz	1800MHz
64 位处理器	是	是
核心数量	双核	双核
HyperTransport 总线技术		支持
参考价格	490 元	450 元

表 2－2　500 元以上的两款 CPU

项目名称	详细信息	详细信息
产品名称	Intel Core 2 Quad Q8200	AMD PhenomII X3 710
生产工艺	45nm	45nm
接口类型	LGA775	Socket AM3
核心类型	Yorkfield	Heka
主频	2.33GHz	2.6GHz
外频	333MHz	200MHz
倍频	7X	13X
一级缓存	L1 4*64K	L1 3*128K
二级缓存	L2 4096K	L2 3*512K
三级缓存		L3 6144K

续表

项目名称	详细信息	详细信息
前端总线频率	1333MHz	1800MHz
64 位处理器	是	是
核心数量	四核	三核
参考价格	1100 元	870 元

2.1.4　CPU 的选购

一般来讲,选购 CPU 时,需要根据购买计算机的用途以及性价比等方面进行选择。

1. 注重性价比

在选购 CPU 时,性价比是比较重要的一个因素。虽然 Intel 的 CPU 兼容性好,但是价格普遍比 AMD 的 CPU 高。

2. 根据需要选择

在选购 CPU 时,应该根据需要选择。下面将根据不同的应用范围来说明选购 CPU 应该注意的主要事项。

(1)办公室应用。如果是为了学习 office、上网等,原则上 2G 以下的 CPU 就可以应付日常工作。

(2)游戏玩家。3D 游戏素来具有“硬件杀手”的美称,游戏对 PC 各个部件的性能要求都很高,特别是 CPU 的浮点性能和显卡的像素填充率都是关键因素。建议游戏玩家选择性价比高的处理器。在 CPU 的主频选择方面,当然是主频越高越好。

(3)多媒体网络应用与制作。多媒体需要强大的 CPU、内存与硬盘资源,对 CPU 的性能要求也是越高越好,不过也没有必要追求顶级,2.66G 到 2.8G 左右就合适了。

(4)图形设计。3D 设计大多需要调用 OpenGL 函数库,因此对 CPU 浮点性能的依赖性很大。这方面 Athlon 系列能更好地发挥浮点运算强大的优势,性能更出色,Pentium 系列其次。建议以 3DMAX 、MAYA 等专业 3D 图形设计为主的用户选购 Athlon MP 处理器和具有超线程工作的 Pentium 4 处理器,主频速度建议尽量靠近顶级水平。

明确了选购 CPU 的用途后,由于 CPU 属于高科技含量的产品,因此假冒品不会存在,但是有些不法商家会将低端或修改过的 CPU 冒充高端、性能好的 CPU 出售,这种行为被称为“Remark”,因此用户应该学会如何鉴别真假 CPU,以免购买到“Rcmark”过的 CPU。鉴别真假 CPU,可根据以下几点进行判断。

1. 看包装

图 2－2 为盒装正品 Pentium 4 CPU,在包装盒内提供了原装散热风扇,并且提供三年质保。

如果是散装的 CPU,上面贴满了经销商的质保标签。这类产品一般由经销商提供质保。如图 2－3 所示为散装的 Intel CPU。

图 2-2　盒装正品 Intel CPU

图 2-3　散装 Intel CPU

2. 看 CPU 编号

Intel 公司的 CPU 编号比较直观易辨，可以轻易看出该 CPU 的基本性能参数。如产地信息、生产日期、性能参数等。如图 2-4 所示。

图 2-4　Intel Core 2 Duo E8400 的标识

【这里表示这块 CPU 为 Intel 生产的 E8400 处理器，在"性能参数"中显示了 CPU 的频率、二级缓存和前端总线频率，该 CPU 的主频为 3.0GHz，二级缓存为 6MB，前端总线频率为 1333MHz；在"产地信息"中显示了 CPU 的产地等信息，这里表示该 CPU 是由马来西亚（MALAY）生产的；在"生产日期"中显示了 CPU 的生产日期等信息，这里表示该 CPU 的生产日期为 2006 年生产的。】

3. 利用测试工具

一般在购买 CPU 时准备几款 CPU 频率测试工具，现场测试 CPU 频率比较可靠，常用的频率测试工具有 Intel(R) Processor Frequency ID Utility 和 CPU INFORMATION。

(1) Intel(R) Processor Frequency ID Utility 软件是 Intel 公司推出的 CPU 测试软件，可测试所有 Intel CPU 的真实频率，目前的最新版本是 7.2。

(2) CPU INFORMATION 软件是 AMD 公司推出的 CPU 测试软件，该测试软件可测试所有 AMD CPU 的真实频率，也可以测试 Intel CPU 的真实频率。

2.2　内　存

内存是计算机运行的核心组件之一，计算机中所有程序的运行都是在内存中进行的。因此内存对系统的性能和稳定有着非常大的影响。本节将介绍内存的相关知识，包括内存的作用、内存的外观、内存的种类、影响内存性能的指标等等。

2.2.1　内存简介

1. 内存的作用

内存（Memory）也被称为内存储器，其作用是暂时存放 CPU 中的运算数据，以及与硬盘等外部存储器交换数据。CPU 工作时，先将部分常用的信息预读入内存，使用的时候再到内存中读取,由于从内存中读取的速度比硬盘快,因此,内存容量越大,预读的信息就越多,计算机响应的速度也就越快。

2. 内存的外观

内存是由内存芯片、电路板、金手指等部分组成的,如图2-5所示为内存的外观。内存的几个重要组成部分的作用如下所述。

(1)PCB板,内存条的PCB板都是绿色的。如今的电路板设计都很精密,都采用了多层设计。例如4层或6层等。理论上6层PCB板比4层PCB板的电气性能要好,性能也较稳定,所以名牌内存多采用6层PCB板制造。

(2)金手指,内存上的一根根黄色的接触点通常称为金手指,是内存与主板内存槽接触的部分,数据就是靠它们来传输的。金手指是铜质导线,使用时间长就可能有氧化的现象,会影响内存的正常工作,发生无法开机的故障,所以隔一年左右时间就需要用橡皮擦清理一下金手指上的氧化物。

(3)内存缺口与内存插槽中的防凸起设计配对,防止内存错误插入。

(4)内存的芯片就是内存的灵魂所在,内存的性能、速度、容量都是由内存芯片决定的。

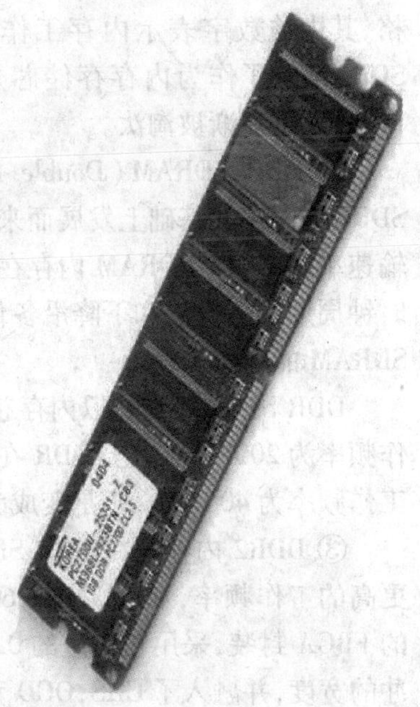

图2-5 DDR SDRAM内存

另外内存条上一般还有芯片标志,通常包括厂商名称、单片容量、芯片类型、工作速度、生产日期等资料,其中还可能有电压、容量系数和一些厂商的特殊标识在里面。芯片标志是观察内存条性能参数的重要依据。

3. 内存的分类

(1)按照内存的工作原理可将内存分为RAM和ROM两类。

① RAM(Random Access Memory,随机存取存储器)又可以分为两种,一种是Dynamic RAM(DRAM,动态随机存取存储器),它具有集成度高、结构简单、功效低以及生产成本低等特点,主要应用在计算机的主存储器中,如内存和显示内存(显存);另一种是Static RAM(SRAM,静态随机存取存储器),其结构相对较复杂、造价高、速度快,所以一般SRAM多应用于高速小容量存储器中,如Cache。在RAM中存储的内容可通过指令随机读写访问,但是RAM中存储的数据在断电时会丢失,因而只能在运行时存储数据。

平时所说的内存是RAM,其主要作用是存放各种输入、输出数据和中间计算结果以及与外部存储器交换信息时做缓冲用。由于CPU只能直接处理内存中的数据,因此内存的速度和容量对计算机性能的影响很大。

② ROM(Read Only Memory,只读存储器)的特点是价格高、存储容量小,而且一般只能从中读取信息而不能写入信息。但是ROM保存的数据在断电后可保持不变,因此多用于存放一次性写入的程序和数据,如用于存储主板和显卡BIOS芯片的相关信息。

(2)按照内存的工作方式划分,目前市场上主要有SDRAM、DDR SDRAM、DDR2内存和

RDRAM这几种类型。

① SDRAM(Synchronous Dynamic RAM,同步动态随机存储器)采用一种双存储体结构,它的工作频率与CPU的外频一样。SDRAM内存又分为PC100、PC133和PC150等不同规格,其中的数字表示内存工作的时钟频率。SDRAM内存一般按照其工作频率来命名,SDRAM除了作为内存存储芯片外还可以作为显卡的存储芯片。但随着DDR2的普及,SDRAM也渐渐被淘汰。

② DDR SDRAM(Double Data Rate SDRAM,双倍速率同步动态随机存储器)是在SDRAM内存的基础上发展而来的,一般简称为DDR,其传输速率是同频率SDRAM内存传输速率的两倍。SDRAM内存在每个时钟周期的上升沿传送一次数据,而DDR SDRAM则在时钟周期的上升沿和下降沿各传送一次数据,这样不需要提升时钟的频率就能成倍地提高SDRAM的存取速度。

DDR SDRAM都是以内存芯片的工作频率来命名的。如DDR 400表示该内存芯片的工作频率为200MHz,由于DDR在时钟周期的上升沿和下降沿都传送数据,因此该内存的实际工作频率为400MHz,于是变成为DDR 400。

③ DDR2内存是在DDR SDRAM的基础上发展而来,其最低工作频率为400MHz,还有更高的工作频率,如533MHz,667MHz,800MHz和1000MHZ等。DDR2内存采用了240pin的FBGA封装,采用较先进的0.13μm生产工艺,工作电压为1.8V。DDR2拥有4到8路脉冲的宽度,并融入了CAS,OCD和ODT等新技能指标和中断指令,还提供了4位、8位512MB内存1KB的寻址设置,以及16位512MB内存2KB的寻址设置,此外还包括了4位预取数性能。如图2-6所示为一款DDR2内存。

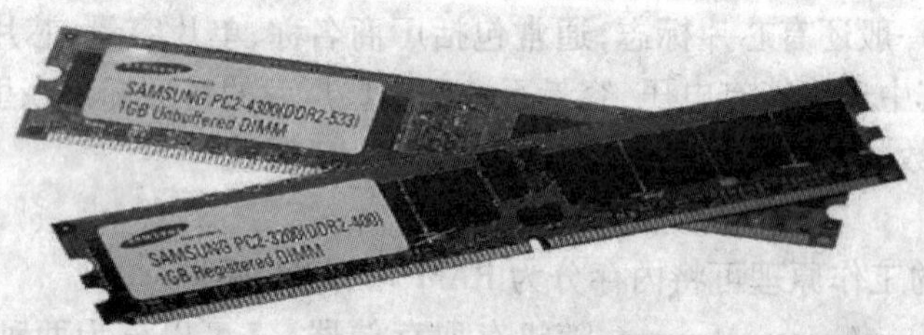

图2-6 DDR2内存

④ RDRAM(Rambus DRAM,高频动态随机存取存储器)是美国的RAMBUS公司开发的一种内存。与DDR和SDRAM不同,它采用了串行的数据传输模式。在推出时,因为其彻底改变了内存的传输模式,无法保证与原有的制造工艺相兼容,而且内存厂商要生产RDRAM还必须要缴纳一定专利费用,再加上其本身制造成本,导致了RDRAM从一问世就因高昂的价格让普通用户无法接受。而同时期的DDR则能以较低的价格,不错的性能,逐渐成为主流。

2.2.2 内存的性能指标

内存的性能指标包括存储速度、存储容量、CAS延迟时间、内存带宽等,它们是衡量一个内存好坏的基本标准。下面分别对它们进行介绍。

1.存储速度

内存的存储速度指内存存取一次数据所需要的时间,单位为纳秒,记为ns,1s=10亿

ns，即 1ns = 10^{-9}s。纳秒值越小，表明存取时间越短，速度就越快。目前，DDR 内存的存取时间一般为 6ns，而更快的存储器多用在显卡的显存上，如 5ns、4ns、3.6ns 和 2.8ns 等。

2. 存储容量

内存容量表示内存可以存放数据的空间大小。目前常见的内存存储容量单条有 256MB、512MB 和 1GB 的，当然也有单条 2GB 的内存，不过其价格更高，普通用户很少使用。就目前的市场行情来看，配机时尽量使用单条容量为 512MB 或者以上的内存，不要选用两根 256MB 的方案。

提示：内存存储容量的换算公式为：1GB = 1024MB = 1024 × 1024KB。

3. 内存带宽总量

内存带宽总量是决定内存性能的重要标准之一，是理想状态下内存在单位时间内所能传输的最大数据容量。计算内存带宽总量的公式：

内存带宽总量（MB）= 最大时钟频率（MHz）× 总线宽度（b）× 每时钟数据段数量/8。

4. CAS 延迟时间（CL）

CL 是 CAS Latency 的缩写，即 CAS 延迟时间，是指从读取请求有效开始到输出端可以提供数据为止的时间，一般是两个或三个时钟周期。它是在一定频率下衡量不同规范内存的重要标准之一。如在相同工作频率下，CAS 延迟时间为 2 的内存比 CAS 延迟时间为 3 的内存速度更快、性能更好。对于 PC1600 和 PC1200 的内存来说，其规定的 CL 应该为 2，即读取数据的延迟时间是两个时钟周期，也就是说它必须在 CL = 2R 的情况下稳定工作在其工作频率中。

5. SPD 芯片

SPD（Serial Presence Detect，内存模组串行存在检测）是一个 8 针 256 字节的 EEPROM（可电擦写可编程只读存储器），芯片位置一般处在内存条正面的右侧，里面记录了诸如内存的速度、容量、电压与行、列地址、带宽等参数信息。当开机时，电脑的 BIOS 将自动读取 SPD 记录的信息。

6. 错误检查与校正（ECC）

ECC（Error Check Correct）检验是一种内存校验技术，目前已被广泛应用于各种服务器和工作站上。ECC 检验采用与传统奇偶检验类似的检测错误的方法，与传统的奇偶检验又有区别：传统的奇偶校验只能检测出错误的所在，却不能纠正，而 ECC 检验不但可以检测出错误，还可以纠正错误。ECC 检验的纠错功能为服务器和工作站的稳定运行提供了有利条件，这样系统在不中断和不破坏数据传输的情况下可继续运行，可以让系统"感觉"不到错误。

2.2.3　内存条的选购

内存条是计算机的主要部件之一，内存条的容量、规格指标以及做工质量将会影响整个系统的性能发挥和稳定性。因此内存条的选购十分重要，建议从以下几个方面考虑。

1. 品牌

不同品牌的内存条质量也不一样。一般来说，知名厂家（如 Kingston、NEC、三星等）的内存条在出厂的时候都会经过严格的检测。而且,一些知名厂家的产品通常会留有一定的宽裕程度,以便满足日后有超频意向的用户需求,因此建议选购知名品牌的内存条。

2. 内存条的容量

内存条的容量当然是越大越好。但在选购内存条时,首先要考虑计算机的用途。选用内存条的原则是:在满足要求的情况下尽量大。虽然可以增加内存条,但尽量选购单条大容量的内存条,在同容量下单条内存要明显好于两条。对于单、双面内存的选购,同容量的内存,建议选购单面内存条,单面内存条要比双面内存条的集成度高。目前一般用户配置512MB 和 1GB 的单面内存条。

3. 制作工艺

优质内存条的外观看上去颜色均匀、表面光滑、边缘整齐,且无虚焊、无搭焊,SPD 及电阻的焊接也很整齐,内存条的金手指光亮整齐,没有褪焊接现象。

4. PCB 板的质量

PCB 板的质量优劣直接影响整块内存条的质量。在相同条件下,六层的 PCB 板比四层的 PCB 板稳定,因此在选购内存条时,要注意内存条的 PCB 板层数。

5. 内存颗粒

内存颗粒是内存条上最重要的部分。内存颗粒的优劣在最大限度上影响内存的质量。购买内存条时一定要认清其内存颗粒的生产厂商,目前世界上只有 HY(现代)、Samsung(三星)、Winbond(华邦)等几个厂商生产高质量内存颗粒,它们生产的内存颗粒上一般都会有自己的标志。购买时不只要看颗粒上面的标志,还要用手触摸文字是否有浮雕感,是否清晰,因为有些奸商会把原来上面的文字打磨掉,然后印上知名品牌的标志来欺骗消费者。

6. 金手指

金手指是内存条与内存插槽连接的一排金属触点。购买内存时,要仔细观察金手指的质量,包括做工是否精致,排列是否整齐,色泽是否明亮饱满,质感是否很好等。

7. 兼容性

不同品牌不同型号的内存是不兼容的,所以在购买多根内存条时需要购买相同品牌及型号的产品。

8. 内存测试软件

用户购买了内存后如果对其性能不放心,可以使用内存测试软件进行测试。内存性能测试的软件有很多,RightMark Memory Analyzer V3.8 便是其中之一,使用该软件可以对内存性能作出详细的报告。具体的操作步骤如下:

(1)双击【RMMS】图标,打开【RightMarkMemory Stability Test】对话框。

(2)在【Text Settings】组合框中,将【Memory】选项设置为物理内存的最大值。

(3)在【Text Repeats】微调文本框中输入"10"(测试次数)。

(4)单击【Run Test】按钮进行测试。测试过程中如果出现红色方块,则说明该内存存在问题。

(5)测试完成后,便会弹出一个显示测试结果的【Test finished】对话框。该对话框中显示了测试的项目数、测试时间以及错误数。

2.3 主　板

主板是计算机系统的核心组件之一，主机内的所有组件都与主板有联系，离开了主板，主机内的所有组件将不能工作。本节将介绍不同的主板类型和结构，以及不同主板芯片组的特点。

2.3.1　主板概述

主板是计算机中起着桥梁作用的硬件设备，在计算机正常运行时为系统内存、存储设备和其他 I/O 以及数码相机、摄像头、调制解调器等多媒体和通信设备提供接口。因此，主板是决定计算机总体性能高低的重要元素之一。

1. 主板分类

主板结构分为 AT、Baby - AT、ATX、Micro ATX、LPX、NLX、Flex ATX、EATX、WATX 以及 BTX 等结构。其中，AT 和 Baby - AT 是多年前的老主板结构，现在已经淘汰；而 LPX、NLX、Flex ATX 则是 ATX 的变种，多见于国外的品牌机，国内尚不多见；EATX 和 WATX 则多用于服务器/工作站主板；ATX 是目前市场上最常见的主板结构，扩展插槽较多，PCI 插槽数量有 4 - 6 个，大多数主板都采用此结构；Micro ATX 又称 Mini ATX，是 ATX 结构的简化版，就是常说的“小板”，扩展插槽较少，PCI 插槽数量在 3 个或 3 个以下，多用于品牌机并配备小型机箱；而 BTX 则是英特尔制定的最新一代主板结构。下面重点介绍以下几种：

（1）ATX 主板是 Intel 公司制定的主板标准，它是改进型的 AT 主板，它比 AT 主板设计更为先进、合理，与 ATX 电源结合得更好。

（2）NLX 主板，NLX 结构是英语“New Low Profile Extension（新型小尺寸扩展结构）”的意思，这种主板在进口品牌中使用比较广泛，它将所有的 I/O 接口、软/硬盘接口、各种板卡（PCI 插槽、AGP 插槽等）以及电源线都集成在一块扩展卡上，使用时将所有的板卡插上即可，这样可以将机箱的尺寸做得较小，拆卸变得方便、简单。其最大特点是主板、CPU 的升级灵活方便有效，不再需要每推出一种 CPU 就必须更新主板设计。

（3）BTX 主板，BTX 是英特尔提出的新型主板架构 Balanced Technology Extended 的简称，是 ATX 结构的替代者，这类似于前几年 ATX 取代 AT 和 Baby AT 一样。得益于新技术的不断应用，将来的 BTX 主板还将完全取消传统的串口、并口、PS/2 等接口。

2. 主板结构图

主板的结构较为复杂，其主要部件有 CPU 插座、北桥芯片、南桥芯片、内存插槽、总线扩展槽、外设接口、电源接口、软/硬盘接口和 BIOS 芯片等。如图 2 - 7 所示为技嘉 GA - MA78GM - S2H 主板的结构示意图。

3. 主板主要接口介绍

（1）CPU 插座/插槽。根据 CPU 与主板上连接的接口，可以将主板分为插座式（Socket）和插槽式（Slot）两种。CPU 只有通过接口与主板连接才能进行工作。目前 CPU 的接口都是针脚式的，对应到主板上就有相应的插槽类型。由于 CPU 的接口类型不同，在插孔数、体积和形状上都有所不同，所以不能互相接插。在 CPU 插座的一角有一个缺口，这与 CPU 上的

图 2－7　技嘉 GA－MA78GM－S2H 主板的外观

一角的缺口相对应，以防止将 CPU 的方向插错。

（2）电源插座。目前主板主要使用 ATX 电源插座。ATX 电源插座是一个 20 针或 24 针双排长方形电源接口。现在的主板在 CPU 附近还有一个 4 针或 8 针的辅助电源接口，主要为 CPU 供电。

（3）内存插槽。不同主板所支持的内存型号和数量都是由内存插槽来决定的。内存插槽通常有颜色标识，相同颜色的两条内存插槽用来组成双通道内存构架。内存插槽一般位于 CPU 插座下方。

（4）AGP（Accelerated Graphics Port，图形加速端口）插槽是专用的显卡插槽。其颜色通常为深棕色，位于北桥芯片和 PCI 插槽之间。AGP 接口标准有 4 种：1X、2X、4X 和 8X 之分。在 PCI Express 出现之前，AGP 显卡较为流行，其传输速度最高可达 2133MB/s（AGP8X）。但随着 3D 性能要求的不断提高，AGP 已越来越不能满足视频处理带宽的要求，于是主流主板上显卡接口多转向 PCI Exprss，简称 PCI－E。PCI E 插槽有 1X、2X、4X、8X 和 16X 之分。

（5）PCI 插槽是基于 PCI 局部总线（Pedpherd Component Interconnect，周边组件扩展接口）的扩展插槽，其颜色一般为乳白色，位于主板上 AGP 插槽的下方，ISA 插槽的上方。其位宽为 32 位或者 64 位，工作频率为 33MHz，最大数据传输率为 133Mbit/s（32 位）或 266Mbit/s

(64 位)。它是主板上最为重要的扩展插槽,可以插上声卡、网卡、电视卡、内置 Modem 和多功能卡等设备。

(6)软盘接口。由于软盘的传输速度慢、存储信息不够安全、容量小、携带不方便等缺点,现在很少使用,不过现在的主板上还保留着软驱的接口。

(7)硬盘接口是硬盘与电脑主机之间的连接部件,作用是在硬盘缓存和主机内存之间传输数据。不同接口的硬盘与主机之间的连接速度也不一样。硬盘接口分为 IDE、SATA、SCSI 和光纤信道 4 种,IDE 接口硬盘多用于家用电脑中,有部分服务器采用该类型接口;SATA 是 Serial ATA 的缩写,即串行 ATA,是目前市场的主流;SCSI 即 Small Computer System Interface(小型计算机系统接口)主要应用于服务器市场;而光纤信道只用在高端服务器上,价格昂贵。

(8)IEEE1394 接口是苹果公司开发的串行标准,中文译名为火线接口(Firewire)。同 USB 一样,IEEE1394 也支持外设热插拔,可为外设提供电源,省去了外设自带的电源,能连接多个不同设备,支持同步数据传输。

(9)其他外设接口。在主板上除了前面介绍的内部接口外,还有许多外部接口。主板安装在机箱中后,外部接口一般位于机箱的背面。常见的外部接口有 PS/2 接口、USB 接口、显示器接口、集成网卡接口和集成声卡接口等。

4. 主板的主要芯片介绍

芯片组(Chipset)是主板的核心组成部分,它对一个主板的作用相当于 CPU 对整个电脑系统的作用。芯片组类型决定了主板所支持的 CPU 类型、内存类型和显卡类型等。

(1)南、北桥芯片组。南桥(South Bridge,SB)主要管理中、低速设备和外部接口,集成了中断控制器和 DMA 控制器,主要有如下功能:

① PCI、ISA 与 IDE 之间的通道;

② PS/2 鼠标控制(间接属南桥管理,直接属 I/O 管理);

③ KB(Keyboard,键盘)控制;

④ USB(通用串行总线)控制;

⑤ System Clock 系统时钟控制;

⑥ I/O 芯片控制;

⑦ ISA 总线和 IRQ(中断请求)控制;

⑧ DMA(直接存取)控制;

⑨ RTC 控制;

⑩ IDE 控制。

南桥芯片主要用于连接 ISA 与 PCI、CPU 与外设、内存与外存。

北桥(North Bridge)即系统控制芯片,主要负责 CPU 与内存、CPU 与 AGP 之间的通信。它是主板芯片组中起主导作用的最重要的组成部分,也称主桥(Host Bridge)。一般来说,芯片组的名称就是以北桥芯片的名称来命名的,其主要功能如下:

① CPU 与内存之间的交流;

② Cache 控制;

③ AGP(图形加速端口)控制;

④ PCI 总线控制;

⑤ CPU 与外设之间的交流；

⑥ 支持内存的种类及最大容量的控制。

(2) BIOS 芯片。BIOS 的全称是 Basic Input Output System，即基本输入输出系统，它实际上是一组被固化到电脑中，为电脑提供最低级最直接的硬件控制的程序，它是连通软件程序和硬件设备之间的枢纽。

(3) I/O 芯片。I/O 是英文 Input/Output 的缩写，意思是输入/输出。它的功能主要是为用户提供一系列的输入/输出接口，如 PS/2 接口、COM 口等。

(4) 时钟芯片。时钟芯片位于 AGP 插槽附近，为主板上的其他部件提供时钟信号。时钟芯片的作用非常重要，它能够给整个计算机系统提供不同的频率，使得每个芯片都能够正常地工作。

(5) 电源管理芯片。电源管理芯片的主要功能是根据电路中的回馈信息，在内部进行调整后输出各路供电或控制电压，主要负责识别 CPU 的供电幅值。

2.3.2 常见主板标识的含义

主板上的标识都是英文，而且由于主板面积有限，元件众多，因此各元件通常采用缩写的方式进行标注，对于用户来说比较难了解。本小节简单地介绍一下这些标识的基本含义。

1. CPU 插座

Socket 370、Socket 462 和 Socket 478 等表示 CPU 的类型和引脚数。例如 Socket 370 就代表该 CPU 有 370 根针脚。

2. 硬盘和软驱

IDE1、IDE2、PRI IDE 及 SEC IDE 表示并口硬盘和光驱接口；SATA1、SATA2 等表示串口硬盘接口；FLOPPY 和 FDI 表示软驱接口。

3. 内存插槽

DIMM0、DIMM1 和 DDR1、DDR2 等表示内存类型。

4. 扩展槽

PCI1、PCI2、AGP、CNR 和 ACR 等表示主板的各种扩展槽。

5. 电源接口

ATX、ATXPWR 或 PW1 表示 ATX 电源接口；ATX12V 表示为 CPU 供电的专用 12V 接口。

6. 外设接口

LPT1 和 PARALL 表示并口，即打印机接口；COM1 和 COM2 表示串口。

2.3.3 选购主板

主板是计算机的核心，是计算机系统中硬件的运行平台，各种硬件的性能都要通过主板才能发挥。因此选购一块性能稳定、做工精良的主板，不仅能为主板上的各种硬件稳定运行提供保障，同时也为用户带来很多便利。选购主板时需要考虑以下几个因素。

1. 选择品牌

由于主板是一种高科技、高工艺为一体的集成产品，因此对用户来说首先应该考虑品牌主板。品牌决定产品的品质。品牌主板无论是质量、做工还是售后服务都有良好的口碑。目前市场上的品牌主板厂商有微星、技嘉、华硕等几家。

2. 主板的应用领域

在选购主板之前,需要确定选择哪种主板更适合在日常学习或工作中使用。不能盲目地认为最贵或功能最齐全的主板就是最合适的。购买主板之前首先应考虑主板的用途,是需要更实用的还是性能更出众的主板。如果是注重实用性,那么选购主板时需要多进行比较,选择性价比相对较高的主板;如果是注重性能,那么可以选择名牌大厂生产的中高端主板,尽管价格会高一些,但是性能会更加出众。

3. 主板的供电设计

CPU、内存、显卡等硬件设备直接影响着整机的性能表现,它们都是通过主板供电的,所以主板是否能够为这些硬件提供充足稳定的供电环境,也就成了一个相当重要的因素。下面分别介绍主板中 CPU、内存、显卡等硬件设备的供电线路的特点。

CPU 的供电线路通常是由电容、电感线圈和场效应管 3 部分所组成的。在主板上通常是由若干个电容、场效应管与一个电感线圈组成一个相对独立的供电电路,该种电路组合称为单相供电电路。目前大多数主板在 CPU 的供电线路上都会设置 2 组、3 组或 4 组这种单相供电电路,因此也就出现了两相供电、三相供电或四相供电线路。一般四相供电线路较两相和三相供电线路更稳定,如图 2 – 8 所示即是一个四相供电线路。

图 2 – 8　四相供电线路

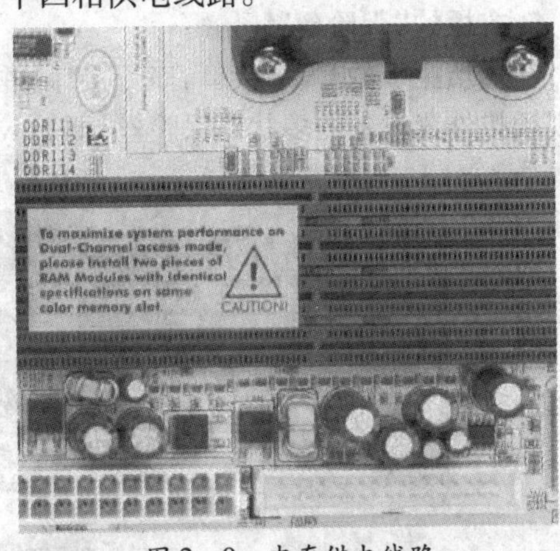

图 2 – 9　内存供电线路

内存供电线路也是由电容、电感线圈和场效应管 3 部分所组成的,通常被设计在内存插槽的附近。如图 2 – 9 所示即是一个内存供电线路。由于内存的耗电量通常并不高,对于只有两条内存插槽的主板产品,许多主板厂商都不会在内存供电线路中安装电感线圈,而只保留场效应管进行供电,同样能使内存稳定运行,而且还节约了成本。

显卡的供电线路通常位于显卡插槽的上方或下方,目前一些低端主板一般都会采用场效应管为显卡直接供电,省略掉电感线圈这个组成部分。对于低端显卡来说,这样的设计方案还是可行的。但对于高端显卡,尤其是那些不具备外置电源接口的高端显卡来说,这样的设计方案存在着很大的隐患。

4. 主板的焊接

主板中大多数电子元件都是通过焊接来进行固定和信号传输的。劣质主板的焊接工艺往往不佳,从外形看其焊接点密密麻麻毫无规则。优质主板的焊接点应该是非常平整的,而且不会出现焊锡的淤积,如图 2 – 10 所示。

图 2－10　规则的主板焊接

5. 主板的“保险丝”

在优质主板的 PS/2 接口、串行接口、并行接口以及 USB 接口附近，一般都应有用于避免违规插拔外置设备的多状态保险丝，即 Poly Fuse 压敏电阻，如图 2－11 所示。

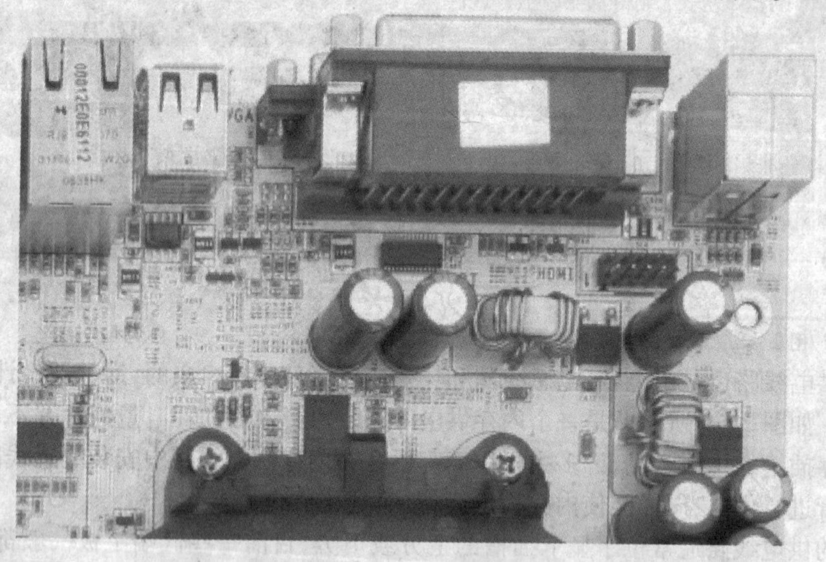

图 2－11　Poly Fuse 压敏电阻

6. 主板的插槽

主板的各种插槽是主板与计算机的其他设备进行连接和数据交流的主要通道。如果这些插槽的质量低劣，在使用主板过程中，计算机就会出现许多意想不到的故障，有的甚至在拔插过程中由于插槽的金属簧片断裂，造成整个主板报废。目前主流的 SATA 插槽一般有两种样式，如图 2－12 所示，其中右边图中的 SATA 插槽四周加入了一圈保护外壳，更有利于固定连接的数据线，而且安全性能更好。

图 2－12　两种 SATA 插槽

7. 主板的售后服务

在选购主板时应首先了解你想购买产品厂家的背景和实力,不要为了贪一时的便宜,买廉价杂牌的主板来使用。虽说这些主板的价格很低,但一旦出了问题,商家在服务上推三阻四,反而得不偿失。此外,无论选择何种档次的主板,在购买前都要认真了解厂商的售后服务。如厂商能否提供完善的质保服务,包括产品售出时的质保卡、承诺产品包换时间的长短、产品的说明书及包装、配件提供的完整性等。

2.4　各类板卡

机箱中的各类板卡主要包括显卡、声卡和网卡,下面做详细介绍。

2.4.1　显卡

显卡负责将 CPU 送来的影像数据处理成显示器可以理解的格式,再送到屏幕上形成影像。

1. 显卡的工作原理

显卡的主要作用就是对图形运算进行加速。如果将显卡独立出来看,我们可以将它看做是一台特殊的电脑,因为显卡拥有自己的运算器——显示芯片;有自己的存储器——显存;此外还有各种输入输出接口。现在的显卡都已经是图形加速卡,都可以执行一些图形运算,这样就可以大大减少 CPU 必须处理的图形运算。比如我们想画个圆圈,如果单单让 CPU 做这个工作,它就要考虑用多少个像素来实现,用什么颜色,但是有了图形加速卡,CPU 只需要告诉它"给我画个圆圈",剩下的工作由加速卡进行,CPU 就可以执行其他更多的任务,这样就提高了计算机的整体性能。

2. 显卡的硬件结构

显卡主要包括显示芯片,显示缓存(即显存)、BIOS、随机存储数模转换器(RAMDAC)、接口、卡上的电容和电阻等。一些多功能显卡还配备了视频输入和输出,供特殊需要。随着技术的发展,目前大多数显卡都将 RAMDAC 集成到了主芯片中。下面分别介绍各功能块的作用。

(1)显示芯片即GPU(Graphics Processing Unit,图形处理单元),也叫图形处理器。它的主要任务是处理系统输入的视频信息并将其进行建构、渲染等工作。在计算机的数据处理过程中,CPU将其运算处理后的显示信息通过数据总线传输到GPU上,GPU再进行运算处理,最后通过显卡的15针的接头显示在屏幕上。可以看出,GPU性能是决定整个显卡性能的关键。不同的显示芯片,不论从内部结构还是其性能,都存在着差异,而价格差别也很大。

由于显示芯片和CPU一样,其技术含量相当高,因此有能力设计开发显示芯片的厂商非常少,它包括现在的nVIDAI、ATI、Intel、MATROX、SiS、TRIDENT等和已经消失的早期著名公司3DFX、S3,其中最知名的主要是nVIDAI、ATI、Intel这三家。

决定一款显示芯片档次及性能的参数很多,主要有核心频率、像素填充率、像素渲染流水线、纹理填充率、每像素渲染流水线的纹理单元、API版本等多项参数。

①显示芯片的核心频率直接关系到它的性能。目前显示芯片的工作频率大都在200MHz~600MHz之间。当厂商开发出一款显示芯片后,会根据工作频率的高低将它们划分成不同的档次,并分别标上不同的型号进行出售。

② 像素填充率或像素渲染流水线,显示芯片的像素填充率是真正反应显卡性能的一个关键指标。像素填充率就是显示芯片每秒钟能渲染的像素数量。显卡的像素填充率越高,显卡的性能也就越好。且像素填充率 = 核心频率 × 像素渲染流水线的条数。

③ 纹理填充率或每像素渲染流水线的纹理单元,纹理填充率就是显卡的像素渲染流水线给3D对象贴上纹理的速度。且纹理填充率 = 核心频率像素渲染流水线的条数 × 每像素渲染流水线的纹理单元数。

④ 内部总线位宽,位宽是指GPU内部总线的带宽,带宽越大,可以提供的计算能力和数据吞吐能力也就越快。目前大部分显示芯片的位宽是128位,部分产品达到了256位。

⑤ 制程宽度,显示芯片的制造工艺与CPU一样,也是用微米来衡量其加工精度的。目前大部分显示芯片的制程宽度都是0.15微米,部分高端产品使用的是0.13微米制程。制程宽度的降低,意味着显示芯片的体积将更小,集成度将更高,可以容纳更多的晶体管,性能会更加强大,功耗也会更低。

⑥ 所支持的API版本,API(Application Programming Interface)即应用程序接口,是程序员和3D图像之间的交互方式,3D设计人员利用API接口编出程序,给图形处理芯片发出命令,执行多种效果运算,构造出理想中的图形效果。现在流行的显示API是DirectX和OpenGL。

DirectX是在微软操作系统平台下的游戏程序开发接口,即所谓的Game API for windows。DirectX也是当前显卡性能的一大技术指标。对于显示芯片厂商而言,在开发芯片时就得遵循一个DirectX版本。它经历了多个版本,从最早的Direct5到最新的Direct9,每一个版本的出现都会导致一大批支持该新版本的DirectX的游戏出现。

OpenGL是OpenGraphicsLib的缩写,即开放式图形界面。由SGI公司开发,是能够在多种系统上应用的API。它除了提供许多图形运算功能外,也提供了不少图形处理功能。它主要用于专业图形工作站,有很强的3D图形功能。

(2)显存主要功能是将显示芯片处理的数据暂时存储起来,然后将显示数据映像到显示屏幕上。显卡的分辨率越高,屏幕上显示的像素点就越多,所需的显存也就越多。

显存的配置有以下四个方面。一是容量，二是类型，三是速度，四是位宽。目前主流显存的容量有 128MB、256MB，有些高档显卡的显存为 512MB，某些专业显卡的显存甚至已经达到 1GB 了。显存的类型大致有普通 SD 颗粒和 DDR 颗粒两种。显存芯片上一般都表明了它的速度，使用 Xns 的标示方法。这个 Xns 是个时间单位，并非速度，但是时间越短，速度自然就越快。位宽表示了显存与芯片交换数据时数据流的宽度。目前显存的位宽有 256 位的、128 位的和 64 位的。我们将显存配置的四个方面按其对性能影响的大小排列一下，这样大家购买显卡的时候就可以明白应该看哪个方面，先看哪个方面，哪个方面的影响更大。排列顺序如下：位宽—速度—类型—容量。

(3) RAMDAC(Random Access Memory Digital Analog Converter，即随即存储数模转换)的主要作用是将显示内存中的数字信号转换成能够在显示器上直接显示的模拟信号。数模转换的工作频率直接影响显卡的最大分辨率，及其刷新频率。RAMDAC 有内置和外置两种，内置的 RAMDAC 集成在显示芯片中，是未来的发展趋势。

(4) 显卡 BIOS 即显卡的基本输入输出系统，专门用于存放系统所需要执行的基本指令信息。目前显卡上的 BIOS 芯片都采用 Flash BIOS 芯片，这是一种可擦写式的芯片。使用电脑中的 5V ~ 12V 之间的电压可以擦除存储在芯片中的内容，并能重新装入新的 BIOS 内容，所以使用这种 BIOS 芯片，BIOS 程序升级十分方便。显卡的 BIOS 作用很重要，一旦被破坏，系统将无法启动，所以在升级 BIOS 时要格外小心。

(5) 显卡输出接口，要将显卡所处理的数据显示在屏幕上，必须通过显卡上的 VGA 接口输出。标准的 VGA 接口为 15 针接头。数字显示工作组(DDWG)在 1999 年发布了用于数字平板显示器的数字视频接口 DVI(Digital Visual Interface)。DVI 在支持数字平板显示器的同时也向下兼容 CRT 显示器。DVI 接口与标准 VGA 接口不同，是三行八列共 24 个引脚。这些引脚支持两个完整的通道，每个通道使用 3 对(红绿蓝各一对)传输色彩信号，一对传输时钟信号，其余是电源、地线和其他用途。DVI 接口通常有两种：仅支持数字信号的 DVI－D、同时支持数字与模拟信号的 DVI－I。

(6) 总线接口。显卡发展至今主要出现过 VESA、ISA、PCI、AGP、PCI Express 等几种接口，所能提供的数据带宽依次增加。VESA、ISA、PCI 接口的显卡已经基本被淘汰。

AGP(Accelerate Graphical Port)，即加速图形接口由英特尔于 1996 年 7 月正式推出，它是一种显示卡专用的局部总线。严格地说，AGP 不能称为总线，它与 PCI 总线不同，因为它是点对点连接，即连接控制芯片和 AGP 显示卡，但在习惯上我们依然称其为 AGP 总线。AGP 接口是基于 PCI 2.1 版规范并进行扩充修改而成，工作频率为 66MHz。AGP 总线直接与主板的北桥芯片相连，且通过该接口让显示芯片与系统主内存直接相连，避免了窄带宽的 PCI 总线形成的系统瓶颈，增加 3D 图形数据传输速度，同时在显存不足的情况下还可以调用系统主内存。所以它拥有很高的传输速率，这是 PCI 等总线无法与其相比拟的。AGP 接口的发展经历了 AGP1.0(AGP1X、AGP2X)、AGP2.0(AGP Pro、AGP4X)、AGP3.0(AGP8X)等阶段，其传输速度也从最早的 AGP1X 的 266MB/s 的带宽发展到了 AGP8X 的 2.1GB/s。

PCI Express(以下简称 PCI－E)采用了目前业内流行的点对点串行连接，比起 PCI 以及更早期的计算机总线的共享并行架构，每个设备都有自己的专用连接，不需要向整个总线请求带宽，而且可以把数据传输率提高到一个很高的频率，达到 PCI 所不能提供的高带宽。

PCI－E 的接口根据总线位宽不同而有所差异，包括 X1、X4、X8 以及 X16，而 X2 模式将用于内部接口而非插槽模式。PCI－E 规格从 1 条通道连接到 32 条通道连接，有非常强的伸缩性，以满足不同系统设备对数据传输带宽不同的需求。此外，较短的 PCI－E 卡可以插入较长的 PCI－E 插槽中使用，PCI－E 接口还能够支持热拔插。用于取代 AGP 接口的 PCI－E接口位宽为 X16，能够提供 5GB/s 的带宽，即便有编码上的损耗但仍能够提供约为 4GB/s 左右的实际带宽，远远超过 AGP 8X 的 2.1GB/s 的带宽。

在兼容性方面，PCI－E 在软件层面上兼容目前的 PCI 技术和设备，支持 PCI 设备和内存模组的初始化，也就是说过去的驱动程序、操作系统无需推倒重来，就可以支持 PCI－E 设备。目前 PCI－E 已经成为显卡接口的主流。

(7)视频输入/输出接口。有不少显卡和显示芯片还提供了额外的视频输入输出和 DVD 解压等功能。这类视频接口并不是必须的，它的主要作用是将显示信号转换为 PAL 或 NTSC 制式的视频信号输出到电视机上。提供视频输入的显卡则可以将电视机、录像机、影碟机和摄像机等视频信号源输入到计算机中。

3. 显卡的选购

现在的显卡市场主要是 ATI 和 nVIDIA 两大巨头的天下，当然采用 3Dfx、Matrox、Trident、S3 等图形加速芯片的 3D 加速卡产品也有很多用户。对用户而言，选购显卡最重要的是针对自己的实际预算和具体应用来决定。显卡的用途大致有以下几类：

(1)办公桌面型。这类用途对显卡的性能几乎没有什么要求，只要能够做到 2D 显示清晰就可以了。

(2)家庭娱乐性。这类用户一般的用途多为上网、看影碟、文字处理、玩游戏等，这种情况下一块显示效果出色、同时拥有一定 3D 处理能力的高性价比产品应该说是最好的选择。

(3)游戏发烧型。这类用途无疑对显示子系统的性能有着极高的要求，拥有 3D 加速性能、大容量高带宽显存的产品是其最佳选择。

(4)初级专业领域。专业显卡拥有很强的图形处理效能，但在软件开发接口上与普通的游戏卡有着本质的区别，它们通常是基于 OpenGL 的。专业 3D 显卡的价格一般都比较昂贵，一般来说个人用户是很难接受的。在这种情况下，对于初级专业领域的用户来说，选择一款具有一定专业图形处理能力的普通游戏卡可以算是一个折中的方案。

此外，在选购显卡时还要关注显卡的做工和用料，仔细辨别显卡的各项性能参数。

2.4.2 声卡

作为多媒体计算机的标志，声卡是计算机必不可少的组成部分，只有当计算机内安装有声卡时，用户才能通过计算机欣赏到美妙的音乐。

1. 声卡的组成(以某一声卡为例)

一般的声卡都是由声音控制/处理芯片、功效芯片、声音输入/输出端口这几部分，此外，现在的声卡还有好多附加接口，如：总线连接端口、MIDI 及游戏摇杆接口、CD 音频连接器、跳线和 SB－Link 接口等。

(1)声音控制/处理芯片，通常是最大的四边都有引线的那只集成块，上面标有商标、型号、生产日期、编号、生产厂商等重要信息。声音处理芯片基本上决定了声卡的性能和档次，其基本功能包括对声波采样和回放的控制、处理 MIDI 指令等，有的厂家还加进了混响、合声、音场调整等功能。世界上主要的声音处理芯片有 SB、ESS、OPTI、AD、YMF、ALS、ES、S3、AU 等,而目前在声卡界居于领头羊位置的则是 Creative 和 Diamond。

(2)功率放大芯片,从声音处理芯片出来的信号还不能直接推动喇叭放出声音,绝大多数声卡都带有功率放大芯片(简称功放)以实现这一功能。声卡上的功放型号多为 XX2025,功率为 2×2W,音质一般。由于它在放大声音、音乐等信号的过程中也同时放大了噪音信号,所以从其输出端(Speaker Out)输出的噪音较大。

(3)总线连接端口,我们把声卡插入到计算机主板上的那一端称为总线连接端口,它是声卡与计算机互相交换信息的"桥梁"。根据总线的不同,我们把声卡分为两大类,一种是 ISA 声卡,另一种是 PCI 声卡,由于两种端口不能互相通用,因此我们在安插声卡时不能插错。主板上的 ISA 插槽是黑色的,比 PCI 槽长,其中的金属簧片也比 PCI 的宽;PCI 插槽呈白色,相对较短,其中的簧片很细,分布密集。由于 PCI 总线的优越性,PCI 声卡有着许多 ISA 声卡无法拥有的特性,但这并不是说 PCI 声卡的音质一定比 ISA 好,音质的好坏主要由声音处理芯片、MIDI 的合成方式和制造工艺等决定。

(4)输入输出端口,声卡要具有录音和放音功能,就必须有一些与放音和录音设备相连接的端口。在声卡与主机机箱连接的一侧总有一些插孔(3～4 个),通常是"Speaker Out"、"Line Out"、"Line In"、"Mic In"等(不同声卡上下顺序不尽相同)。如果是 3 个插孔,则是将 Speaker Out 与 Line Out 共用一个,一般可通过声卡上的跳线来判断该插孔为何功能。

Line In 端口能够将品质较好的声音、音乐信号输入到声音处理芯片,通过计算机的控制将该信号录制成一个文件。通常该端口连接音响设备(解压卡、CD、功放和彩电等)的"Line Out"端。

Mic In 端口用于连接麦克风(话筒),可以将自己的歌声录下来实现基本的"卡拉 OK 功能",或者通过其他软件(如 IBM 的 ViaVoice、汉王、天音话王等)的控制实现语音录入和识别。上述四种端口传输的是模拟信号,如果要连接高档的数字音响设备,需要有数字信号输出、输入端口。在声卡上通常有一个 S/PDIF 的两针插座(索尼/飞利浦数字交换格式接口),从 DAT 等数字音响设备输出的信号可以通过它直接输入到声卡,再通过软件的控制实现录制和播放等功能。高档的声卡能够实现数字声音信号的输入、输出全部功能,输出端口的外形和设置随不同厂家而异,具体可以查看随卡的说明书。

(5)MIDI 及游戏摇杆接口,几乎所有的声卡上均带有一个游戏杆接口来配合模拟飞行、模拟驾驶等游戏软件,这个接口与 MIDI 乐器接口共用一个 15 针的 D 型连接器(高档声卡的 MIDI 接口可能还有其他形式)。该接口可以配接游戏摇杆、模拟方向盘,也可以连接电子乐器上的 MIDI 接口,实现 MIDI 音乐信号的直接传输。

(6)CD 音频连接器,位于声卡的中上部,通常是 3 针或 4 针的小插座,与 CD－ROM 的相应端口连接实现 CD 音频信号的直接播放。不同 CD－ROM 上的音频连接器也不一样,因此大多数声卡都有 2 个以上的这种连接器。

(7)跳线和 SB－Link 接口,在早期市面上的 ISA 声卡上多数都有跳线,它的作用是给 ISA 声卡设置通道和中断信号(DMA 和 IRQ)以使操作系统与声卡能进行信号传输。现在的绝大多数声卡采用了软件设置通道的方式,但是其上还是有跳线,这种跳线的作用是区分输出端的那个插孔是"Line Out"还是"Speaker Out"。PCI 声卡符合 PnP(即插即用)原则,它不需要设定通道,因此与DOS应用程序有兼容性问题,造成DOS游戏有时不能发声或发声不正常,为解决这个问题,大多数PCI声卡都有一个与主板SB-Link接口相连接的插座(连线随声卡配置),在DOS下强制分配通道以解决兼容性问题。

(8)其他结构不同。种类的声卡结构不尽相同,上面的组件也不一样,有些不常见的组件有:

① CD-ROM接口:早期的CD-ROM是用声卡连接的(而不像现在插在主板的IDE口上),不同的CD-ROM接口不一样,因而声卡提供了2~3种这样的接口,现在该接口已不多见。

②DSP混响处理芯片:存在于中高档次的声卡上,是一种音效处理芯片,用于产生各种3D环绕音效。

③ 波表子卡连接器:高档声卡如果其波表合成电路不是做在一块声卡上,那么势必要用一个连接端口将主声卡与波表子卡连接起来。通常它的外形有点像CD音频连接器。

④ 音色库:有波表合成功能的高档声卡上用于存放乐器声音样本的存储器,与内存芯片的外形相似,通常的容量是1~4M。这种存储器非常昂贵,即便是号称"ISA声卡之皇"的SB AWE64 Gold声卡也只用了4M。带有2M以上音色库的声卡输出的声音品质相当出色。

2. 声卡的工作原理

声卡是计算机硬件的基本组成之一,是实现声波/数字信号的相互转换的硬件电路。那么声卡是如何工作的呢?首先,声卡从话筒汇总获取声音模拟信号,通过模数转换器(ADC),将声波振幅信号采样转换成一串数字,存储到电脑中。当重放声音时,这些数字信号送到一个数模转换器(DAC),以同样的采样速率还原成模拟波形,待放大后送到扬声器发声,这一技术也成为脉冲编码调制技术(PCM)。

3. 声卡的分类

(1)按照声卡的接口类型可以把声卡分成ISA、PCI、CNR接口的声卡。ISA的传输频宽较低,而且会大量占用CPU资源,现在市场上已经很少见这种声卡了。PCI接口的声卡可以通过PCI总线音源储存在内存中,因此占用CPU资源较少,目前大部分的声卡都采用PCI接口。CNR声卡没有音效处理主芯片,主要工作原理是将声音处理部分的数字信号直接从PC传送到多媒体数字信号编解码器,再由多媒体数字信号编解码器将数字信号转换为模拟信号并输出,其中的大部分工作要交给CPU来完成,多媒体数字信号编解码器芯片、模拟电路及输出接口等都被集成在CNR卡上,这样就保证了声音的质量。CNR声卡可以分为主方式和从方式两种工作方式。它们的不同点主要是主方式的CNR声卡可以单独使用,支持6声道。而从方式的CNR声卡必须和主板集成使用。CNR声卡是一种非常灵活的多媒体音频解决方案。目前的部分CNR声卡还同时支持同轴或光纤数字输出功能。

(2)按照声卡的存在形式可以将声卡分为独立安放在计算机主板插槽内的声卡、集成在计算机主板上的声卡和外置声卡三种。外置声卡是创新公司独家推出的,其价格非常昂贵。

(3)按照声卡取样分辨率的位数不同,可以分为8位声卡、准16位声卡、真16位声卡、和32位声卡等。

(4)按照声卡的功能不同,可分为单声道声卡、真立体声声卡和准立体声声卡等。

4. 声卡的性能指标

(1)采样位数与采样频率。采样位数是指每个采样点所代表音频信号的幅度。8位可以描述256种状态,而16位则可以表示65536种状态。对于同一信号幅度而言,使用16位的量化级来描述当然要比8位来描述精彩得多。一般来说采样位数越高,声音就越清晰。采样频率是指每秒钟对音频信号的采样次数。单位时间内采样次数越多,即采样频率越高,数字信号就越接近原声。采样频率只要达到信号最高频率的两倍,就能精确描述被采样的信号。一般来说,人耳的听力范围在20Hz到20kHz之间,因此,只要采样频率达到20kHz×2=40kHz时,就可以满足人们的要求。现在大多数声卡的采样频率都已经达到44.1或48kHz,即达到所谓的CD音质水平。

(2)复音数是指MIDI乐曲在一秒钟内发出的最大声音数目。如果波表支持的复音值太小,一些比较复杂的MIDI乐曲在合成时就会出现某些声波丢失的现象,直接影响播放效果。复音越多,音效越逼真,但这与采样位数无关,如今的波表卡可以提供128以上的复音数。

(3)动态范围指当声音的增益发生瞬间态突变,也就是当音量骤然变化时,设备所能承受的最大变化范围。这个数值越大,则表示声卡的动态范围越广,就越能表现出作品的情绪和起伏、一般声卡的动态范围在85dB左右,能够做到90dB以上动态范围的声卡是非常好的声卡。

(4)输出信噪比是衡量声卡音质的一个很重要的因素,指的是输出信号电压与同时输出的噪音电压的比例,单位是分贝。这个数值越大,代表输出时信号中被渗入的噪音越小,音质越纯净。

(5)API接口,API即编程接口的意思,其中包含许多关于声音定位和处理的指令与规范。它的性能将直接影响三维音效的表现力。API接口主要有以下几种:

① Direct Sound 3D是微软公司提出的3D效果定位技术,最大的特点是与硬件无关。在声音出现初期,许多声卡芯片没有自己的硬件3D音效处理能力,都使用这种Direct Sound 3D来模拟出立体声。实际听觉效果要看声卡自身采用的HRTF算法能力的强弱而定。HRTF算法的作用是用数字和算法欺骗我们的耳朵,使我们认为自己处于一个真实的声音环绕中。

② A3D是Aureal公司开发的一项专利技术。它是在Direct Sound 3D的API接口基础上发展起来的。A3D最大的特点就是能以精确定位的3D音效增加新一代游戏软件的交互的真实感,这就是通常所说的3D定位技术。这种技术实现起来成本较高,所以并不是每块PCI声卡都支持该技术。

③ A3D Surround吸收了A3D技术和环绕声解码技术的精华,突出特点是只使用两只普通音响在环绕三维空间中,进行声音的精确定位,使其产生与5个"虚拟音箱"相同的效果。

④ EXA(即Environmental Audio Extension,环境音效)是由创新公司在其SB LIVExilie系列声卡中提出来的标准,其特点是着重对各种声音在不同环境条件下的变化和表现进行渲染,但对声音的定位能力不如A3D,EAX建议用户配备4声道环绕音响系统。

⑤ AC-3是完全数字式的编码信号,是由著名的美国杜比实验室(Dolby Laboratories)发明的Dolby的一个环绕声标准。AC-3规定了6个相互独立的声轨,分别是:前置两声道、后置环绕两声道、一个中置声道和一个低音增强声道。其中前置、环绕和中置5个声道建议为全频带扬声器,低音炮负责传送低于80Hz的超重低音。对于AC-3,目前通过硬件解码和软件解码这两种方式实现。硬件解码就是通过支持AC-3信号传输声卡中的解码器,将

声音进行5.1声道分离后通过5.1音箱输出。软件解码就是通过软件进行解码,这种工作方式的缺陷在于解码运算需要通过CPU来完成,增加系统负担而且软解码的定位能力较差,声场相对较散。虽然软件模拟AC-3存在很多缺陷,但其成本相对低廉,目前中低档的声卡大都使用这种方式。

5. 声卡的选购

虽说多媒体时代声卡已经成为电脑不可缺少的一部分,但建议用户选购声卡时最好以自己的实际使用需求为标准进行选择。如果是普通用户,购买板载声卡即集成声卡即可。如果是游戏用户,那么选择一款性能优异的PCI声卡是很有必要的。对于音乐发烧友或者电脑音乐制作者对声卡的信噪比、失真度大小等方面都有特殊的要求,因此Sound Blaster Audigy系列成为这部分用户不二的选择。Sound Blaster Audigy系列创新公司也根据不同用户的需要分为几个版本,至于如何选择,则根据自身的需要和经济承受能力做决定。如果是低端DVD用户,对于DVD音效的完整回放要求很高,至少需要借助5.1声道输出。这个档次选择的对象很少,因为目前市面上能够支持5.1声道的声卡芯片主要是CM-I8738、FM801和创新的EMU10k1、EMU10k2这几款。而创新的这两款价格较高,CM-I8738和FM801相对而言具有较高的性价比。

2.4.3 网卡

网卡的英文名称是Network Interface Card,简称NIC,它是连接计算机和计算机网络之间的设备,也称为网络适配器,是组成计算机网络最重要的连接设备。

1. 网卡的分类

网卡按照集成与否可以分为集成网卡和独立网卡,现在的大多数网都是独立网卡。

(1)集成网卡就是集成在主板上的网络芯片,如图2-13所示,它的功能和作用与独立的网卡相似。它集成在主板上既节约了成本,还可以为主板省下一个PCI插槽。现在的主板一般都集成有10/100M网卡。它是目前普通消费者最常使用的一种网卡,它的数据传输速度最大可达到12.5MB/s(即100Mbps),其接口一般为RJ-45接口,使用双绞线进行连接。

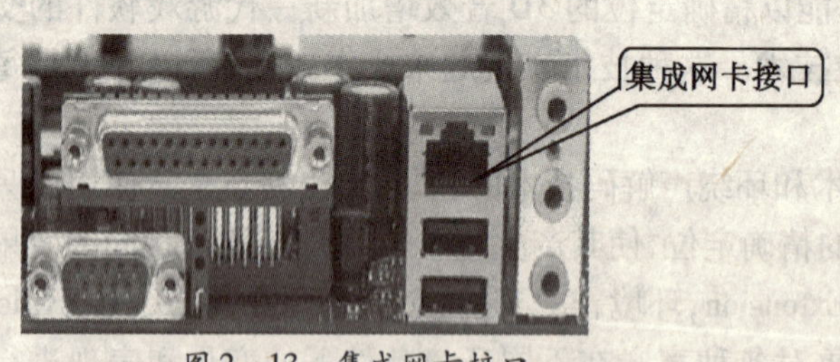

图2-13 集成网卡接口

图2-14 普通网卡

(2)独立网卡。按照不同的用途和功能,独立网卡又包含以下几种类型:

① 普通网卡,相当于集成网卡,如图2-14所示,即10/100M。这类网卡在家庭、办公和局域网中使用非常广泛,具有价格低廉和工作稳定等优点。

② 服务器网卡是为了适应网络服务器的工作需要而特别设计的,如图2-15所示。这类网卡一般采用自带的控制芯片来降低服务器CPU的负荷,并增加了一些新的技术,以提高工作的可靠性。不过它的价格比较高,一般只安装在服务器上,普通用户很少使用。

③ 笔记本网卡是为笔记本计算机专门设计的，它具有能插入笔记本计算机专用扩展接口的插头，用户在使用时，只需将网卡插入笔记本计算机专用扩展接口就能使用了。不过这种网卡的价格一般是普通网卡的好几倍。

④ 无线网卡是使用无线信号进行数据传输的一种网卡，如图 2－16 所示。它可以在一定的区域让安装了无线网卡的计算机连接成局域网。不过这种网卡的传输速度不高，普通无线网卡的最大传输速度只有 54Mbps。

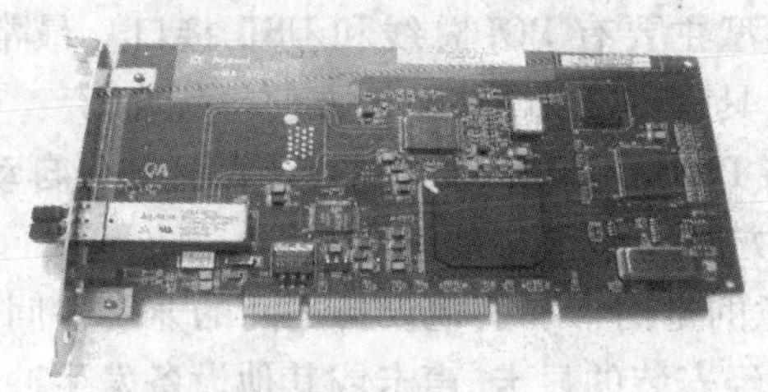

图 2－15　服务器网卡

图 2－16　无线网卡

2. 网卡的性能指标

（1）传输速率。传输速率是网卡与网络交换数据的速度频率，主要有 10Mb/s，100Mb/s 和 1000Mb/s 等几种。10Mb/s 经换算后的实际传输速率为 1.25MB/s（1Byte = 8bit/s，10Mb/s = 1.25MB/s），100Mb/s 的实际传输速率为 12.5MB/s，1000Mb/s 的实际传输速率为 125MB/s。

（2）丢包率。丢包率是指测试中所丢失数据包数量占所发送总数据包的比率，通常在吞吐量范围内测试。丢包率与数据包长度以及包发送频率相关。千兆网卡在流量大于 200Mbps 时，丢包率小于万分之五；百兆网卡在流量大于 60Mbps 时，丢包率小于万分之一。

（3）网络标准。网络协议即网络中传递、管理信息的一些规范。如同人与人之间相互交流是需要遵循一定的规矩一样，计算机之间的相互通信需要共同遵守一定的规则，这些规则就称为网络协议。局域网的结构主要有 3 种类型：以太网（Ethernet）、令牌环（Token Ring）、令牌总线（Token Bus）还有作为这 3 种网的骨干网光纤分布数据接口（FDDI）。这些网络所遵循的都是 IEEE（美国电子电气工程师协会）制定的以 802 开头的标准，目前共有 11 个与局域网有关的标准，它们分别是：

IEEE 802.1—通用网络概念及网桥等；

IEEE 802.2—逻辑链路控制等；

IEEE 802.3—CSMA/CD 访问方法及物理层规定；

IEEE 802.4—ARCnet 总线结构、访问方法和物理层规定；

IEEE 802.5—Token Ring 访问方法及物理层规定等；

IEEE 802.6—城域网的访问方法及物理层规定；

IEEE 802.7—宽带局域网；

IEEE 802.8—光纤局域网（FDDI）；

IEEE 802.9—ISDN 局域网；

IEEE 802.10—网络的安全；

IEEE 802.11—无线局域网。

（4）工作模式。网卡的工作模式主要有半双工和全双工两种。半双工是在一个时间段内只能传送或接收数据,不能同时收发数据;全双工则是在任意时间段内都可同时传送和接收数据。现在的网卡基本上都采用全双工模式。

4. 网卡的选购

在日常生活中我们选购网卡时应当注意以下几个方面:

(1)网卡的传输速率。由于 10Mbit/s 网络的传输速率较低,目前已被淘汰,因此 100Mbit/s 或 10/100Mbit/s 自适应网卡是最佳选择。

(2)网卡的总线类型。目前网卡的总线类型主要有 PCI 总线和 USB 接口。最常用的是 PCI 总线接口的网卡;而 USB 接口的网卡具有即插即用、连接方便等优点。

(3)是否支持即插即用功能。如果网卡支持 PNP(即插即用)功能,计算机则可自动识别所连接的介质类型,在发生中断冲突时可以很方便地进行调整。

(4)网卡的兼容性。在选购网卡时还需注意的是网卡和其他设备之间的兼容性问题。因为有些网卡在安装上之后,容易和计算机中已经安装的显卡、声卡或其他设备发生冲突,所以在选购网卡时应选购兼容性好的网卡。另外品牌也是选购网卡的一个重要因素,选择品牌厂家的网卡可以保证质量。

(5)主流网卡品牌。现在网卡市场比较主流的品牌有 D-Link、TP-Link、3COM 和 Intel 等,这些品牌的网卡不仅做工、性能优良,而且有良好的售后服务和技术支持。

2.5 硬盘和光驱

硬盘是微型计算机中最重要的一种外部存储器,存放系统文件、用户的应用程序及数据。硬盘一般通过主板上的接口与系统单元连接。目前市场上的品牌硬盘有希捷(Seagate)、迈拓(Maxtor)和西部数据(Western Digital, WD)等。

2.5.1 硬盘的结构

硬盘的结构比较复杂,由外部结构和内部结构两部分组成,具体结构如图 2-17 所示。

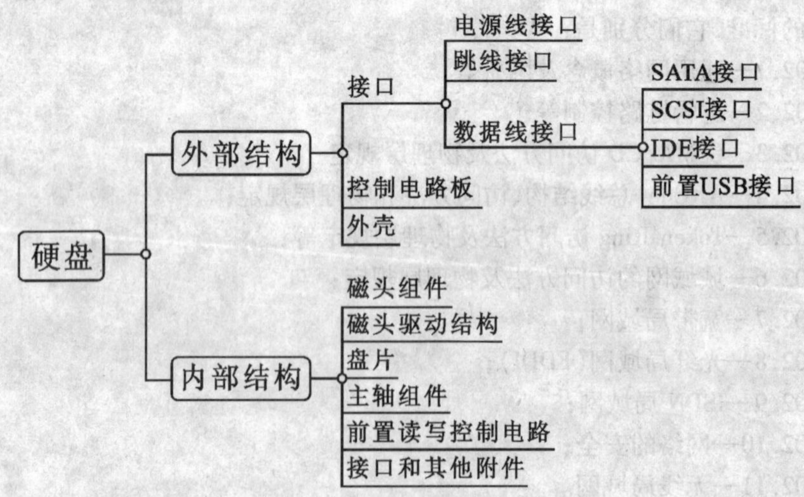

图 2-17 硬盘组成结构图

1. 外部结构

(1)接口。硬盘的外部接口主要有电源线接口、数据线接口和跳线接口三部分,如图 2－18 所示。电源线接口与主机电源相连接,为硬盘正常工作提供电力保证。数据线接口则是硬盘数据与主板控制芯片之间进行数据传输交换的通道,使用时是用一根数据线将其与主板 IDE 接口或是与其他控制适配器的接口相连接。跳线接口用来对硬盘的状态进行设置,主要用于设置多硬盘的主从状态。

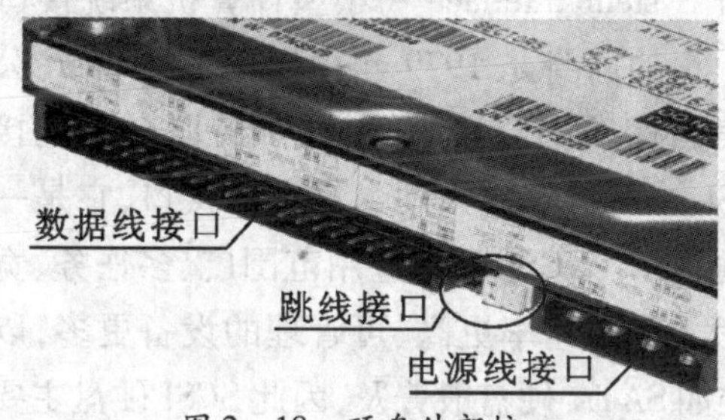

图 2－18　硬盘外部接口

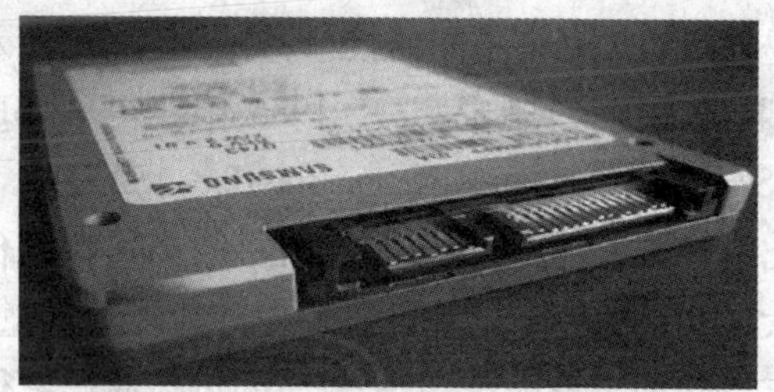

图 2－19　SATA 接口的硬盘

常说的硬盘接口类型就是根据数据线接口类型来区分的。不同的硬盘接口类型决定着硬盘与计算机之间的连接速度,在整个系统中,硬盘接口的优劣直接影响着程序运行的快慢和系统性能好坏。常用的接口类型有 SATA、IDE、SCSI 和外置 USB 接口。

① SATA 接口即 Serial Advanced Technology Attachment,串行高级技术附件,是一种基于行业标准的串行硬件驱动器接口。SATA 接口指 Serial ATA 接口以及在其基础上发展起来的 SATAⅡ接口。SATA 接口即串行 ATA 接口,如图 2－19 所示。它作为一种新型硬盘接口技术于 2000 年初由 Intel 公司率先提出,并在之后的第二年,由 Intel、APT、Dell、IBM、Seagate 等几大厂商组成的 Serial ATA 委员会正式确立了 Serial ATA 1.0 规范。

SATA 接口采用了串行连接方式进行数据传输,与传统的并行 ATA 硬盘(即 IDE)相比,具有非常明显的优势,是目前市场上的主流产品,也是未来的发展趋势。SATA 接口能对传输指令(不仅仅是数据)进行检查,如果发现错误会自动矫正,这在很大程度上提高了数据传输的可靠性;接口结构简单,数据线简洁;传输速度更快(SATA 1.0 的传输速度是 150MB/s、SATA 2.0 的传输速度是 300MB/s、SATA3.0 的传输速度是 600MB/s),传输距离更长;支持的硬盘容量更大、可管理的设备更多;还具有支持热插拔的优点。

图 2－20　IDE 接口硬盘

图 2－21　SCSI 接口的硬盘

② IDE 接口的英文全称是 Integrated Drive Electronics(电子集成驱动器),它的本意是把"硬盘控制器"与"盘体"集成在一起的硬盘驱动器,如图 2－20 所示。IDE 接口硬盘就是常

见的老式并口硬盘,最初是为 AT 结构的计算机设计的,又称 ATA 接口硬盘或是 PATA 接口硬盘。标准 IDE 接口支持两个设备,增强型 IDE(EIDE)可支持 4 个设备,主要有 ATA100 和 ATA133 这两种类型。对用户而言 IDE 硬盘安装起来十分方便,价格十分低廉,兼容性也较强,在性能和质量上有时甚至比 SATA Ⅰ代串口硬盘要好,因此,目前 IDE 硬盘仍占有一定的市场。

③ SCSI 接口的英文全称是"Small Computer System Interface"(小型计算机系统接口),是同 SATA 完全不同的接口,如图 2-21 所示。它的前身是 1979 年由美国的 Shugart 公司(希捷的前身)制定,并于 1986 年获得 ANSI(美国标准协会)承认的施加特联合系统接口(Shugart Associates System Interface,SASI)。SCSI 并不是专门为硬盘设计的接口,它是一种出现较晚,广泛应用于小型机上的高速数据传输接口。SCSI 具有应用范围广、多任务、宽带大、CPU 占有率低,比 SATA 支持的硬盘容量更大、传输速率更高、可管理的设备更多,以及支持热插拔等优点,但是较高的价格使得它很难如 SATA 硬盘般普及,因此 SCSI 硬盘主要用于中、高端服务器和高档工作站中。

④ USB 接口。现在常用的外置 USB 接口的硬盘即移动硬盘,其特点是支持热插拔、安装携带方便。但是移动硬盘容易损坏,在使用时应注意保护。

(2)控制电路板。大多数控制电路板都采用贴片式焊接,它包括主轴调速电路、磁头驱动与伺服定位电路、读写电路、高速缓存、控制与接口电路等。在电路板上还有一块 ROM 芯片,里面固化的程序可以进行硬盘的初始化,执行加电和启动主轴电机,加电初始寻道、定位及故障检测等。此外在电路板上还安装有容量不等的高速数据缓存芯片。

缓存(Cache)是硬盘控制器上的一块内存芯片,具有极快的存取速度,它是硬盘内部存储和外界接口之间的缓冲器。由于硬盘的内部数据传输速度和外部数据传输速度不同,缓存在其中起到一个缓冲的作用。当硬盘存取零碎数据时需要不断地在硬盘与内存之间交换数据,如果有大缓存,则可以将这些零碎数据暂存在缓存中,减小外系统的负荷,以提高数据的传输速度,因此缓存的大小与速度是直接关系到硬盘的传输速度的重要因素。

硬盘的缓存主要起三种作用:

① 预读取。当硬盘受到 CPU 指令控制开始读取数据时,硬盘上的控制芯片会控制磁头把正在读取的簇的下一个或者几个簇中的数据读到缓存中(由于硬盘上数据存储时是比较连续的,所以读取命中率较高),当需要读取下一个或者几个簇中的数据的时候,硬盘则不需要再次读取数据,直接把缓存中的数据传输到内存中就可以了,由于缓存的速度远远高于磁头读写的速度,所以能够达到明显改善性能的目的。

② 对写入动作进行缓存。当硬盘接到写入数据的指令之后,并不会马上将数据写入到盘片上,而是先暂时存储在缓存里,然后发送一个"数据已写入"的信号给系统,这时系统就会认为数据已经写入,并继续执行下面的工作,而硬盘则在空闲(不进行读取或写入的时候)时再将缓存中的数据写入到盘片上。虽然对于写入数据的性能有一定提升,但也不可避免地带来了安全隐患。如果数据还在缓存里的时候突然掉电,那么这些数据就会丢失。对于

这个问题,硬盘厂商们自然也有解决办法,掉电时,磁头会借助惯性将缓存中的数据写入零磁道以外的暂存区域,等到下次启动时再将这些数据写入目的地。

③ 临时存储最近访问过的数据。有时候,某些数据是会经常需要访问的,硬盘内部的缓存会将读取比较频繁的一些数据存储在缓存中,再次读取时就可以直接从缓存中直接传输。

不同品牌、不同型号的产品,缓存容量的大小各不相同。早期的硬盘缓存基本都很小,只有几百 KB,已无法满足用户的需求。现今主流硬盘所采用的缓存是 2MB 和 8MB,而在服务器或特殊应用领域中的缓存容量甚至达到了 16MB、64MB。大容量的缓存虽然可以在硬盘进行读写工作状态下,让更多的数据存储在缓存中,以提高硬盘的访问速度,但并不意味着缓存越大就越出众。缓存的应用存在一个算法的问题,即便缓存容量很大,而没有一个高效率的算法,那将导致应用中缓存数据的命中率偏低,无法有效发挥出大容量缓存的优势。算法和缓存容量相辅相成,大容量的缓存需要更为有效率的算法,否则性能会大打折扣,从技术角度上说,高容量缓存的算法是直接影响到硬盘性能发挥的重要因素。更大容量缓存是未来硬盘发展的必然趋势。

(3)外壳。硬盘的外壳和底板结合成一个密封的整体,正面的外壳保证了硬盘盘片和结构的稳定运行。在固定面板上贴有产品标签,上面印着产品型号、产品序列号、产地、生产日期等信息,由此我们可以对这款产品作一番大致的了解,如图 2 - 22 所示。除此之外还有一个透气孔,它的作用就是使硬盘内部气压与大气气压保持一致。另外,硬盘侧面还有一个向盘片表面写入伺服信号的 Servo 孔。

图 2 - 22　硬盘外壳

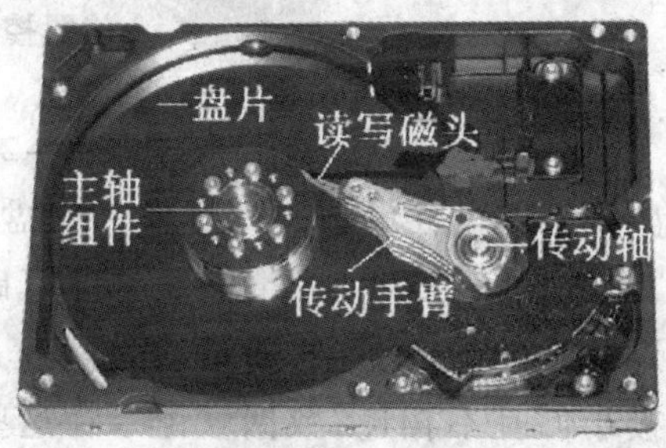

图 2 - 23　内部结构

2. 内部结构

拆下控制电路板后再将外面的保护面拆下就会出现硬盘的内脏,它由磁头、盘片、主轴、电机、接口和其他附件组成。

磁头组件是硬盘中最精密的部位之一,它由读写磁头,传动手臂和传动轴三部分组成,如图 2 - 23 所示。磁头是硬盘技术中最重要和关键的一环,一块儿硬盘存取数据的工作完全依靠磁头来进行。磁头的作用就是将存储在硬盘盘片上的磁信息转化为电信号向外传输,其工作原理是利用特殊材料的电阻值会随着磁场变化的原理来读写盘片上的数据。磁头的好坏在很大程度上决定着硬盘盘片的存储密度。硬盘磁头的发展先后经历了“亚铁盐类磁头”、“MIG 磁头”和“薄膜磁头”、“MR 磁头(磁阻磁头)”等几个阶段。前三种传统的磁头技术都是采用了读写合一的电磁感应技术,造成了硬盘在设计方面的局限性。第四种磁头在设计方面引入了全新的分离式磁头结构,写入磁头仍沿用传统的磁感应磁头,而读取磁头则采用了新型的 MR 磁头,即所谓的感应写,磁阻读,针对读写的不同特性分别进行优化,以达到最好的读写性能。现在的磁头实际上是集成工艺制成的多个磁头的组合,采用了非接触式头、盘结构,加电后在高速旋转的磁盘表面移动,与盘片之间的间隙只有 0.1μm ~ 0.3μm,这样可以获得很好的数据传输速率。

磁头驱动结构由电磁线圈电机、磁头驱动小车和防震动装置构成,如图 2-24 所示。其作用是驱动磁头移动,实现硬盘的寻道。高精度的轻型磁头驱动结构能够对磁头进行正确的驱动和定位,并能在很短的时间内精确定位系统指令指定的磁道。电磁线圈电机包含着一块永久磁铁,这是磁头驱动结构对传动手臂起作用的关键,磁铁的吸引力足以吸住并吊起拆硬盘使用的螺丝刀。防震动装置在老硬盘中没有,它的作用是当硬盘受到强烈震动时,对磁头及盘片起到一定的保护作用,以避免磁头将盘片刮伤等情况的发生。

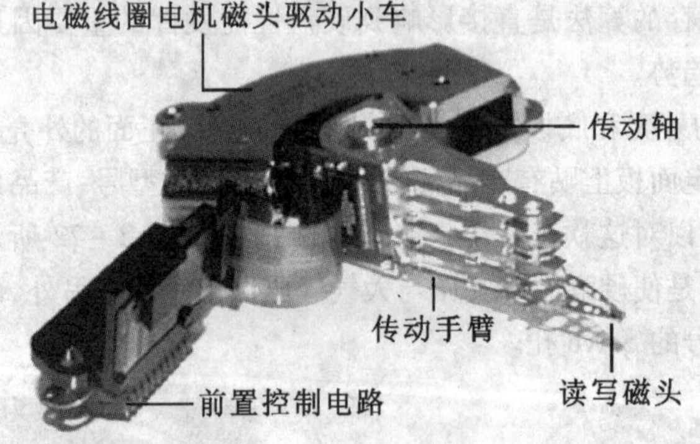

图 2-24 磁头驱动结构

盘片是硬盘存储数据的载体。硬盘的盘体由多个重叠在一起并由垫圈隔开的盘片组成,盘片是表面极为光滑平整且涂有磁性物质的金属圆片,每个盘片的每一个面都刻有成百上千的磁道,这些磁道均是以盘片中心为圆心的圆圈,组成一圈一圈的同心圆,间隔极小但互不相连,数据就记录在这些磁道上。最外圈的磁道一般定义为 0 磁道,往里为 1、2、3 等,依次排序。对于同一个磁道来说,磁头是不动的,由主轴电机带动盘片来完成在同一磁道的不同未知的数据存取,对于不同的磁道,则由电磁线圈电机带动磁头改变镜像位置来定位磁道。目前市场上主流硬盘的盘片大都由金属薄膜磁盘组成,这种金属薄膜磁盘较之普通的金属磁盘更高的剩磁和高矫顽力。除金属薄膜磁盘以外,目前已有一些硬盘厂商开始尝试使用玻璃作为磁盘基片,与金属薄膜磁盘相比,用玻璃作为盘片有利于把硬盘盘片做的更平滑,单位磁盘密度也会更高,同时由于玻璃的坚固特性,新一代的玻璃硬磁盘在性能方面也会更加稳定。

主轴组件包括主轴部件如轴承和马达等。硬盘在工作时,通过马达的转动将用户需要存取的资料所在的扇区带到磁头下方,马达的转速越快,用户存取数据的时间也就越短,从这个角度来讲马达的转速在很大程度上决定了硬盘的最终速达。随着硬盘转速的不断提高,同时也会带来诸如磨损加剧、温度升高、噪声增大等一系列负面问题,于是先前曾广泛应用在精密机械工业上的液态轴承马达(Fluid Dynamic Bearing Motors)被引入到硬盘技术中(希捷推出的酷鱼四产品中就采用了上述技术)。这种技术与传统的滚珠轴承马达相比,一方面避免了与金属面的直接摩擦,将传统马达所到来的噪声及温度降至最低;另一方面,油膜可以有效地吸收外来的震动,使硬盘的抗震能力得到提高,从而也延长了硬盘的寿命。

前置控制电路控制磁头感应的信号、主轴电机调速、磁头驱动和伺服定位等,由于磁头读取的信号微弱,将放大电路密封在腔体内可减少外来信号的干扰,提高操作指令的准确性。

2.5.2　硬盘的分类

1. 硬盘按照不同的适用类型可以划分为:台式机硬盘、笔记本硬盘和服务器硬盘

(1)台式机硬盘就是最为常见的 PC 内部使用的存储设备,如图 2 - 25 所示。其不断向大容量、高速度、低噪音的方向发展,单碟容量逐渐提高,转速可以达到 72r/min 以上,性能也不断提高,主流接口为 SATA 接口。

图 2 - 25　台式机硬盘

(2)从产品结构和工作原理看,笔记本硬盘比台式机硬盘并没有本质的区别,如图 2 - 26 所示。笔记本硬盘最大的特点就是体积小,目前标准产品的直径仅为 2.5 英寸(还有 18 英寸甚至更小的),一般厚度仅 8.5 - 12.5mm,重量在 100g 左右。另外在稳定性、安全性和功耗上有很高的要求,而且防震性能好,采用了震动保护系统(Shock Protection System, SPS)。笔记本硬盘由于受到盘片直径小、功耗限制、防震等制约因素,在转速、缓存、数据传输率等性能上要落后于台式机硬盘。

(3)服务器硬盘在性能上的要求远远高于台式机硬盘和笔记本硬盘,这是由于服务器大数据量、高负荷、高速度等要求所决定的,因此它的转速和容量都远远超过前面两种硬盘。多数服务器采用了数据吞吐量大,CPU 占有率极低的 SCSI 硬盘,如图 2 - 27 所示。高端还有采用光纤通道接口的,极少的低端服务器采用台式机上的 ATA 硬盘,性能受到很大影响。为了提高可靠性,服务器多采用了廉价冗余磁盘阵列(RAID)技术。RAID 技术相当于把一份数据复制到其他硬盘上,如果其中一个硬盘坏了,可以从另外一个恢复数据。

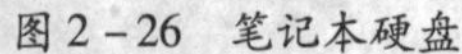
图 2－26　笔记本硬盘

图 2－27　服务器硬盘

2. 按照数据接口划分，硬盘主要有 IDE 硬盘和 SATA 硬盘两大派系

我们经常提到的硬盘一般指的是 IDE 接口的硬盘。这种硬盘多属于温盘(Winchester)，之所以称其为“温盘”是因为采用了 Winchester 技术，该技术是 IBM 公司于 1968 年首次提出的，该技术的精髓是：“密封、固定并高速旋转的镀磁盘片，磁头沿盘片径向移动，磁头悬浮在高速转动的盘片上方，而不与盘片直接接触。”这也是现代绝大多数硬盘的原型。IDE 接口的硬盘由头盘组件(HAD，Head Disk Assembly)与印刷电路板组件(PCBA，Print Circuit Board Assembly)组成。

SATA 只是一种串行连接接口标准，用来控制及传输服务器或存储设备到客户端应用之间的数据和信息。SATA 用来把硬盘驱动器等存储设备连接到主板上，从而增强系统性能、提高效率、大幅降低开发成本。

2.5.3　硬盘的工作原理

在对硬盘内部结构和分类详细了解之后，我们进一步来了解硬盘的工作原理。

硬盘驱动器加电正常工作后，控制电路中的单机初始化模块进行初始化工作，此时磁头置于盘片中心位置，初始化完成后主轴电机将启动并高速旋转，装载磁头的小车结构移动，将浮动磁头置于盘片表面的 0 道，处于等待指令的启动状态。当接口电路接收到微机系统传来的指令信号，通过前置放大控制电路，驱动音圈电机发出磁信号，根据感应阻止变化的磁头对盘片数据信息进行正确的定位，并将接收后的数据信息解码，通过放大控制电路传输到接口电路，反馈给主机系统完成指令操作。关机后，硬盘操作结束，在反力矩弹簧的作用下浮动磁头重新回到盘片中心。

2.5.4　硬盘的性能指标

1. 单碟容量(Storage per disk)

单碟容量就是指包括正反两面在内的盘片的总容量，一般硬盘都是由一个或几个盘片组成的。相同转速的硬盘，单碟容量越大，内部数据传输速率就越快。单碟容量越大，盘片磁道密度越大，即磁道数量越大，磁道上的扇区数量越大，所以盘片转动一周，就会有更多的扇区经过磁头被读出来。

2. 转速(Rotational Speed)

转速即硬盘电机主轴的转速,以每分钟硬盘盘片的旋转圈数来表示,单位 rpm。目前常见的硬盘转速有 5400rpm、7200rpm 和 10000rpm 等。理论上转速越高,硬盘性能相对就越好,因为较高的转速能缩短硬盘的平均等待时间,并提高硬盘的内部传输速度,但是转速越快的硬盘发热量和噪音也相对越大。

3. 平均寻道时间(Average seek time)

平均寻道时间指硬盘在盘面上移动读写头至指定磁道寻找相应目标数据所用的时间。它描述的是硬盘读取数据的能力,单位是 ms,当单碟容量增大时,磁头的寻道动作和移动距离减少,从而使平均寻道时间减少,加快硬盘速度。

4. 平均潜伏时间(Average latency time)

平均潜伏时间指当磁头移动到数据所在的磁道后,等待指定的数据扇区转动到磁头下方的时间,单位是 ms。平均潜伏时间是越小越好,潜伏期短代表硬盘在读取数据时的等待时间更短。转速越快的硬盘具有更低的平均潜伏期而与单碟容量关系不大。一般来说,5400rpm 硬盘的平均潜伏期为 5.6ms,而 7200rpm 硬盘的平均潜伏期为 4.2ms。

5. 平均访问时间(Average access time)

平均访问时间指磁头从起始位置到达目标磁道位置,并且从目标磁道上找到指定的数据扇区所需要的时间,单位是 ms。平均访问时间最能够代表硬盘找到某一数据所用的时间,越短的平均访问时间越好,一般在 11ms ~ 18ms 之间。平均访问时间体现了硬盘的读写速度,它包括了硬盘的平均寻道时间和平均潜伏期,即:平均访问时间 = 平均寻道时间 + 平均潜伏期。

6. 数据传输率(Data transfer rate)

数据传输率是指计算机通过 IDE、Serial ATA 或 SCSI 接口从硬盘的缓存中将数据读出交给相应的控制器的速度,即外部数据传输率(External Transfer Rate)。通常也把外部数据传输率称为突发数据传输率,指的是计算机通过数据总线从硬盘内部缓存区中所读取数据的最高速率。相应的内部数据传输率指硬盘将数据从盘片上读取交给缓冲存储器的速度,即磁头至硬盘缓存间的数据传输率。通常硬盘的内部数据传输率也被称为硬盘的持续传输率。内部数据传输率和外部数据传输率之间用一块缓冲存储器作为桥梁来缓解速度的差异。

7. 缓存

缓存的全称是数据缓冲存储器(cache buffer),即硬盘的高速缓冲存储器,是硬盘与外部总线交换数据的场所。硬盘读数据的过程是将磁信号转化为电信号后,通过缓存一次次的填充与清空,再填充、再清空,一步步按照 PCI 总线的周期送出。在接口技术已经发展到一个相对成熟的阶段时,缓存的大小与速度是直接关系到硬盘的传输速度的重要因素。目前主流 IDE 硬盘的数据缓存是 8MB。

8. 连续无故障时间

连续无故障时间指硬盘从开始运行到出现故障的最长时间,单位为小时。一般硬盘的连续无故障时间都在 30000 或 50000 小时之间。这样算下来,如果一个硬盘每天工作 10 小时,一年工作 365 天,它的寿命至少也有 8 年,所以用户大可不必为硬盘的寿命而担心。不过处于对数据安全方面的考虑,最好将硬盘的使用寿命控制在 5 年以内。

2.5.5 硬盘的选购

硬盘在计算机中的作用是不言而喻的,除非你要做无盘工作站,否则硬盘是个不可或缺的配件。我们在选购一款硬盘时,考虑的因素有以下几点:单碟容量、转速、数据传输率、寻道时间、缓存大小、接口、稳定性、售后服务等。

转速是区别高端产品与低端产品的主要标志,目前主流 IDE 硬盘的转速为 7200r/m。另外值得我们关注的是单碟容量和缓存,目前主流硬盘的单碟容量已经达到 80G,缓存也达到 8MB。相对而言,硬盘的寻道时间与内部数据传输率指标并不怎么透明,我们只能通过一些专业媒体的测评获取信息。至于外部接口,目前主要分为 ATA100、ATA133 与 Serial ATA 这 3 种,Serial ATA 由于其传输速率高,安装简便,是今后硬盘发展的方向。Serial ATA 的数据线很窄,有利于机箱内部的散热。为了保证硬盘的质量一定要去较好的代理商那里购买,购买时最好要求商家开正规发票,并且将产品型号、转速、缓存、保修条件等写清楚。

根据用户不同的需要,在硬盘的要求上也有相应的差别,下面根据用户性质的不同分别介绍其适用的硬盘产品。

1. 游戏玩家

对于游戏玩家而言,硬盘的寻道时间更为重要。因为游戏场景切换时,数据的传输量并不大,用最短的时间将沉睡中的硬盘磁头处于该去的读写位置才是最重要的。当然,由于目前游戏开始时载入的数据不少,因此选择性能高的硬盘还是有必要的。

2. 视频工作者

由于视频捕捉需要极高的连续传输能力,因此选择 7200r/m 产品是必然的。在性能方面应主要考虑 Maxtor 与 WD。

3. 股票软件用户

这一类用户需要时时刻刻开机,因此对硬盘的稳定性要求较高。Maxtor DiamondMax Plus 9 以及三星 SV 系列都是很不错的选择。

4. 大型软件用户

这类用户对硬盘的转速要求较高,此外还要考虑各方面的因素,酷鱼 7200.7、金钻九代和 WD - BB 都可以考虑。

5. 普通用户

这类用户占了大多数,有学生、家庭用户等,他们对硬盘的性能要求并不是很高,因此选择主流的硬盘产品就可以了。

2.5.6 光驱的结构

光驱即光盘驱动器,是读取光盘信息的设备。光驱的正面有一些按钮和部件,包括弹出与插入按钮、CD 播放按钮、光盘托盘、紧急弹出孔、音量调节钮以及音频输出口,如图 2 - 28 所示。

图 2 - 28 光驱

2.5.7 光驱的分类

目前的光驱主要有以下几类:

1. CD－ROM 驱动器

CD－ROM 驱动器用于读取 CD、VCD 等类型的光盘，其数据传输速度多数为 52 倍速，平均寻道时间在 100ms 以下。CD－ROM 所支持的光盘类型从最初的 CD－DA 发展到支持所有符合 ISO9660 格式的光盘，如 CD－ROM、CD－I、Video CD、CD－DA、Photo－CD、Kodak－CD、CD－R 和 CD－RW 等。CD－ROM 驱动器的接口类型包括 SCSI 和 Enhanced－IDE，除此之外还可以支持 Ultra－DMA33 接口。

2. DVD 光驱

DVD 光驱是目前最常用的光盘驱动器，用来读取 DVD 光盘中的数据，而且完全兼容 VCD、CD－ROM、CD－R 和 CD－RW 等光盘。其最高容量可达到 17GB，目前它的主流转速为 16 倍速。

3. 刻录光驱

刻录光驱是在 CD－ROM 基础上发展起来的光存储技术。主要有 CD－RW 和 DVD－RW 两种。其中 CD－RW 刻录光驱不仅是一种只读光盘驱动器，而且还能将数据以 CD－ROM 的格式刻录到光盘上，具有比 CD 光驱更强大的功能；而 DVD－RW 刻录光驱综合了前面几种光驱的性能，不仅能读取 DVD、VCD 和 CD 格式的光盘，还能将数据以 DVD－ROM 格式或 CD－ROM 格式刻录到光盘上。

4. 蓝光(Blu－ray)光驱

蓝光(Blu－ray)光驱本质上也算是 DVD 光驱，如图 2－29 所示。不过，蓝光光驱是用蓝色激光读取光盘上的数据，它也是下一代 DVD 光驱的标准之一，因此这里将其单独作为一种光驱类型。

图 2－29　蓝光光驱

图 2－30　HD－DVD 光驱

5. HD－DVD 光驱

HD－DVD 光驱就是另一种下一代 DVD 光驱的标准，如图 2－30 所示。它也是用蓝色激光读取光盘上的文件，尽管在 HD－DVD 光盘中数据密度得到了大幅的提升，但其结构和当前使用的 DVD 光驱还是非常相似的。

2.5.8　光驱的性能指标

1. 数据传输率

数据传输率通常以光驱的“倍速”来表示，它是光驱最基本的性能指标，指光驱每秒能读取的最大数据量。最早的光驱数据传输率只有 150KB/s，这就是单倍速光驱。现在的光驱便是以该基准来衡量的，如传输率为 600KB/s 的光驱被称为四倍速光驱。现在市面上主流光驱已经达到 50 倍速甚至 52 倍速以上，其传输率为 7 500KB/s 或 7 800KB/s。

2. 平均寻道时间

平均寻道时间又称平均访问时间，是指光驱的激光头从初始位置移到指定数据扇区，并把该扇区上的第一块数据读入高速缓存所用的时间。目前普通光驱的寻道时间在 80ms ~ 90ms 之间,(ms 即毫秒,1ms 等于千分之一秒)。

3. 传输模式

目前光驱的传输模式几乎都是 UDMA 模式,可通过 Windows 操作系统中的设备管理器将 DMA(Direct Memory Access,直接内存存取)打开,以提高光驱的性能。

4. 缓存容量

缓存容量越大,光驱连续读取数据的性能越好。目前一般的 CD - ROM 缓存为 128KB, DVD - ROM 的缓存为 512KB,刻录机的缓存普遍为 2MB,有些甚至达到了 8MB。

5. 纠错能力

纠错能力是指光驱对质量不好的光盘或光盘表面的划痕的纠错能力,纠错能力越好,读取光盘的能力就越强。

6. CPU 占用时间

CPU 占用时间指光驱工作时占用的 CPU 资源。CPU 占用时间越少越好。当光驱全速运行,试图读取质量不好的光盘数据或抓取 CD 音轨时,CPU 的占用时间会明显增加。

2.5.9 光驱的选购

在选购光驱时需要注意以下几点:

1. 光驱的接口类型

目前市面上的光驱所使用的接口与硬盘的接口是基本相同的,即也具有 ATA 接口和SATA 接口两种。虽然目前大多数光驱还是采用 ATA 接口,但按照光驱未来的发展趋势来看,SATA 接口的光驱必定会取代 ATA 接口的光驱,因此在选购光驱时最好选择 SATA 接口。

2. 缓存

在刻录光盘时,数据必须先写入缓存,然后刻录软件再从缓存中调用要刻录的数据。在刻录的同时,后续的数据需要不停地写入缓存,如果没有及时写入缓存,就可能导致刻录失败。因此,缓存的容量越大,刻录的成功率就越高。

3. 速度

在选购光驱时,首先要考虑的就是光驱的传输速度。目前衡量光驱速度的重要指标是倍速,CD - ROM 光驱 1X 倍速时的传输速度为 150KB/s。目前常用的 CD - ROM 光驱在读取 CD - ROM 光盘时的倍速一般为 32X、40X 或 52X 倍速。当其倍速为 52X 时,它的传输速度为:150 × 52 = 7 800KB/s。而 DVD - ROM 的 1X 倍速为 1 358KB/s,普通 DVD - ROM 的倍速一般为 16X,其传输速度为:1 358 × 16 ≈ 21.7MB/s。

4. 纠错能力

纠错能力是指光驱对一些表面已经损坏的光盘进行读取时的适应能力。纠错能力强的光驱能很容易地跳过一些坏的数据区,而纠错能力差的光驱在读取这些区域时会感觉非常吃力,容易导致系统发生停止响应、死机等情况。

5. 支持的刻录格式

支持的刻录格式越多越好,现在的 DVD 刻录机除了支持普通刻录机支持的刻录格式外,还支持 DVD - R、DVD + R、DVD - RW 等格式的刻录光盘。

2.6　电源和机箱

电源是计算机中的能量来源，计算机内部的所有部件，都需要电源进行供电。因此，电源功率的大小，电流和电压是否稳定，将直接影响计算机的工作性能和使用寿命。如果电源质量较差，电流输出不稳定，则会经常导致死机或自动重启，严重时还会烧毁硬件。

计算机中使用的电源是开关电源。它具有体积小、功率大的特点。从外观上看像是一个带有很多引线的铁盒子，后部有两个接口，一个是 220V 交流输入接口；另一个是 220V 交流输出接口。典型计算机的电源如图 2－31 所示。

图 2－31　电源

2.6.1　电源性能指标

计算机电源的优劣影响计算机能否正常工作，如何衡量计算机电源的优劣，需要了解其性能指标。电源主要的性能指标如下：

1. 多国认证标记

优质的电源具有 FCC、美国 UR 和中国长城等认证标志，这些认证的专业标准包括生产流程、电磁干扰、安全保护等。凡是符合一定指标的产品在申报认证后才能在包装和产品表面使用认证标记，具有一定的权威性。

2. 噪音和滤波

噪音主要是指在 220V 交流电经过开关电源的滤波和稳压后变换成各种低电压的直流电时，输出直流电的平滑程度。而用噪音标志这种平滑程度，国家标准规定不超过 55dB。滤波品质的高低直接关系到输出直流电中交流分量的高低，也称为波纹系数，这个系数越小越好。同时，滤波电容的容量和品质也关系到电流有较大变动时电压的稳定程度。

3. 电源效率

电源效率是指电源各组直流电输出功率的总和与输入交流电功率的比值，该值越大越好，国家标准规定应不小于 65%。

4. 过压保护

ATX 电源比传统 AT 电源多了 3.3V 电压组。有的主板没有稳压组件，直接用 3.3V 为主板部分设备供电。即使是具有稳压装置的线路，对输入的电压也有上限，一旦电压升高，对被供电设备就可能会造成严重的物理损伤。因此电源的过压保护十分重要，应防患于未然。

5. 电磁干扰

电磁干扰由开关电源的工作原理所决定，其内部具有较强的电磁振荡，因此具有类似无线电波的对外辐射特性。如果不加以屏蔽可能会对其他设备造成影响，有些劣质电源会忽略这项指标，在国际上有 FCC A 和 FCC B 标准，在国内有国际 A(工业级)和国际 B(家用电器级)标准,优质的电源都通过国际 B 标准。

6. 瞬间反应能力

当输入的电压在瞬间发生较大的变化时(在电压允许的范围内),输出的稳定电压值恢复正常所用的时间,即电源对异常情况的反应能力。

7. 电源寿命

一般电源寿命按照大于 3 ~ 5 年计算元件的可能失效周期,平均工作时间在 80000 ~ 100000 小时之间。

2.6.2 电源的选购

电源的优劣直接关系到计算机的稳定性和硬件的使用寿命,因此电源的选购也绝对不能忽视。如何选择一款合适的电源,需要考虑以下几个方面:

1. 品牌和功率

选购电源最好是质量有保证的品牌电源,如长城电源、航嘉电源、世纪之星电源等都是很不错的品牌。电源的功率必须大于计算机主机内部所有部件所需电源之和,并留有一定的储备功率,一款电源要能够应对各种各样的系统,但不是功率越大越好。根据需要选择合适功率的电源。

2. 电源重量

通过重量往往能观察出电源是否符合规格。好的电源,一般会增加一些元件,以提高安全系数,所以重量自然会有所增加。劣质电源则会省掉一些电容和线圈,重量就比较轻。

3. 风扇

风扇在电源工作过程中主要用于散热。有些优质电源会采用双风扇设计,保证电源内部自身产生的热量和由机箱抽入的热空气都能及时排出。风扇在单位时间内能带动的空气流量对散热效果有直接关系,没有专门仪器很难测量这一点,所以一般都把问题简化为风扇的转速,进而变为功率并换算为电流。因此,额定电流成为选购的重要指标,在相同的电压下,电流越大风扇功率越高,风力越强,这也是我们选购时唯一的判断标准。以一般电源使用的 8 厘米 12V 直流风扇为例,其额定电流一般在 0.12 ~ 0.18A 之间。

4. 线材和散热孔

电源所使用的线材粗细,与它的耐用度有很大的关系。较细的线材,长时间使用后,常常会因过热而烧毁。另外电源外壳上面或多或少都有散热孔,电源在工作的过程中,温度会不断升高,除了通过电源内附的风扇散热外,散热孔也是加大空气对流的重要设施。原则上电源的散热孔面积要越大越好,但是要注意散热孔的位置,放对位置才能使电源内部的热气及早排出。

5. 吸风口、出风口的设计

电源外壳上有很多孔隙,机箱内的热空气就是从这些孔隙进入电源从而排到外面。选购电源时,最好选择在电源底部有栅孔的电源,在电源底部增开栅孔,通过栅孔可以直接吸入板卡产生的热空气,不受机箱结构的限制。另外,底部有栅孔的电源从进气的栅孔到排风扇的空间完全敞开。

出风口的设计对电源中空气的流量有很大影响。一般电源的出风口栅条较宽,对空气的流动带来较大的阻碍,而有的电源采用稀疏的钢网,在保证安全的前提下进一步减少对空气的阻碍。

2.6.3　机箱的分类

机箱是整个计算机的外壳，是计算机主机必不可少的部件，其主要作用是为电源、主板、各种扩展卡、磁盘驱动器等设备提供了空间。而且，机箱坚实的外壳保护着板卡、电源及存储设备，能防压、防冲击和防尘，还能发挥防电磁干扰和辐射的功能，起到屏蔽电磁辐射的作用。

机箱有很多种类型。现在市场比较普遍的是 AT、ATX、Micro ATX 以及最新的 BTX。AT 机箱的全称应该是 BaBy AT，主要应用到只能支持安装 AT 主板的早期机器中。ATX 机箱是目前最常见的机箱，支持现在绝大部分类型的主板。Micro ATX 机箱是在 ATX 机箱的基础之上建立的，为了进一步的节省桌面空间，因而比 ATX 机箱体积要小一些。各个类型的机箱只能安装其支持的类型的主板，一般是不能混用的，而且电源也有所差别。所以大家在选购时一定要注意。

BTX(Balanced Technology Extended)是 Intel 定义并引导的桌面计算平台新规范。BTX 机箱的架构，可支持下一代计算机系统设计的新外形，使其能够在散热管理、系统尺寸和形状，以及噪音方面实现最佳平衡。

BTX 机箱相对 ATX 机箱最明显的区别，就在于把以往只在左侧开启的侧面板，改到了右边。而其他 I/O 接口，也都相应的改到了相反的位置。BTX 机箱重点在散热方面有了改进，CPU、图形卡和内存的位置相比 ATX 架构都完全不同，CPU 的位置完全被移到了机箱的前板，而不是原先的后部位置，这是为了更有效的利用散热设备，提升对机箱内各个设备的散热效能。BTX 在主板的安装上进行了重新的规范，其中最重要的是 BTX 拥有可选的 SRM(Support and Retention Module)支撑保护模块，它是机箱底部和主板之间的一个缓冲区，通常使用强度很高的低碳钢材来制造，能够抵抗较强的外来力而不易弯曲，因此可有效防止主板的变形。

另外，机箱还有超薄、半高、3/4 高、全高和立式、卧式机箱之分。3/4 高和全高机箱拥有三个或者三个以上的 5.25 英寸驱动器安装槽两个 3.5 寸软驱槽。超薄机箱主要是一些 AT 机箱，只有一个 3.5 寸软驱槽和两个 5.25 寸驱动器槽。半高机箱主要是 Micro ATX 和 Micro BTX 机箱，它有 2～3 个 5.25 寸驱动器槽。在选择时最好以标准立式 ATX 和 BTX 机箱为准，因为它空间大，安装槽多，扩展性好，通风条件也不错，完全能适应大多数用户的需要。

图 2－32　超薄型

图 2－33　立式

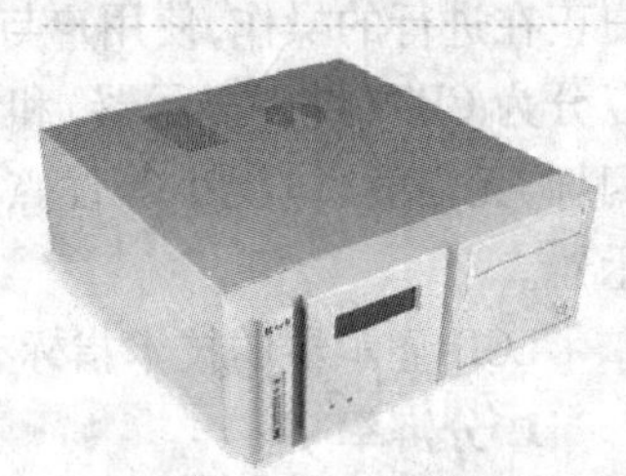

图 2－34　卧式

2.6.4 机箱的选购方法

优质的机箱能够使计算机免受外界电磁波的干扰,使计算机更加稳定、可靠的运行。因此机箱的选购也是很重要的。选购一款满意的机箱应该考虑以下几个方面:

1. 材质及做工

优质机箱的用料多为镀锌钢板,强度高、抗腐蚀能力好。在钢板厚度上也是比较科学合理的,如果机箱的厚度太薄,则对其内部的板卡起不到保护作用。

2. 扩展能力

机箱的扩展能力也是选购机箱的一个重要条件,机箱内要有较宽阔的空间,易于安装各种扩展卡,托架可随时增加驱动器。具有良好扩展能力的机箱将为日后计算机的升级带来很大的方便。

3. 散热能力

机箱的散热能力也是选购机箱时考虑的一个重要因素,机箱的内部要符合散热要求,在面板以及后背板的适当位置应留有安装风扇的位置,在其他部位也应留有合适的散热孔。因此,在选购机箱的时候要注意所选机箱内是否留有风扇位,以方便日后加装散热风扇,更好地为机箱内部散热。

4. 屏蔽能力

机箱一般都是由金属制成,它能减少电磁波对外辐射,也能降低外界电磁波对主机的干扰。机箱还应该具有静电屏蔽能力。

5. 外观及辅助功能

一款漂亮、美观的机箱肯定会让计算机增色不少,但需要注意的是,选择外观除了考虑机箱的独立美之外,还要考虑与显示器、键盘等外设的协调美。在辅助功能方面,现在很多机箱将 USB 接口、耳机和麦克风接口都设置到前面板上,这样使插拔操作十分方便。有些机箱在前面板添加温度显示器,能够显示当前机箱内的温度,随时监控 CPU 的温度。

2.7 显示器

显示器是计算机系统中最重要的输出设备,它提供了用户和计算机进行交流的窗口。本节将介绍显示器的相关知识,包括影响显示器效果的技术指标以及如何选购不同类型的显示器。

2.7.1 显示器简介

显示器是将计算机处理的结果用文字和图像等形式输出的设备。显示器能实时显示用户正在进行的操作,使用户与计算机方便地进行人机交流。显示器按照成像原理的不同可以分为 CRT(纯平显示器)和 LCD(液晶显示器)两种。LCD 显示器因其具有环保、健康、无闪烁、无辐射、体积小等优点越来越受到广大消费者的青睐。这里我们主要介绍 LCD 显示器。

LCD 显示器的技术指标有分辨率、亮度、对比度、响应时间、可视角度等。

1. 分辨率

LCD 显示器的分辨率是指最佳分辨率,是能达到最好显示效果的一个分辨率。LCD 显示器的面板是由液晶做成的,液晶的特性决定了 LCD 显示器在其他分辨率下的显示效果会变得很差。LCD 显示器在出厂时,它的分辨率就已经固定了,只有在这个分辨率状态下才能达到最佳显示效果。

2. 亮度

亮度是 LCD 显示器重要的性能指标之一。亮度越高决定画面显示的层次也就越丰富,从而提高画面的显示质量。理论上显示器的亮度是越高越好,不过太高的亮度对眼睛的刺激也比较强,因此没有特殊需求的用户最好不要过于追求高亮度。

3. 对比度

对比度指标指的是最亮的白色和最暗的黑色之间不同亮度层次的测量。LCD 显示器的对比度越高,图像的锐利程度就越高,显示的效果也越好。人眼可以接受的对比度一般在 250:1 左右,低于这个对比度就会感觉模糊或有灰蒙蒙的感觉。通常液晶显示器的对比度为 300:1,做文档处理和办公应用已经足够了,但玩游戏和看影片时为了得到更好的效果就需要更高的对比度。

从目前来看,用户在购买 LCD 显示器时,还没有一套有效且公正的标准来衡量对比度和亮度指标。所以最好的识别方法还是利用自己的双眼来判定,即将 LCD 显示器调到最亮和最暗,看看感觉如何。现在也只能利用这方法来找到比较合适的 LCD 显示器。

4. 响应时间

所谓的“响应时间”就是 LCD 显示器对于输入信号的反应速度,也就是液晶由暗转亮或者是由亮转暗的反应时间。它以 ms(毫秒)为单位。基本上,“响应时间”指标越小越好。响应时间越小,则用户在看移动的画面时不会出现有类似残影或者是拖曳的感觉。

5. 可视角度

可视角度是指站在位于屏幕边某个角度时,仍可清晰看见屏幕影像的最大角度。可视角度分为水平可视角度和垂直可视角度。由于 LCD 显示器的特性,当人眼与显示屏之间的角度稍大一点儿时,就无法看清显示的内容。因此在选购 LCD 显示器时,要尽量选择可视角度大的产品。

2.7.2　LCD 显示器选购指南

选购 LCD 显示器时,除注意上面所述的技术指标外,还应注意以下几方面:

(1)OSD 控制接口若提供更多显示设定值,自行调整的弹性更大。

(2)选购配备 DVI 接口的款式时,要注意是 DVI - I 还是 DVI - D,以及是否提供 DVI 转 Analog 接口的转插。因为对于追求显示品质的用户来说,DVI 能够提供更好的显示品质,降低模拟信号所带来的视频杂讯,因此,应该优先选择带有 DVI 接口的液晶显示器。

(3)在音响性能上,看看有否配备 RCA 接头,即白色及红色左右声道接头。

(4)如果配备 S - Video 接头及 Video RCA 接头的会更好,方便连接其他 AV 设备。

(5)对于需要编辑数码相片的用户,选购时更需注意 LCD 显示器的色温表现,若拥有色温调整技术就更佳。

另外,在选购 LCD 显示器时,还可以使用软件来测试所购显示器的真实性能。如:Monitors Matter Check Screen 就是一款专业的 LCD 测试软件,它不仅能够检测 LCD,同时还可以对 CRT(阴极射线管)显示器进行测试。它包括诸多测试项目,可以检测 LCD 的色彩、响应时间、文字显示效果、有无“坏点”等至关重要的指标。Monitors Matter Check Screen 的下载链接为：http://www. skycn. com/soft/10018. html。软件压缩包中有两个安装程序，一个是 Csinst16. exe，一个是 Csinst32. exe。对于 Windows 9x/Me/2000/XP 操作系统来说，应该安装后者。需要购买 LCD 显示器的朋友们，不妨带上这个软件去测试一下。这个软件的“个头”不大，仅 836KB，一张软盘就可装下。相信你一定会选择到称心如意的 LCD 显示器。

如果装机商没有以上这样的软件，你不用怕。通过独特的桌面也可以来进行测试一下。在桌面上单击右键，选择“属性”，然后依次选择“外观”“高级”“颜色”，最后在颜色一栏中选择“黑色”或者“白色”，点击“确定”。在桌面全黑、全白的背景下，仔细观察液晶屏上有无异色点或发光的亮点，如果有，则该液晶显示屏存在问题，最好重新换一台。

通过以上这样的方法，相信可以为大家选购时带来一些帮助，挑选到一台自己称心如意的显示器。

2.7.3 热门显示器介绍

三星作为世界上的知名品牌，有着雄厚的技术实力和优秀的品牌形象，受到很多显示器购买者的关注。下面以三星 T220P 显示器为例进行介绍。

该款显示器 50000:1 的超高动态对比度，给您带来更鲜活清晰的高质量多媒体内容；1920 × 1200 分辨率展示更多屏幕细节；5ms 极速响应时间，在游戏和电影观赏中让您感受最优效果的画质；采用欧美先进 TOC 工艺，通过向有机玻璃材料注入色彩分子的手段制造的琉晶边框，绝美色彩与环境完美融合；支持宽普兼容，不变形地展示游戏和电影；同时通过 Windows Vista Premium 认证，可以用支持 HDCP 功能的 DVI 接口接收高清晰数字多媒体视频，享受完美的数字画面。

项目名称	详细信息
产品名称	T22OP
生产厂商	Samsung
类型	LCD
显示器尺寸	22in
最佳分辨率	1920 × 1200
灰阶响应	2ms
对比度	50000:1
亮度	300cd/m^2
屏幕比例	16:10
参考价格	￥1530

图 2－35 三星 T220P 显示器的外观及性能参数

2.7.4 液晶显示器的使用与维护技巧

液晶显示器的使用与维护要注意以下几点：

1. 保持干燥的工作环境

LCD 非常怕水，所以不要让任何带有水分的东西进入 LCD 内部。一旦发生这种情况也不要惊慌失措。如果在开机前发现只是屏幕表面有雾气，用软布轻轻擦掉就可以了，然后再开机。如果水分已经进入 LCD，可以关闭显示器后把 LCD 背对阳光，或者用台灯烘烤将里面的水分逐渐蒸发掉就可以了。但注意不要把 LCD 屏幕对着阳光,那会引起元器件老化。现在的厂商都非常注意售后服务,如果发生屏幕“泛潮”的情况较严重时,普通用户还是寻求厂商的帮助比较保险。因为,较严重的潮气会损害 LCD 的元器件,用户将含有较高湿度的 LCD 通电时,会导致液晶电极腐蚀,造成永久性的损坏。

2. 远离一些化学药品

大家使用的发胶、灭蚊剂等也可能会对液晶显示器造成损坏,导致整个显示器寿命缩短,因此尽量避免显示器和化学物品的接触。

3. 不要使 LCD 长时间处于高亮度状态

LCD 的显示方式与 CRT 不同,长时间高亮的画面很容易缩短显示器内部负责照亮液晶的背光管的寿命。如果长时间不用,要注意关闭显示器。另外,在日常的使用中可以将液晶显示器的亮度适当调低。这些措施都会对延长液晶显示器的寿命大有帮助。

4. 正确清洁显示屏表面

LCD 用的时间长了,表面就会存在许多污渍。该如何清理这些污渍呢?可用蘸有少许专用清洁剂的软布轻轻地将污渍擦去。清洗的时候一定注意,千万不要让清洁剂渗到 LCD 内部,同时要避免使用一些含有酒精的清洁剂。

5. 注意显示器使用的环境温度

液晶的状态不是恒久不变的,受热后会呈现透明状液态,冷却时又会结晶出颗粒状混浊固体。如果环境温度过高或者过低,会影响到显示器的正常工作。目前主流的液晶显示器在 0 ~ 40℃ 的范围内均可正常工作,对于普通用户来说这没什么。但是对于需要在高、低温环境中使用液晶显示器的用户来说,就应该注意液晶显示器的工作温度了。

6. 避免不必要的振动

LCD 屏幕十分脆弱,LCD 显示器中的屏幕和敏感的电气元件如果受到强烈冲击会导致屏幕或电路的损坏。LCD 屏幕非常脆弱,大家在移动 LCD 时常常不注意地抓住屏幕一块移动,这可能会损坏液晶显示器。

2.8　键盘和鼠标

键盘是最常用也是最主要的输入设备,通过键盘,可以将英文字母、数字、标点符号等输入到计算机中,从而向计算机发出命令、输入数据等。

2.8.1　键盘的结构

电脑键盘可以分为外壳、按键和电路板三个组成部分。键盘的外壳主要用来放置电路板和为操作者提供一个操作平台。一般键盘外壳上都有可以调节键盘角度和高度的调节装置,另外还有一些指示灯,用来指示某些按键的功能状态。比如 CapsLock(字母大小写锁定)、NumLock(数字小键盘锁定)、ScrollLock 三个指示灯,标志键盘的当前状态,这些指示灯一般位于键盘的右上角。键盘电路板是整个键盘的控制核心,它位于键盘的内部,主要担任按键扫描识别,编码和传输接口的工作。不管键盘形式如何变化基本的按键排列还是保持基本不变的,可以分为主键盘区、数字辅助键盘区、F 键功能键盘区、控制键区,如图 2 – 36 所示,对于多功能键盘还增添了快捷键区。

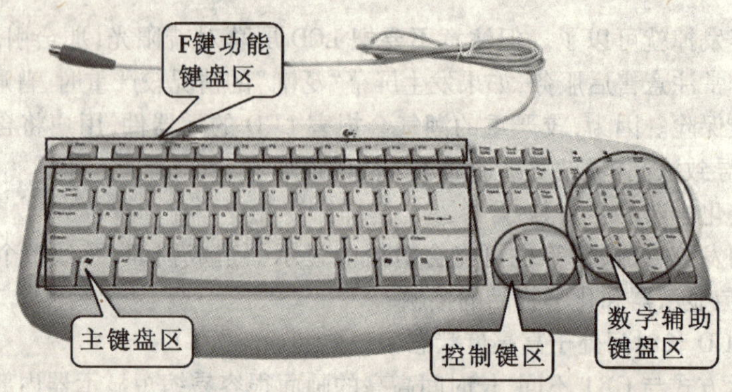

图 2-36 键盘

2.8.2 键盘的分类

按照接口类型,键盘可分为 AT 接口、PS/2 接口和最新的 USB 接口,高档的品牌机多采用 PS/2 接口,最早也是 IBM 公司的专利,俗称“小口”,不过越来越多新型主板都开始提供 PS/2 键盘接口。而兼容机尤其是较老的主板常常提供 AT 接口也被称为“大口”,所幸的是市场上有一种大小口键盘转换连接器,售价只有区区几元钱,它一举解决了两种接口键盘的兼容性问题。USB 接口是一种新兴的键盘接口。

1. 键盘从内部结构可以分为机械式键盘和电容式键盘两种

(1)机械式键盘是最早被采用的结构,一般类似金属接触式开关的原理使触点导通或断开,具有工艺简单、维修方便、手感一般、噪声大、易磨损的特性,大部分廉价的机械键盘采用铜片弹簧作为弹性材料,铜片易折易失去弹性,使用时间一长故障率升高,现在已基本被淘汰,取而代之的是电容式键盘。

(2)电容式键盘是基于电容式开关的键盘,原理是通过按键改变电极间的距离产生电容量的变化,暂时形成震荡脉冲允许通过的条件。理论上这种开关是无触点非接触式的,磨损率极小甚至可以忽略不计,也没有接触不良的隐患,具有噪音小,容易控制,但工艺较机械结构复杂。

2. 键盘根据外形可分为标准键盘和人体工程学键盘

人体工程学键盘是在标准键盘上将指法规定的左手键区和右手键区这两大板块左右分开,并形成一定角度,使操作者不必有意识的夹紧双臂,保持一种比较自然的形态。有的人体工程学键盘还有意加大常用键如空格键和回车键的面积,在键盘的下部增加护手托板,给以前悬空手腕以支持点,减少由于手腕长期悬空导致的疲劳。图 2-37 为一款人体工程学键盘。

3. 从击键数来看键盘也经过了一段长时间的发展

早期的键盘共有 83 个键,后来不断增加新的控制键,逐渐发展成标准的 101 键 PC 键盘。再后来,随着 Windows 系统的广泛应用,又将按键增加到了 104 个,目前市面上销售的大多是 104 键。104 键的键盘是在 101 键键盘的基础上为 Windows 9X 平台增加了三个快捷键,所以也被称为 Windows 9X 键盘。但在实际应用中习惯使用 Windows 键的用户并不多。键盘的按键数还曾出现过 93 键、96 键、102 键、107 键等。

此外如今的市面上还出现了无线键盘如图 2-38 所示,多媒体键盘如图 2-39 所示,新型的手写键盘,如图 2－40 所示。无线键盘就是在键盘和电脑之间没有物理连线,它是由和电脑相连的接收器及通过电池提供能源的键盘两部分组成的。无线键盘从传播方式来讲又分为两种,一是红外线型,就是通过红外线来传播信号,这类键盘的方向性要求比较严格,尤其是对水平位置比较敏感;二是无线电型,因为无线电是辐射状来传播的,所以相对于红外线型使用起来更灵活,缺点是无线电的抗干扰能力较差。新型的手写键盘没有右边的数字小键盘,取而代之的是手写板,或者是直接在小键盘的位置多加一个手写板。这种键盘适合打字速度不快或者是从事美术创作的人使用。

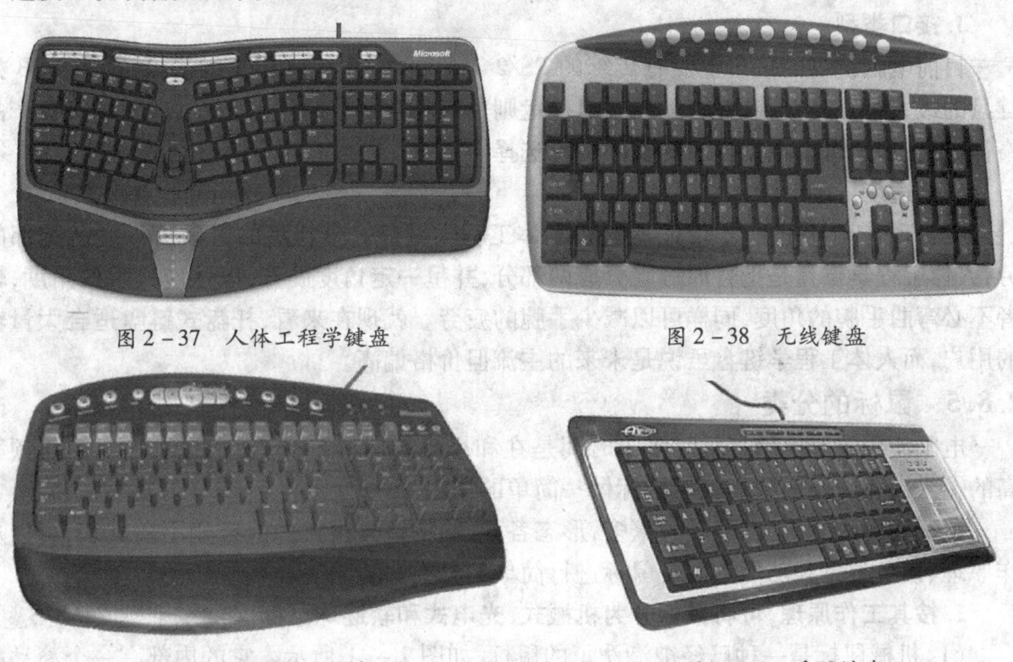

图 2－37　人体工程学键盘　　图 2－38　无线键盘

图 2－39　多媒体键盘　　图 2－40　手写键盘

2.8.3　键盘的工作原理

键盘的基本工作原理就是实时监视按键,将按键信息送入电脑。在键盘的内部设计中有定位按键位置的键位扫描电路,产生被按下键代码的编码电路,以及将产生代码送入到电脑的接口电路,当用户按下其中一个键时,键盘中的编码器能够迅速将此按键所对应的编码通过接口电路输送到计算机的键盘缓冲器中,由 CPU 进行识别处理。通俗地说也就是当用户按下某个按键时,它会通过导电塑胶将线路板上的这个按键排线接通产生信号,产生了的信号会迅速通过键盘接口传送到 CPU 中。

2.8.4　键盘的选购

一般情况下,用户在购买键盘时需要注意以下几点:

1. 操作手感

操作手感关系到用户的学习和工作效率。检测键盘手感非常简单,只要用适当的力量按下键盘,感觉其弹性、回弹速度、声音即可,不过检测键盘手感一定要亲自操作,而且要全面地检测键盘上的每一个键,包括数字键、上方的功能键等非常用键,对于字母键之类的常用键,更要仔细检查。

2. 键盘做工

键盘的生产工艺和质量关系到键盘能否长时间稳定地工作。检查时首先用手抚摸键盘的表面和边缘,然后观察按键上的字母和数字,看其是否清晰,以及字母和数字是使用激光刻写的还是用油墨印刷的。拥有较高生产工艺和质量的键盘表面和边缘平整、无毛刺,同时键盘表面不是普通的光滑面,而是经过研磨的。与激光打印相比,普通印刷的字母会微微突起。由于油墨的原因字母边缘会有一些毛刺。有些较好的键盘为了防止意外进水,还设置了导水槽,可使键盘免受水的损害。

3. 接口类型

目前电脑键盘的接口主要有传统的 PS/2 与新的 USB 接口和无线接口,其中 USB 接口键盘的最大特点是安装方便,无线接口键盘则具有随意摆放的优点,不过这两种接口产品价格都偏高,用户可以根据自己的实际情况选择。

4. 舒适度

键盘现在有带托盘、不带托盘的和人体工程学键盘。带托盘的键盘可以缓解腕部的疲劳,人体工程学键盘是把普通键盘分成两部分,并呈一定角度展开,以适应人手的角度,输入者不必弯曲手腕的角度,同样可以减少手腕的疲劳。就现在来看,托盘式键盘适合大量输入的用户,而人体工程学键盘虽说是未来的主流但价格偏高。

2.8.5 鼠标的分类

电脑使用者和电脑接触时多半时间是在和小小的鼠标打交道,它是电脑中使用频率最高的输入设备。下面我们就对鼠标做一简单的了解。

鼠标发展到今天,已经品种繁多,形态各异,结构差异很大。但万变不离其宗,可以从工作原理、接口类型和功能方面对鼠标进行简单的分类。

1. 按其工作原理,可将鼠标分为机械式、光电式和轨迹球鼠标

(1)机械鼠标是一种已经被淘汰了的鼠标,如图 2-41 所示。它的内部有一个滚动橡胶球,紧贴着滚动橡胶球有两个互相垂直的传动轴,轴上有一个光栅轮,光栅轮的两边对应着发光二极管和光敏三极管。当鼠标移动时,橡胶球带动两个传动轴旋转,而这时光栅轮也在旋转,光敏三极管在接收发光二极管发出的光时被光栅轮间断性地阻挡,从而产生脉冲信号,通过鼠标内部的芯片处理之后被 CPU 接收,信号的数量和频率对应着屏幕上的距离和速度。

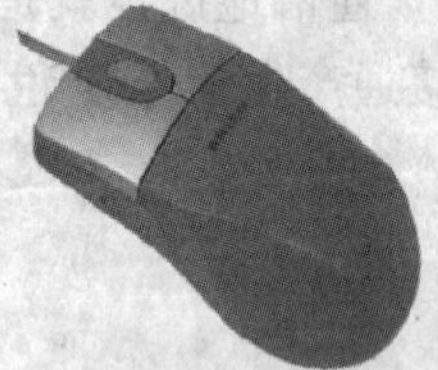

图 2-41 机械式鼠标

图 2-42 光电式鼠标

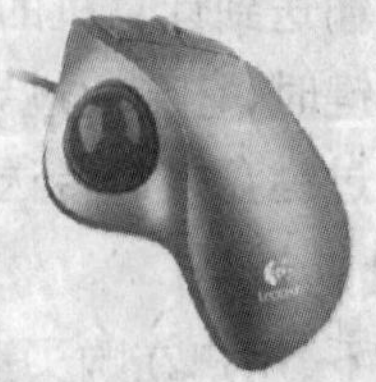

图 2-43 轨迹球鼠标

(2)光电鼠标是一种光电和机械相结合的鼠标,是目前鼠标的主流类型,按照年代和使用的技术可以将其分为两代产品,它们的共同的特点是没有机械鼠标必须使用的鼠标滚球。第一代光电鼠标由光断续器来判断信号,最显著的特点就是需要使用一块特殊的反光板作为鼠标移动时的垫。它在定位精度上比机械式鼠标有很大的提高。现在市场上的鼠标都是第二代光电鼠标,使用的是光眼技术,这是一种数字光电技术,较之以往机械鼠标完全是一种全新的技术突破。如图 2-42 所示为一款光电鼠标。现在最先进的鼠标已用激光作为定位光线了。

(3)轨迹球鼠标的工作原理和内部结构其实与普通鼠标类似,只是改变了滚轮的运动方式,其球座固定不动,直接用手拨动轨迹球来控制鼠标箭头的移动。轨迹球外观新颖,可随意放置,用惯后手感也不错。因此即使在光电鼠标的冲击下,仍有许多设计人员更偏爱于轨迹球鼠标的精准定位。如图 2-43 所示即为一款轨迹球鼠标。

2. 按接口类型鼠标可以分为 COM、PS/2、USB 三类

PS/2 接口的鼠标比较常见,USB 接口的鼠标是未来的发展趋势。

2.8.6 鼠标的性能指标

1. 分辨率

分辨率从 400~2500dpi 的都有,不同的 dpi 适应不同的游戏应用场合。目前有些鼠标支持可调 dpi,这使其通用性和易用性大大增加。

2. 外形

这里的外形指鼠标的重量和大小。每个人手型的不同也是相当重要的考虑条件,人体工程学设计更可以使用户在计算机操作中的疲劳度大大降低,从而提高工作效率。

3. 按键数

按键数是指鼠标按键的数量。按键是鼠标最基本的功能键,对于 PC 平台而言,至少要有两个按键,鼠标才能正常使用。现在的按键数已经从两键,三键,发展到了四键甚至八键乃至更多键,按键数越多所能实现的附加功能和扩展功能也就越多,能自己定义的按键数量也就越多,对用户而言使用也就越方便。

2.8.7 鼠标的选购

鼠标的选购应当从以下几方面考虑:

1. 鼠标手感

一款鼠标的手感非常重要,做工良好的鼠标,握在手里的感觉非常舒服,鼠标定位也非常准确而灵敏。如果鼠标质量差,握在手里会感觉别扭,使用起来也不舒服。

2. 鼠标按键

目前主流的鼠标都具有两个鼠标键,并且鼠标的中间有一个滚轮,这样的设计可以满足大部分计算机用户的使用需求。而某些鼠标生产商为了满足一些经常从事某类计算机操作的人员,而推出了拥有多个功能键的鼠标。这些鼠标在安装了厂家提供的驱动程序后,可以利用这些按键实现许多的功能,给操作带来便利,但这些是要根据工作的需要进行调整的。

3. 鼠标的品牌

在选购鼠标时,根据品牌口碑的好坏就能初步判断其质量的优劣。普通消费者最好选择知名厂家的鼠标产品,其常见的品牌包括罗技、微软以及双飞燕等。

1. 简答题

(1)CPU 的性能指标有哪些？

(2)内存的类型有哪些？

(3)主板的主要接口和主要芯片有哪些？

(4)画出硬盘的结构图。

(5)简述硬盘的性能指标。

(6)鼠标的类型有哪些？

2. 拓展练习题

(1)试着在同一台计算机上同时使用两个不同型号的内存。

(2)根据本章知识选择一块适合自己的主板。

3. 实践操作题

(1)查看自己操作的计算机都有哪些外部接口，并说明它们都适用于哪些设备？

(2)试着去市场选购 CPU、内存、显卡、声卡、网卡、硬盘、电源和机箱，鉴别商家所推销的产品。

第3章

计算机的组装

前面已经学习了计算机硬件的基础知识，本章我们来学习如何组装计算机。在组装之前我们需要做一些必要的准备工作，了解组装中应注意的事项并明确组装过程中的操作流程。组装一台微机包括准备组装工具、组装各配件和加电自检3个环节，如下图所示。

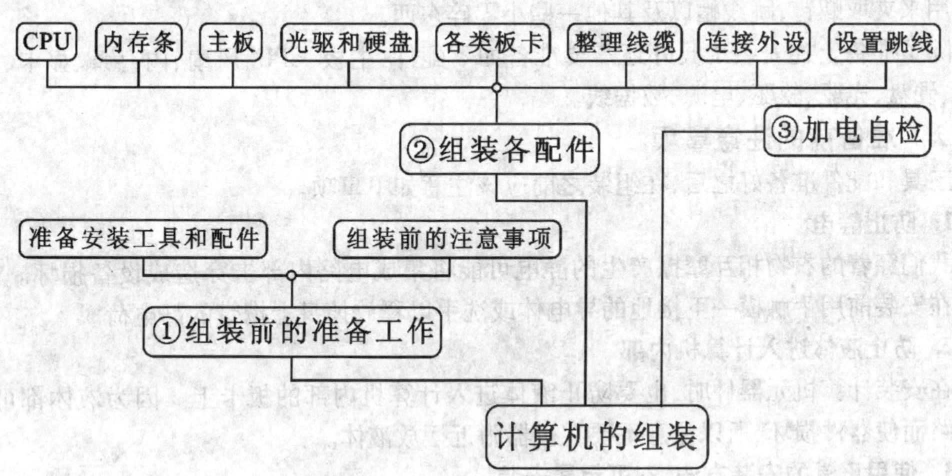

3.1 组装前的准备工作

3.1.1 准备安装工具和配件

常言道“工欲善其事，必先利其器”，没有顺手的工具，装机也会变得麻烦起来，那么装机之前都需要准备哪些工具呢？如图3－1所示。

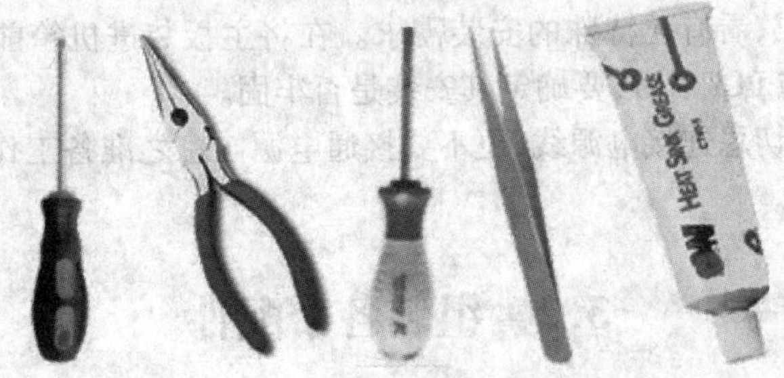

图3－1 安装工具

1. 十字螺丝刀

用于拆卸和安装螺钉的工具，而且最好是具有磁性的。因为有磁性的螺丝刀可以吸住螺钉,安装时比较方便。如果你所买的十字螺丝刀不是带有磁性的,你可以找来一块磁铁,用十字螺丝刀在磁铁上来回磨蹭,这样也可以使螺丝刀产生磁性。

2. 尖嘴钳

主要用来拆断机箱后面的挡板。

3. 平口螺丝刀

方便安装,拆开产品包装盒、包装封条等。

4. 导热硅脂

许多 CPU 风扇里赠送导热硅脂,所以在购买之前要检查一下你的风扇有没有附带硅脂。

5. 镊子

用来夹取螺钉,跳线帽以及其他一些小零碎东西。

除了准备上述安装工具外还需要准备如下配件:主板、CPU、风扇、内存条、显卡、声卡、网卡、硬盘、光驱、软驱、电源、数据线。

3.1.2 准备前的注意事项

工具和配件准备好之后,在组装之前应该注意如下事项。

1. 防止静电

我们穿着的衣物相互摩擦产生的静电可能将集成电路内部击穿造成设备损坏。因此,最好在安装前用手触摸一下接地的导电体或洗手以释放掉身上携带的静电荷。

2. 防止液体进入计算机内部

在安装计算机元器件时,也要防止液体进入计算机内部的板卡上。因为液体都可能造成短路而使器件损坏,所以注意不要在机器附近摆放液体。

3. 使用正常的安装方法,不可粗暴安装

在安装的过程中一定要注意正确的安装方法,对于不懂不会的地方要仔细查阅说明书,不要强行安装,稍微用力不当就可能使引脚折断或变形。对于安装后位置不到位的设备不要强行使用螺丝钉固定,因为这样容易使板卡变形,日后易发生断裂或接触不良的情况。

4. 以主板为中心,按顺序安装

把所有零件从盒子里拿出来,不过不要从防静电袋子中拿出来,以主板为中心按照安装顺序排好,参考说明书,看有无特殊的安装需求。在将主板装进机箱前,先装好处理器与内存。此外在装 AGP 与 PCI 卡时,要确定其安装是否牢固。

此外安装时还要切忌连接电源线,更不要接通电源。总之准备工作做得越好,接下来的安装工作就会越轻松。

3.2 组装各个配件

以上我们介绍了准备工作和注意事项,现在我们来看看如何一步步组装计算机吧!

在安装各配件之前我们先来看看微机组装的大致步骤。

(1)安装 CPU 和 CPU 风扇;

(2)安装内存条;

(3)将主板固定在机箱里;

(4)安装机箱电源并连接与主板的电源线;

(5)安装硬盘、光驱并连接电源线和数据线;

(6)安装各类板卡;

(7)连接显示器、键盘、鼠标等外设;

(8)通电测试。

3.2.1　安装 CPU

在将主板装进机箱前最好先将 CPU 和内存安装好,以免将主板安装好后机箱内狭窄的空间影响 CPU 等的顺利安装。CPU 的安装过程如图 3-2 所示。具体的安装步骤如下:

(1) 稍向外/向上用力拉开 CPU 插座上的锁杆与插座呈 90 度角,以便让 CPU 能够插入处理器插座。

(2)将 CPU 上针脚有缺针的部位对准插座上的缺口。

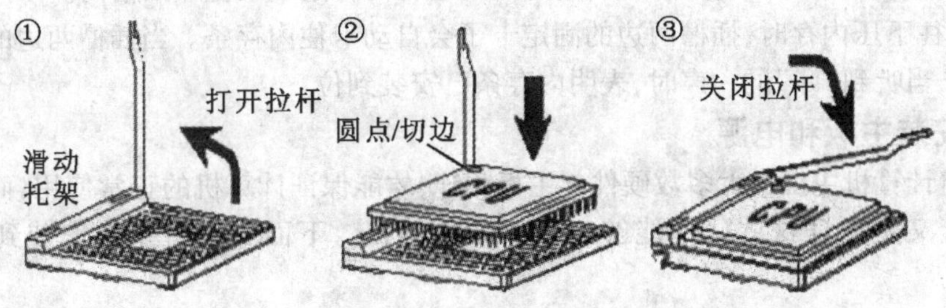

图 3-2　CPU 安装过程

(3)按下锁杆,将 CPU 固定在主板上。CPU 只有在方向正确时才能够被插入插座中,如在放下锁杆时没有完全合拢,则应先检查 CPU 是否安装正确,在确认安装无误后,再推动锁杆,直到锁杆被卡口卡住为止。安装好的 CPU 如图 3-3 所示。

图 3-3　安装好的 CPU

图 3-4　连接风扇电源

(4)在 CPU 的核心上均匀涂上足够的散热膏(硅脂)。但要注意不要涂得太多,只要均匀地涂上薄薄一层即可。

注意：一定要在 CPU 上涂散热膏或加块散热垫。这有助于将废热由处理器传导至散热装置上。没有在处理器上使用导热介质会导致死机甚至烧毁 CPU！

(5)将散热器轻放在 CPU 上。

(6)将散热器的卡子对准主板上 CPU 插座附近的四个固定孔，并将其固定。

(7)安装完散热器后，将散热器上的风扇电源线插头插到主板的 CPU 风扇供电插座上，如图 3－4 所示。

3.2.2　安装内存条

目前主流的内存是 DDR2，此外还有少量 DDR 和 SDRAM 内存仍在使用。在安装前，应先确认主板支持的内存类型，否则将无法安装。下面将以安装 DDR2 内存为例介绍内存的安装方法。

(1)在主板上找到内存插槽，并用拇指轻轻地掰开内存插槽两端的白色卡子。

(2)将内存的凹口对准内存插槽上的凸起部分。

(3)双手捏住 DDR2 内存的两端，用力均匀地将内存条压入主板插槽内。

(4)当往下压内存时，插槽两边的固定卡子会自动卡住内存条。当插槽两边的固定卡子卡住内存条当听到“咔”的一声时，表明内存条已安装到位。

3.2.3　安装主板和电源

只有将计算机主机中大多数硬件与主板相连，才能保证计算机的正常使用，而将主板安装到机箱上又是保证这些硬件能够正常工作的前提。下面介绍将主板安装到机箱内的方法。

(1)先在机箱的底板上安装固定主板的螺帽。

(2)将主板放入机箱中，并将主板后面的接口和机箱背面挡片的孔对齐，主板上的螺丝孔和机箱上的螺丝孔也应该对齐，然后依次把每个螺丝安装并拧紧，如图 3－5 所示。

(3)将电源放进机箱上的电源位，并将电源上的螺丝固定孔与机箱上的固定孔对正。然后再拧上一颗螺钉(固定住电源即可)，接着将最后 3 颗螺钉孔对正位置，最后拧上剩下的螺钉即可，如图 3－6 所示。

图 3－5　固定主板

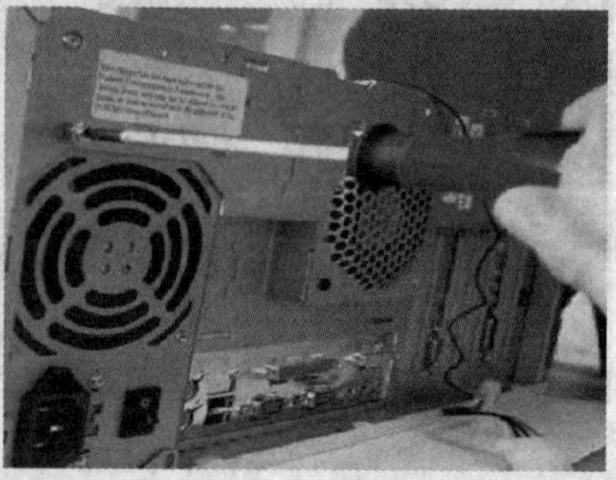

图 3－6　机箱的安装

(4)将机箱电源的插头插入主板上相应的插口中。

3.2.4　安装光驱和硬盘

光驱和硬盘都是计算机系统中重要的外部存储设备,下面将分别介绍光驱和硬盘的安装方法。

1. 安装光驱

(1)将光驱装入机箱:先拆掉机箱前方的一个 5 寸固定架面板,然后把光驱滑入。把光驱从机箱前方滑入机箱时要注意光驱的方向。

(2)固定光驱:在机箱中,把光驱的 4 个螺丝孔和机箱上的相应位置一一对应,然后再把螺丝拧紧。

(3)安装连接线:先将光驱数据线的一头插入主板的 IDE 接口中,然后将数据线的另一头插入光驱的 IDE 接口,最后将电源线插入光驱的电源接口。

2. 安装硬盘

硬盘的安装方法与安装光驱的方法有所不同,硬盘的安装完全在机箱内进行。安装时,需要将硬盘表面附有说明的一面朝上,并将数据接口和电源接口朝外,然后将其推入机箱下半部分的 3.5 英寸托架上,如图 3 – 7 所示。

图 3 – 7　将硬盘推入托架

图 3 – 8　硬盘跳线

将硬盘推入托架后,一定要将硬盘两侧的螺丝孔对准托架上的螺丝孔。然后才能使用短型细牙螺丝钉进行固定。

将硬盘固定好后连接数据线和电源线,其方法与安装光驱的方法类似。

> **小贴士:**光驱和硬盘的 IDE 接口和电源接口都有防插反设计,因此如果遇到不能插入的情况,只需将接口反转就可以插入了。如果 IDE 线无防插反凸块,在安装 IDE 线时需本着以 ID 线上有“红线一端对电源接口”的原则来进行安装。

如果要在同一根接线上接两个硬盘,则必须将其中一个设置成主盘,另一个设置为从盘,这就涉及硬盘的跳线设置问题。由于硬盘缺省的跳线设置为主硬盘,所以必须将其中一个硬盘的跳线设为从盘,否则将无法启动系统。具体的设置可见硬盘后面的跳线设置说明,如图 3 – 8 所示。一般来说,光驱出厂时已设为从盘,所以安装时不必再设置跳线。

3.2.5　安装各类板卡

各类板卡包括显卡、声卡、网卡等插卡式设备,这些设备的安装大同小异。下面以显卡为例来介绍此类插卡式设备的安装。

(1)取下机箱后面与 PCI－E 插槽对应的挡板;

(2)将显卡的接口对准主板上的显卡插槽,然后垂直向下用力,务必将卡上的金手指的金属点与 AGP 插槽接触在一起,最后将显卡插入主板的 PCI－E 插槽;

(3)用螺丝钉将显卡固定在机箱的挡板上。

3.2.6 整理机箱内的线缆

当机箱内部的配件安装好后,各种各样的线混在一起,显得很凌乱。这不但不利于维护,而且在计算机正常工作时也会影响机箱的散热性能,因此在完成机箱内部各硬件的安装操作之后,还需要对机箱内部的连线进行整理。下面介绍整理机箱内的线缆的方法。

(1)先将机箱内部连线理顺。

(2)用可以弯曲折叠的塑料线将连线捆绑起来。

(3)将多余的电源线放在一起,用塑料线捆绑起来。

(4)如果有 CD 音频线,最好不要将它与电源线捆在一起,避免产生干扰。CD 音频线最好单独固定在某个地方,而且尽量避免靠近电源线。

(5)多余的 IDE 连线折叠后置于硬盘上即可。

3.2.7 连接外设

主机安装完成以后还需把键盘、鼠标、显示器、音箱等外部设备同主机连接起来,具体操作如下:

(1)将显示器的电源线插入显示器后面相应的接口上。

(2)将显示器的信号线连接到显卡的输出接口中,如图 3－9 所示,并拧紧两侧接口螺丝。

(3)将键盘的 PS/2 接头对准机箱后的紫色接口,如图 3－10 所示,将其正确插入;如果是 USB 接口的键盘则将其接入机箱的 USB 接口即可。

(4)将鼠标的 PS/2 接头对准机箱后的绿色接口,如图 3－11 所示,将其正确插入;如果是 USB 接口的鼠标则将其接入机箱的 USB 接口即可。

(5)连接音箱。现在的音箱一般包括一个主音箱和两个卫星音箱。首先将卫星音箱与主音箱背后的 speaker output / line out 接口连接起来,然后将主音箱的 line in 接口和主机连接起来,最后将音响电源线接入电源插座即可。

图 3－9 连接显示器

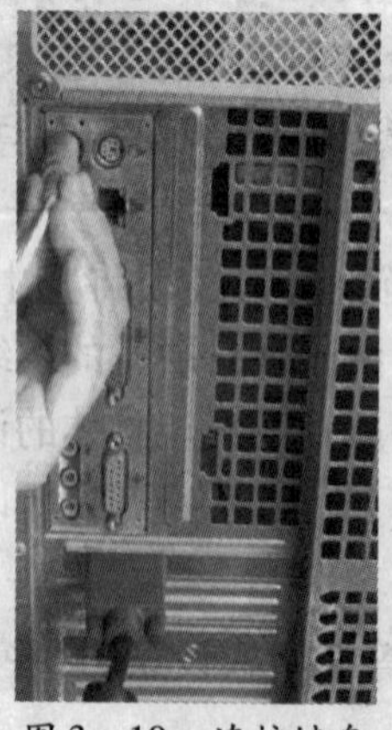

图 3－10 连接键盘

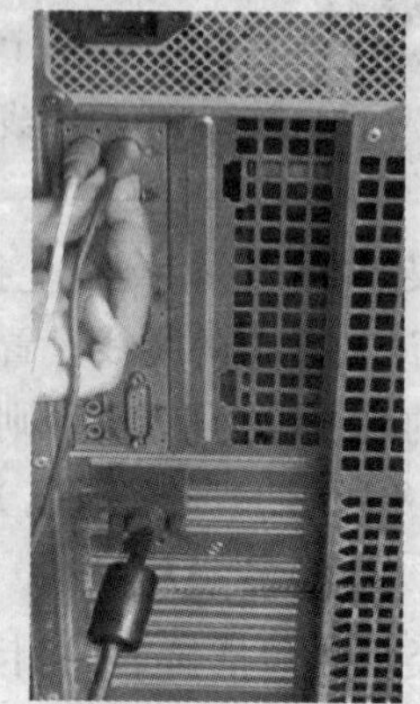

图 3－11 连接鼠标

3.2.8 设置跳线

在计算机硬件的安装过程中，我们还会遇到一些跳线的设置问题，熟练的掌握跳线设置是装机必备的技术之一。

1. 跳线的发展

迄今为止，跳线已经发展了三代，分别是键帽式跳线、DIP 式跳线和软跳线。跳线的作用是调整设备上不同电信号的通断关系，并以此调节设备的工作状态，如确定 CPU 的工作电压、外频，驱动器的主从关系等等。需要注意的是，一个跳线至少有两根跳线柱，但也可以有多根跳线柱。从排列组合的角度来看，具备多根跳线柱的跳线（应该说是跳线组）能够调节的状态远比只有两根跳线柱的跳线要多，所以这种“跳线组”往往用在主板上，以此来调节 CPU 的外频、倍频等（用于超频）。

（1）键帽式跳线就是镶嵌在主板、硬盘、光驱等设备上的金属接针（跳线柱），以及套在这些金属棍上的跳线帽。跳线柱是一根根小金属柱，如图 3－12 所示，而跳线帽从外表来看是一个有两个“小孔”的塑料帽，如图 3－13 所示。跳线帽表层的这层塑料是用来起绝缘及保护作用的，它的里面有两块金属弹片，所以当跳线帽插在跳线柱上时，这两根跳线柱之间就形成了一个“通路”。

图 3－12 跳线柱

图 3－13 跳线帽

（2）DIP 式跳线也叫 DIP 开关设置，用以替代跳线帽，使用起来更为方便简单。DIP 开关右上角通常有“ON”标识，表明开关拨向上部时为接通状态（相当于跳线帽插入状态），向下则为断开状态，如图 3－14 所示。

图 3－14 DIP 式跳线

SW1				CPU(MHZ)			
1	2	3	4	RATIO	66M	100M	133M
	ON	ON	ON	4X	266	400	533
	ON		ON	4.5X	300	450	600
		ON	ON	5X	333	500	667
			ON	5.5X	366	550	733
ON	ON	ON		6X	400	600	800
ON	ON			6.5X	433	650	*866
ON		ON		7X	466	700	*933
ON				7.5X	500	750	*1000
	ON	ON		9X	533	800	

*RESERVED

图 3－15 CPU 跳线标识

（3）软跳线并没有实质的跳线，也就是对 CPU 相关的设置不再使用硬件跳线，而是通过 CMOS Setup 程序进行设置。

跳线非常重要,如果设置错误,轻则死机,重则损坏元器件,所以在调整跳线时一定要仔细阅读说明书,核对跳线名称、跳线柱编号和通断关系。

跳线主要存在于主板、硬盘、光驱这三大硬件中,在显卡、声卡等配件中比较少见。下面着重介绍主板、硬盘和光驱中跳线的设置。

2. 主板跳线的设置

主板上的跳线种类繁多,下面我们主要介绍 CPU 跳线和 BIOS 跳线。

(1) CPU 跳线主要有 CPU 倍频、外频、电压这三种跳线,在主板上对应 CPU 倍频是组跳线,每一种跳线都对应着一个倍频,根据自己的需要找到合适的倍频值,然后用跳线帽短接之(或拨到 ON 处),这样倍频就设置好了。同样的,在设置 CPU 的外频跳线和电压跳线时也一样,不过需要说明的是,有关 CPU 倍频、外频与电压设置是最为复杂的,而且每一块主板的设置也大不相同,所以建议大家在设置之前一定要认真阅读说明书,如图 3 - 15 所示,按照说明书上的说明进行具体操作,这样比较安全一些。

小知识:现在,大多数的主板厂商为了减少用户的工作量,同时也为了便于设置,早已把 CPU 的倍频、外频和电压设置都移到主板 BIOS 中去了,所以现在的主板上的跳线就相对少多了。

(2)主板 BIOS 跳线。在主板跳线中一直都存在着 BIOS 清除跳线。当我们忘记 BIOS 密码时,最直接的办法就是打开机箱,找到 BIOS 清除跳线(一般在主板电池的旁边)如图 3 - 16 所示,进行清除。通常情况下,清除 BIOS 信息时,只需要将键帽从 1、2 针上拔下来,然后插在 2、3 针进行清除,然后再将键帽重新插回到 1、2 针即可。

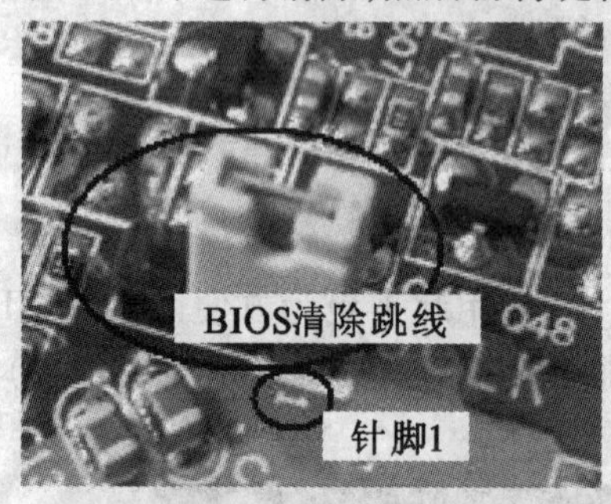

图 3 - 16　BIOS 清除跳线

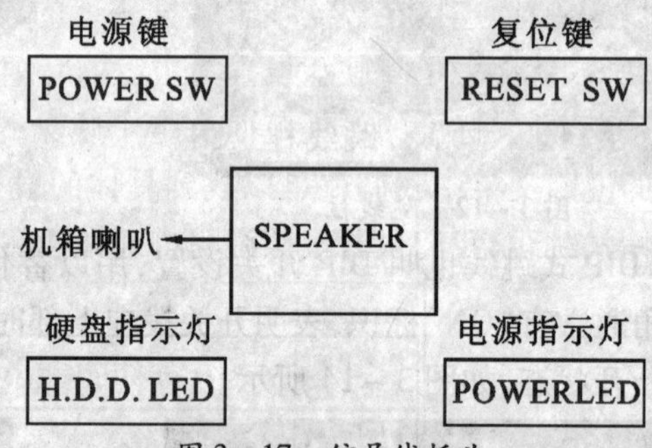

图 3 - 17　信号线插头

此外机箱里还有一些线需要连接到主板上,如电源开关(Power Switch)、复位/重启开关(Reset Switch)、电源指示灯(POWER LED)、硬盘状态指示灯(H. D. D. LED)、报警器(SPEAKER)等。如图 3 - 17 所示。这些跳线的识别都是比较容易的,难的是如何识别主板上这些连线的位置。跳线的两端总是有一端会有较粗的印刷框,找到这个较粗的印刷框之后,根据上面的印刷字找对应连线的位置即可。

小提示:不同的主板上述跳线的位置是不相同的。这就需要我们在实践中去掌握主板上跳线的设置。

3. 硬盘跳线的设置

一般情况下,如果 IDE 接口上只接一个硬盘(没有其他的 IDE 设备)时,我们并不需要进行跳线。只有当一个 IDE 接口上有两个设备时,才需要进行设置,否则就会引起冲突。

由于硬盘按接口主要分为 IDE 接口与 SCSI 接口两种,所以硬盘的跳线也有两种情况,这里我们主要介绍 IDE 接口硬盘的跳线设置方法。硬盘在系统中有主盘与从盘之分。这两种状态通常在一组跳线的控制下确定。大多数硬盘的跳线设置在硬盘电源接口和数据线接口之间,如图 3-18 所示。

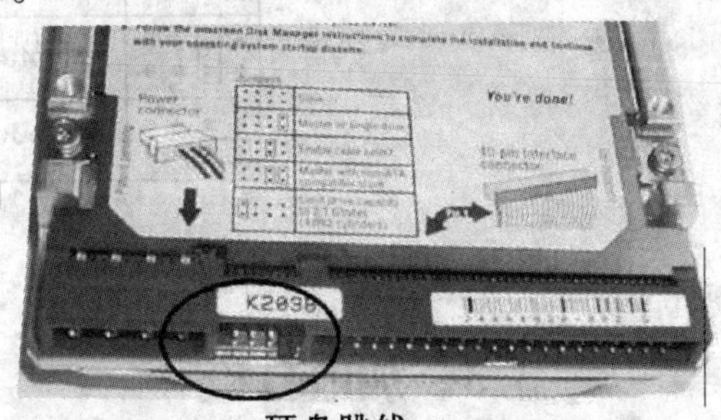

硬盘跳线

图 3-18 硬盘跳线

不管是什么硬盘,在跳线设置上,大致可分成 Master、Slave 与 Cable Select 三种。其中 Master 表示主盘(一般情况下出厂时的预设值),Slave 是从盘,当硬盘的跳线设置成"Cable Select"时,数据线上所接的 IDE 设备的主、从"身份"则由它们接在数据线上的位置来决定的。Cable Select 只有在使用 ATA/66 和 ATA/100 专用的数据线时才能够实现,而且 ATA/66 和 ATA/100 专用数据线的蓝色接头必须接在主板 IDE 接口上,连接在数据线中间插头上的设备必须是从盘,连接在数据线末端插头上的设备则为主盘。硬盘的出厂预设值都是设置为主盘,所以就免去了将硬盘设置为主盘的麻烦了。

由于厂商不同,标准的不规范而决定了硬盘的跳线也是多种多样的。不过一般在硬盘盘体反面的说明文字中我们就可以找到具体的设置说明,如图 3-19 所示。硬盘跳线其实是一组键帽式跳线,我们只要按照说明将键帽插在相应的插针上即可。

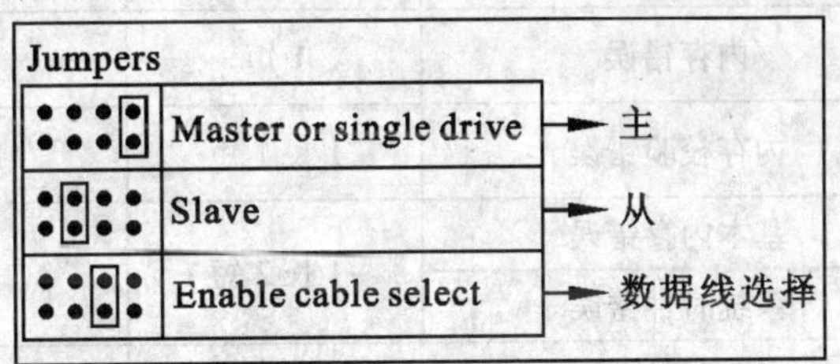

图 3-19 硬盘跳线说明

4. 光驱跳线的设置

光驱(包括刻录机、DVD-ROM)与硬盘一样,大部分都是 IDE 接口,所以它们也被称为 IDE 设备。跳线设置与硬盘差不多,一般情况下,光驱跳线在数据线左侧,它由三组插针组成。分别表示三种状态,即 Master、Slave 与 Cable Select。与主板不同的是光驱的跳线说明一般都印在光驱跳线上方金属外壳上面,如图 3-20 所示,我们只要按上面的说明进行设置就可以了。

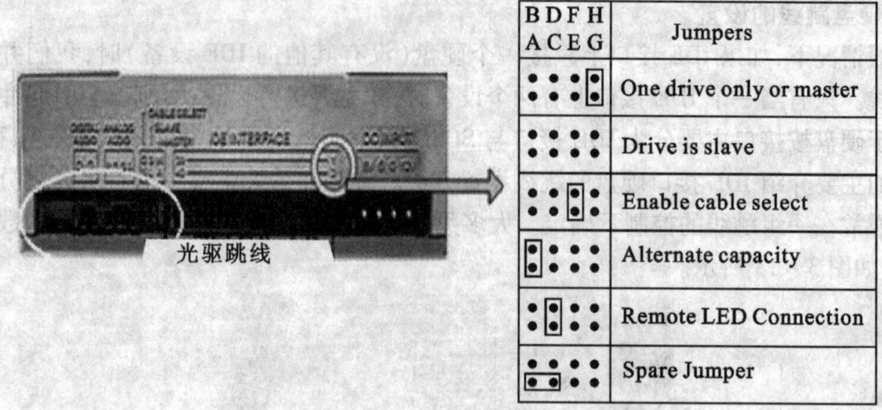

图 3－20　光驱跳线说明

3.3　加电自检

在必备的硬件组装完成后，下面来开机检测。这是一项检查显卡、CPU、系统内存、IDE 设备以及其他重要部件能否正常工作的系统性测试（POST 自检）。如果所连接的设备都正确的话，在开机时，电脑中的设备将开始加电运转，其中各个部件的风扇会开始旋转，可以听到硬盘自检时旋转的声音。光驱在此时也开始进行自检。自检时如果没有警报声，表明一切正常。但是在加电自检后出现警报声的话，我们就需要根据警报声进行故障诊断。

下面介绍两种常见的 BIOS 自检报警声及其代表的含义，如表 3－1 所示。

表 3－1　AMI 和 Award 的 BIOS 的报警声及含义

AMI		Award	
铃声	含义	铃声	含义
1 短	内存错误	1 短	系统启动正常
2 短	内存校验错误	1 长 1 短	RAM 或主板出错
3 短	基本内存错误	1 长 2 短	显示错误（显示器或显卡）
4 短	系统时钟错误		
5 短	处理器错误	1 长 3 短	键盘控制器错误
6 短	键盘控制器错误	1 长 9 短	主板 Flash ROM 或 EPROM 错误（BIOS 损坏）
7 短	实模式错误		
8 短	显示内存错误	长声	内存没有插好或有问题
9 短	ROM BIOS 校验错误	不停地响	电源、显示器未与显卡接好
1 长 3 短	内存错误		
1 长 8 短	显示测试错误	重复短响	电源有问题

1. 简答题

(1)组装计算机需要哪些工具？组装时应注意什么问题？

(2)微机组装的大致步骤是什么？

(3)想一想在组装计算机时，哪些步骤可以互换？

2. 拓展练习题

在网上搜索一下笔记本计算机的组装方法和注意事项。

3. 实践操作题

练习组装一台计算机，并观察不同硬件配置的计算机其组装方式有何不同？

第4章

BIOS 设置

BIOS(Basic Input/Output System)即基本输入/输出系统,它为计算机提供最底层、最直接的硬件控制与支持。熟悉BIOS的设置对于使用和维护计算机都有很大的帮助,用户可以在BIOS中设置硬件相关的工作参数,通过这些参数的设置可以改善计算机系统运行的性能。本章将介绍BIOS的基础知识和如何设置BIOS的一些常用参数。

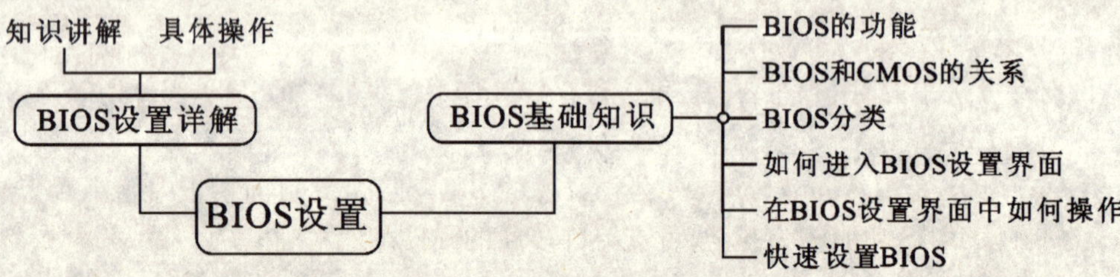

4.1 BIOS 基础知识

BIOS 系统设置程序存放在一块可读写的 CMOS RAM 芯片中,其中保存着计算机各个部件的信息。

4.1.1 BIOS 的功能

BIOS 的管理功能在很大程度上决定了主板性能的优越性。BIOS 是计算机启动和操作的基础,若计算机系统中没有 BIOS,所有的硬件设备都不能正常使用。

BIOS 的管理功能主要包括 BIOS 中断服务程序、BIOS 系统设置程序、POST 上电自检、BIOS 系统启动自举程序。

1. BIOS 中断服务程序

BIOS 中断服务程序实质上是计算机系统中软件与硬件之间的一个可编程接口,主要用于程序软件功能与计算机硬件之间的连接。

2. BIOS 系统设置程序

BIOS ROM 芯片中装有系统设置程序,主要用于设置 CMOS RAM 中的各项参数,并保存 CPU、软盘和硬盘驱动器等部件的基本信息,可在开机时按键盘上的某个键进入其设置状态。

3. POST 上电自检

计算机接通电源后,系统首先由 POST 程序对内部各个设备进行检查,通常完整的 POST 自检包括对 CPU、640KB 基本内存、1MB 以上的扩展内存、ROM BIOS、主板、CMOS 存储器、串口、并口、显卡、软盘和硬盘子系统及键盘等进行测试。

4. BIOS 系统启动自举程序

系统完成 POST 自检后,ROM BIOS 就首先按照系统的 CMOS 设置中保存的启动顺序有效地启动设备,读入操作系统引导记录,然后将系统控制权交给引导记录,并由引导记录来完成系统的启动。

4.1.2　BIOS 和 CMOS 的关系

CMOS(Complementary Metal Oxide Semiconductor,互补金属氧化物半导体)是计算机上的一块可读写的 RAM 芯片,用来保存当前系统的硬件配置和用户对某些参数的设定,由主板的 CMOS 电池供电,即使系统断电,信息也不会丢失。

CMOS RAM 本身只是一块存储器,只有数据保护功能,而对 CMOS 中各项参数的设定则要通过专门的程序。现在大多数厂家已经把 CMOS 设置做到了 BIOS 芯片中,在开机的过程中按特定的键即可进入 CMOS 设置程序。因此,CMOS 设置又被叫做 BIOS 设置。

综上所述,可以看出 BIOS 是完成参数设置的手段,CMOS 是系统参数存放的场所。

4.1.3　BIOS 分类

目前计算机中的 BIOS 主要有三种类型:Award BIOS,AMI BIOS,Phoenix BIOS。

1. Award BIOS

Award BIOS 是由 Award Software 公司开发的 BIOS 产品,是目前主板中使用最为广泛的 BIOS 之一,该 BIOS 功能较为齐全,可支持许多新的硬件。

2. AMI BIOS

AMI BIOS 是由 AMI 公司出品的 BIOS 产品,在计算机的早期占有相当的比重,在目前的市场上比重较小。

3. Phoenix BIOS

Phoenix BIOS 是 Phoenix 公司开发的面向笔记本电脑的 BIOS 程序,其设置界面简洁易懂,便于用户方便地进行设置和操作。

4.1.4　如何进入 BIOS 设置界面

目前 BIOS 芯片种类繁多,进入 BIOS 进行设置的方法也各不相同,但总的来说,进入 BIOS进行设置都是按下键盘上的某个键。

不同类型的 BIOS 进入 BIOS 设置程序的按键也不同,Award BIOS 按【Del】键进入,AMI BIOS 按【Del】键或【Esc】键进入,Phoenix BIOS 按【F2】键进入。当计算机自检出错时,会停止自检画面,这时就可以根据提示相应的键进入。

4.1.5　在 BIOS 设置界面中如何操作

【←】、【→】、【↑】、【↓】键:在各设置项目间切换移动。

【F1】或【Alt + H】键:弹出 General Help 窗口,并显示所有功能键的说明。

【+】或【Page Up】键:切换选项设置值(递增)

【-】或【Page Down】键:切换选项设置值(递减)

【F5】键:载入选项修改前的设置值,即上一次设置的值。

【F6】键:载入选项的 BIOS 默认值,即最安全的设置值。

【F7】键:载入选项的最优化默认值。

【F10】键:保存并退出 BIOS 设置界面。

【Esc】键:回到前一画面或是主界面,或是从主画面中结束设置程序。另外按【Esc】键也可以不保存 BIOS 设置的程序并要求退出设置。

【Enter】键:确认执行、显示选项的所有设置值并进入选项子菜单。

4.1.6 快速设置 BIOS

在 BIOS 设置界面中可以快速进行 BIOS 设置,快速设置 BIOS 包括调用默认保守设置和调用优化设置。

1. 调用默认保守设置

调用默认保守设置时,BIOS 的设置选项按照最安全方式进行设置,一般硬件出现兼容性问题不能启动时可以尝试用这种设置,其设置方法是在 BIOS 设置的主界面中选择“Load Fail - Safe Defaults”选项,然后按【Enter】键,按下【Y】键然后再按【Enter】键就可以调用 BIOS 的默认设置,如图 4 - 1 所示。

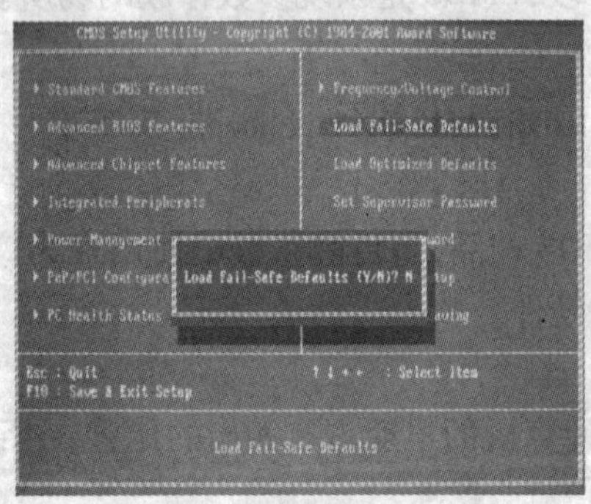

图 4 - 1 设置 Load Fail - Safe Defaults 选项

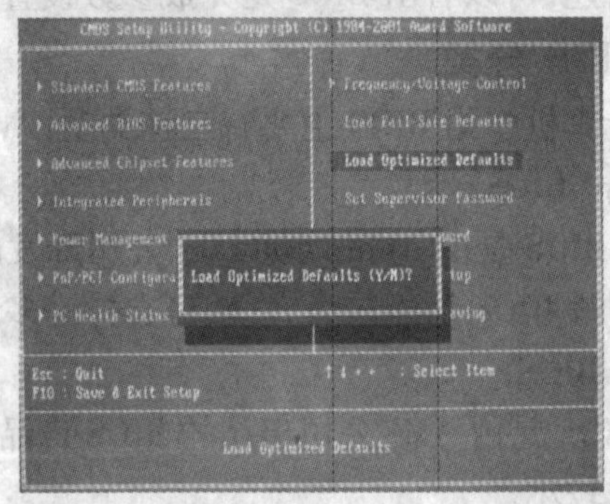

图 4 - 2 设置 Load Optimized Defaults 选项

2. 调用优化设置

调用优化设置是指主板生产过程中厂家事先设置好一些参数,直接调用这些参数后计算机将在优化设置下运行,其设置方法是在 BIOS 设置的主界面中选择“Load Optimized Defaults”选项,然后按【Enter】键,按下【Y】键后再按【Enter】就可以调用 BIOS 的优化设置,如图 4 - 2 所示。

4.2 BIOS 设置详解

BIOS 中可以设置的参数很多,但并不是每个参数都需要进行设置。大多数参数只需要采用优化设置就可以了。但是为了使系统的性能得到最大的发挥,仍然需要进行一些 BIOS 参数的设置,下面将介绍在计算机中采用优化设置后需要进行的 BIOS 设置。

4.2.1 知识讲解

BIOS 的设置一般包括:Standard CMOS Features(标准 CMOS 设置)、Advanced BIOS Features(高级 BIOS 设置)、Advanced Chipset Features(高级芯片组设置)、Integrated Peripherals(外部设备)、Power Management Features(电源管理设置)、PNP/PCI Configuration(即插即用/PCI 配置)等等。由于不同主板所具有的功能不同,因此 BIOS 中的某些内容也会有所不同,但各种 BIOS 中基本选项的功能是一样的。以 Phoenix - Award BIOS 的设置为例

进行介绍。

在计算机采用优化设置后,常常还需要在 BIOS 设置中设置一些选项,从而使计算机更方便使用。一般需要设置以下选项:

1. 调整系统时间

主板出厂时的系统时间和用户的时间一般是不一样的,而且在安装 Windows 操作系统时也会调用这个设置的系统时间。

2. 设置磁盘引导顺序

磁盘引导顺序是由 BIOS 设置所控制的,通过该设置可以让计算机优先从某个可引导系统的设备启动。

3. 设置开机密码

为了增强系统的安全性,可以在 BIOS 中设置密码进行保护,密码保护有两种方式,一种是计算机启动时要求输入密码,否则不能启动;另一种是进入 BIOS 设置时才要求输入密码。设置的 BIOS 密码类型有两种,一种是超级用户密码,输入超级用户密码可以对 BIOS 设置进行修改;另一种是用户密码,输入用户密码只有浏览 BIOS 设置的权限。

4. 打开病毒防护

有的 BIOS 具有病毒防护功能,可以抵御一般的对 BIOS 有破坏性的病毒,但是在安装操作系统时则需要将该功能关闭,否则在操作系统安装过程中会提示出错。

5. 查看硬件工作状态。

通过该选项可以查看 CPU 的表面温度,风扇的转速以及工作电压等情况。

4.2.2　具体操作

进入 BIOS 设置后,按照 BIOS 菜单从上到下,从左到右的顺序进行 BIOS 设置。设置完成后保存 BIOS 设置,然后重新启动计算机。下面介绍几种常用到的设置。

1. 调整系统时间

具体操作如下:

(1)在 BIOS 设置主界面中,选择“Standard CMOS Features”选项,如图 4－3 所示,按【Enter】键。

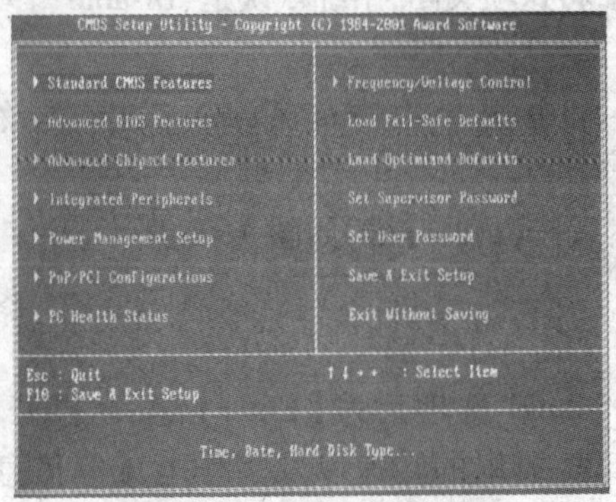

图 4－3　BIOS 的主设置界面

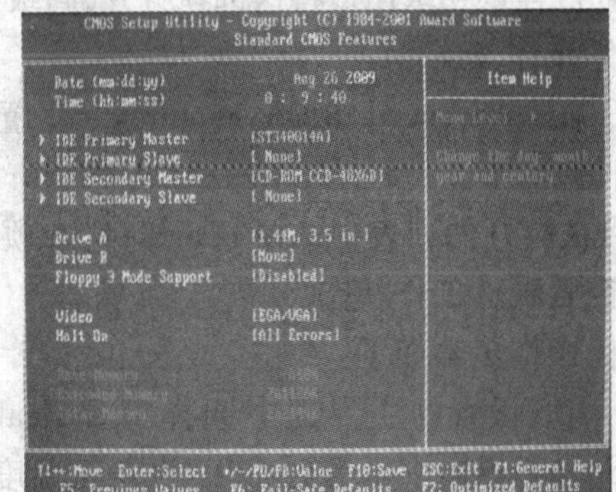

图 4－4　调整系统时间

(2)在“Date”和“Time”项中通过按【Page Up】和【Page Down】键调整系统的日期和时间,如图 4－4 所示。

2. 设置磁盘引导顺序

具体操作步骤如下：

(1)在 BIOS 设置主界面中，选择“Advanced BIOS Features”选项，并按【Enter】键。

(2)在打开的设置界面中，选择“First Boot Features”选项，按【Enter】键，在打开的列表中选择“CDROM”选择，如图 4－5 所示，然后按【Enter】。

> **说明：**因为计算机是新组装的，需要安装操作系统，而操作系统的安装程序一般位于光盘中，因此这里设置从光驱启动。在选择磁盘引导顺序时，“Floppy”表示软驱，“CDROM”表示光驱，“HDD－0”表示第一个硬盘，“HDD－1”表示第二个硬盘。

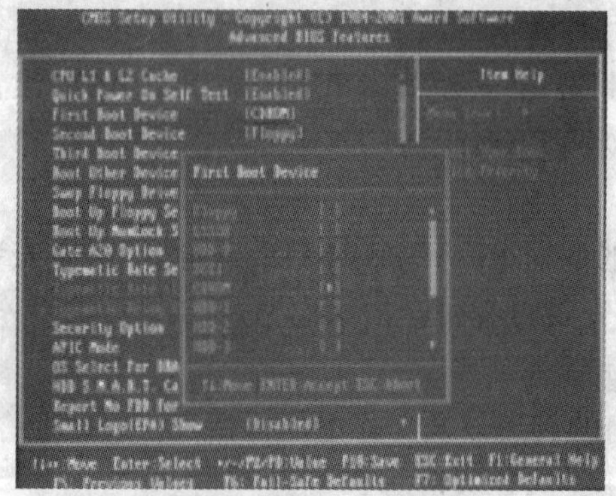

图 4－5　选择从 CDROM 启动

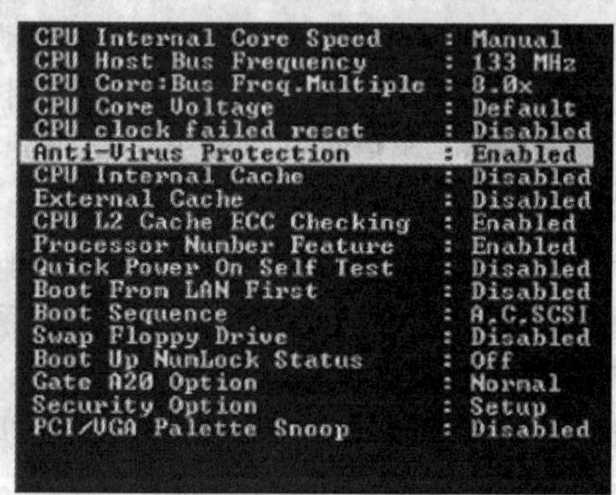

图 4－6　打开病毒防护

3. 打开病毒防护

此项可以防止外部程序对硬盘引导扇区和硬盘分区表中内容的写入，当发生写入操作时，系统会自动产生警告并暂时中断程序的执行。虽然它并不能保护整个硬盘，但是对破坏硬盘引导扇区与文件分配表的病毒具有一定的防范作用。它的开启对于硬盘的分区、操作系统的安装、某些磁盘工具程序的执行，以及在 BIOS 的升级过程中，都会出现提示警告，导致这些程序的中断。建议初级用户将这选项打开，高级用户将这项关闭，系统默认是“Disable”。

具体操作如下：

(1)在“Advanced BIOS Features”设置界面中选择“Virus Warning”选项，然后按【Enter】键。

(2)在打开的列表中选择“Enabled”选项，然后按【Enter】键，如图 4－6 所示。

4. 查看硬件工作状态

具体操作步骤如下：

在 BIOS 设置的主界面中选择“PC Health Status”选项后按【Enter】键，在打开的“PC Health Status”界面中可看到 CPU 的表面温度、CPU 风扇的转速以及工作电压等信息，如图 4－7和 4－8 所示。

5. 设置超级用户密码

Set Supervisor Password 选项主要是针对系统启动后进入 BIOS 所设置的密码保护。在

BIOS 设置的主界面中选择“Set Supervisor Password”选项，在打开的对话框中输入密码，然后按【Enter】键，如图 4－9 所示。

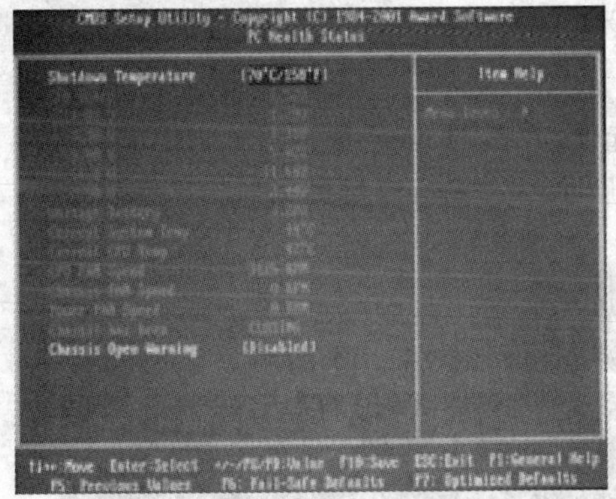

图 4－7　硬件工作状态(一)

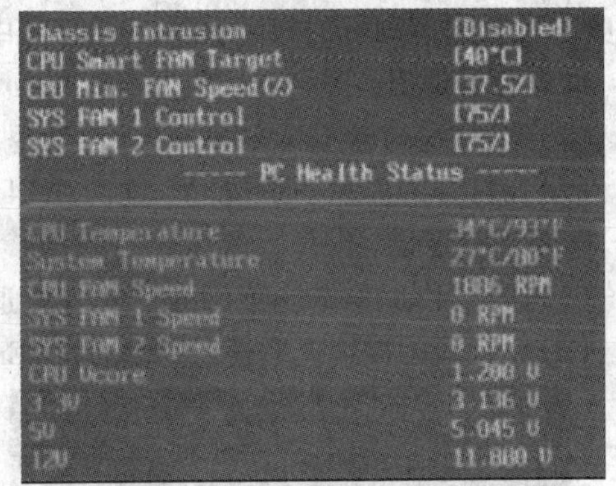

图 4－8　硬件工作状态(二)

在打开的对话框中再一次输入密码，如图 4－10 所示，设置完成后，计算机启动时就会打开一个对话框要求输入密码。

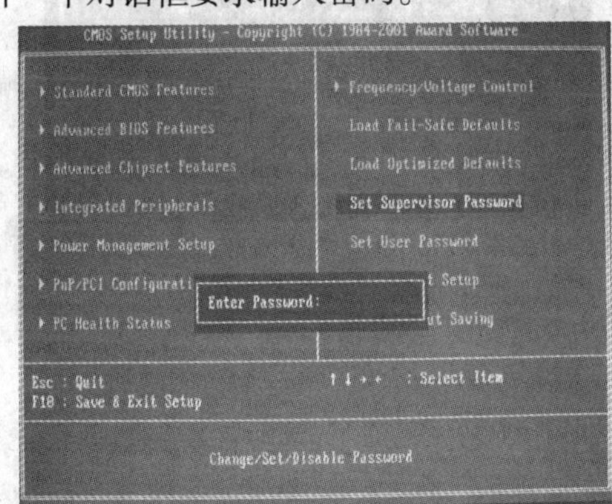

图 4－9　输入超级用户密码

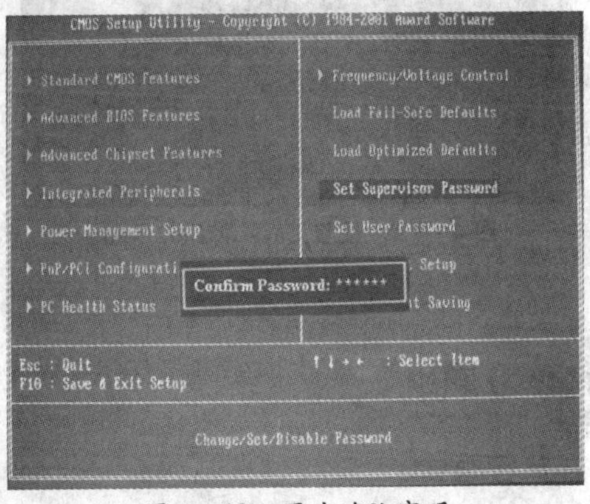

图 4－10　再次确认密码

6. 设定用户密码

Set User Password 选项主要是针对系统启动时设置的密码保护，如图 4－11 所示。在

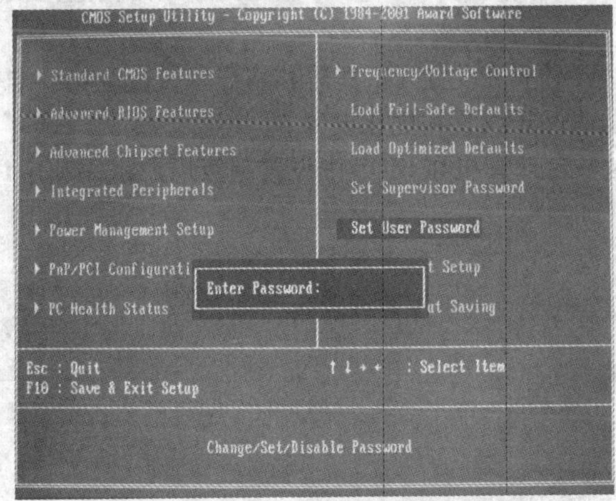

图 4－11　设定用户密码

"Advanced BIOS Features"设置界面中选择"Security Option"选项后按【Enter】键,在打开的菜单中选择"System"选项,设置此密码的目的在于禁止外来者使用计算机。用这个密码登录BIOS设置时只有浏览的权限,不能对BIOS中的设置进行更改。

6. 保存后退出

(1)选择"Save & Exit Setup"(保存后退出)选项,并按"Enter"键。

(2)在打开的提示框中按"Y"键,如图4-12所示,按"Enter"键即可。

7. 不保存退出

(1)选择"Exit Without Saving"(不保存退出)选项。

(2)在打开的提示框中按"Y"键后按"Enter"键即可,如图4-13所示。

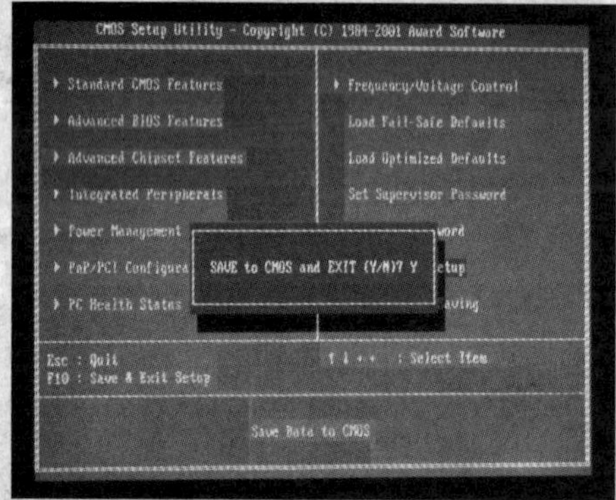

图4-12 设置 Save & Exit Setup

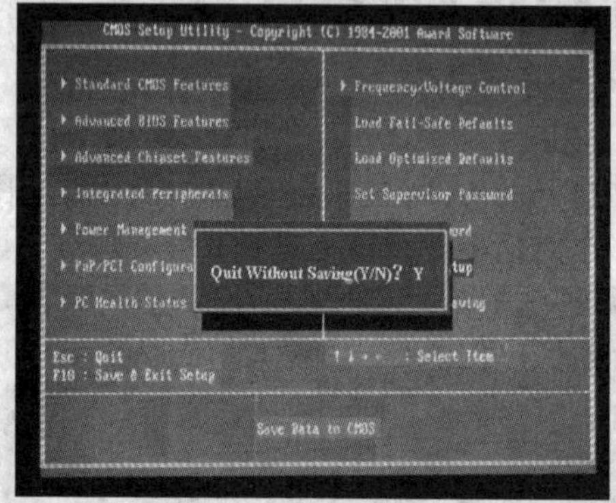

图4-13 设置 Exit Without Saving

习题4

1. 简答题

(1)简述BIOS的作用?

(2)BIOS与CMOS有何区别?

(3)目前,BIOS主要有哪几种类型?不同类型的BIOS如何进入设置界面?

2. 实践操作题

(1)在微机实验室里,对本机设置开机密码和将光驱设置为第一启动。

(2)调用BIOS的默认保守设置和优化设置。

(3)在微机室里,对一台计算机在BIOS中设置超级用户密码和用户密码,体会这两种设置的区别。

第5章

硬盘的管理

硬盘的管理包括对硬盘进行分区和格式化、磁盘优化等内容，本章从硬盘分区的基础知识讲起，重点介绍硬盘的分区与格式化的具体操作过程。

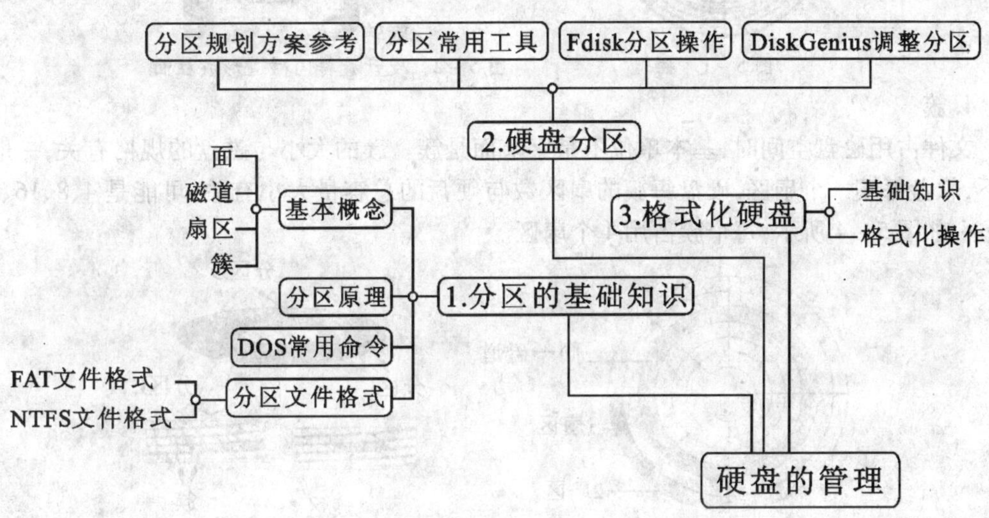

5.1 硬盘分区的基础知识

5.1.1 硬盘分区基本概念

硬盘分区后会被划分为面(Side)、磁道(Track)和扇区(Sector)。所谓的面、磁道和扇区只是个虚拟的概念，并不是真正地在磁盘上划轨道。

1. 面

硬盘一般是由一片或几片圆形薄膜叠加组成，每个圆形薄膜都有两个“面”，这两个面都是用来存储数据的。按照磁盘容量和规格的不同硬盘面数也不一定相同，少的只有两面，多的可达数十面。

2. 磁道

由于磁盘是旋转的，则连续写入的数据是排列在一个圆周上的，这样的一个圆周为一个磁道，如图5－1所示。根据硬盘规格的不同，磁道数可以从几百到上千不等。硬盘在旋转时，各面上磁道号相同的磁道合起来，成为一个柱面，如图5－2所示。

3. 扇区

一个磁道可以容纳数KB的数据，而主机读写时往往并不需要一次读写那么多，于是磁道又被划分成若干段，每段称为一个扇区，如图 5－3 所示。一个扇区一般存放 512 字节的数据。扇区也需要编号，同一磁道中的扇区，分别称为 1 扇区、2 扇区……

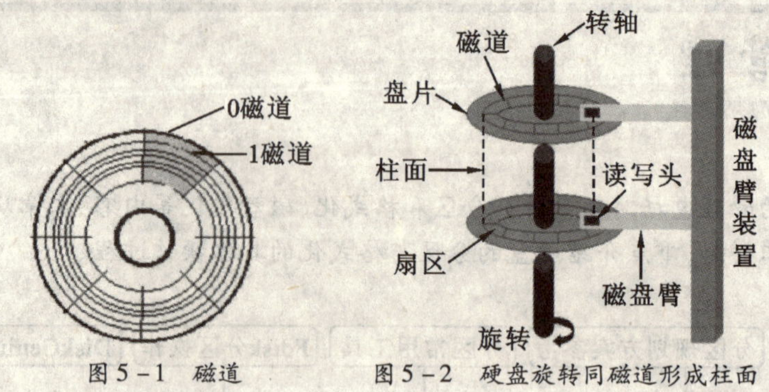

图 5－1　磁道　　图 5－2　硬盘旋转同磁道形成柱面

4. 簇

文件占用磁盘空间时，基本单位不是字节而是簇。簇的大小与磁盘的规格有关，一般情况下，软盘每簇一个扇区，硬盘每簇的扇区数与硬盘的总容量大小有关，可能是 4、8、16、32、64……如图 5－4 所示，每个簇占用 4 个扇区。

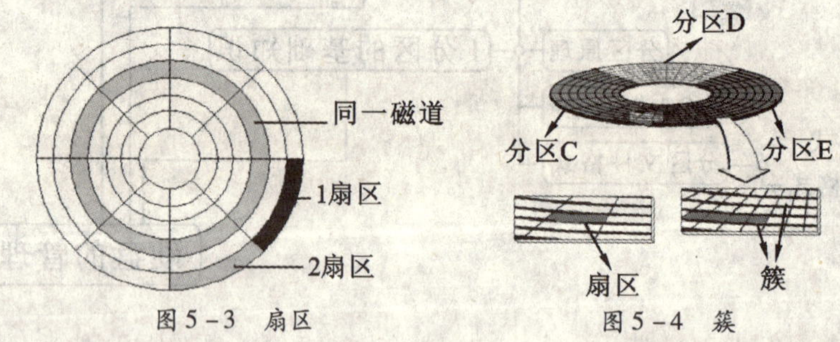

图 5－3　扇区　　图 5－4　簇

同一个文件的数据并不一定完整地存放在磁盘的一个连续的区域内，而往往会分成若干段，像一条链子一样存放，这种存储方式称为文件的链式存储。硬盘上的文件常常需要进行创建、删除、增长、缩短等操作。这样的操作越多，盘上的文件就可能被分得越零碎。但是

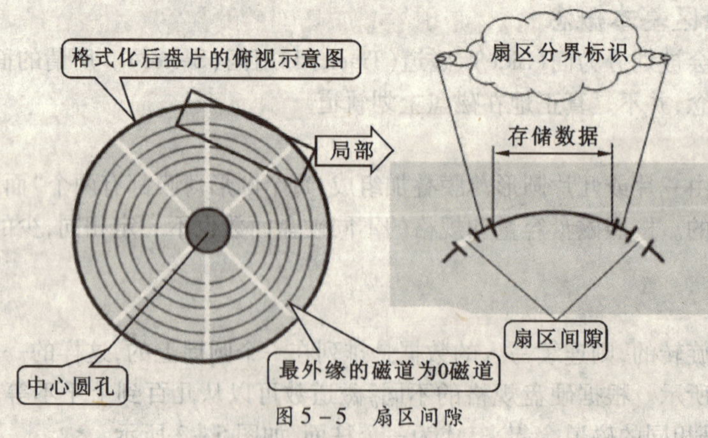

图 5－5　扇区间隙

由于硬盘上保存着段与段之间的连接信息（即 FAT），操作系统在读取文件时，总能够准确地找到各段的位置并正确读出。不过，这种以簇为单位的存储法也是有其缺陷的。这主要表

现在对空间的利用上。每个文件的最后一簇都有可能有未被完全利用的空间(称为尾簇空间),如图 5 - 5 所示。一般来说,当文件个数较多时,平均每个文件要浪费半个簇的空间。

5.1.2　DOS 常用命令

DOS(Disk Operating System,即磁盘操作系统)是一种非常实用的操作系统。它采用命令提示符界面,如图 5 - 6 所示。

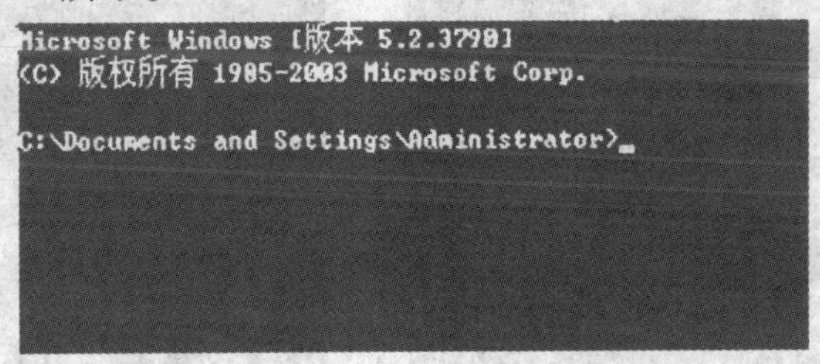

图 5 - 6　命令提示符界面

要使用 DOS,必须先安装 DOS 系统,DOS 的核心启动程序只有几个文件,包括 boot 系统引导程序、IO. SYS、MSDOS. SYS 和 COMMAND. COM。它们是构成 DOS 系统的基础,且这些文件占用的空间非常小,可以通过在 Windows 操作系统中安装 Max Dos 软件来实现。在使用 DOS 时所有的核心启动程序都是被临时存储在内存中的,用户可随意使用。DOS 命令分为内部命令和外部命令。内部命令是一些常用的程序命令,如 dir、cd 等,它们存在于 COMMAND. COM 文件中,会在系统启动时加载到内存中,以方便调用,而其他的一些外部命令则以单独的可执行文件存在,在使用时被调入内存。下面介绍一些常见的 DOS 命令。

1. DIR 命令

DIR 是用于查看磁盘或文件夹内容的命令。通过使用该命令,用户可以查看计算机磁盘或文件夹中所有文件的名称、容量大小以及日期等信息。这里我们介绍一些常用的 DIR 命令。

(1)用 DIR 命令查看各盘符下的文件名的格式为 DIR [盘符:\],如查看 D 盘下的文件名时输入:DIR D:\,就可出现如图 5 - 7 所示画面。

(2)DIR/A[[:]属性]命令可以显示具有指定属性的文件。其中属性需要用相应的字符来表示,如 D 表示目录,R 表示只读文件,H 表示隐藏文件,A 表示准备存档的文件,S 表示系统文件。例如,输入 DIR/A:R 可查看只读文件,如图 5 - 8 所示。

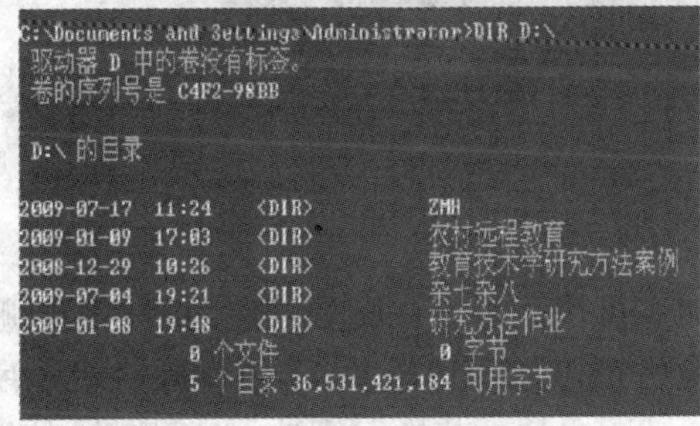

图 5 - 7　查看 D 盘文件

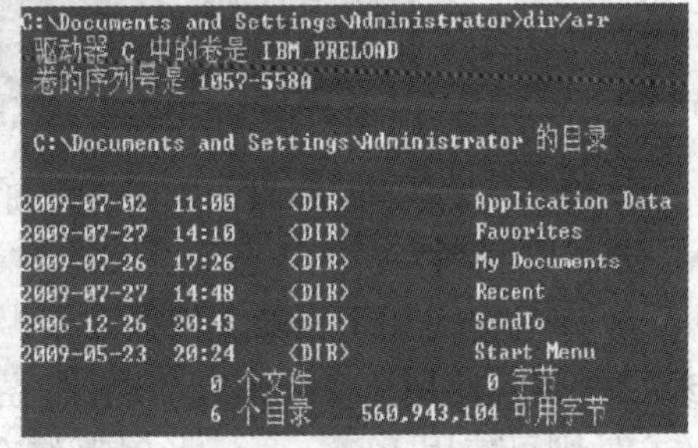

图 5 - 8　查看只读文件

(3)DIR/O[[:]属性]命令可按分类顺序列出文件。其中相应的类别需要用相应的字符来表示,如 N 表示按名称(字母顺序)排列,S 表示按大小(从小到大)排序,E 表示按扩展名(字母顺序)排列,D 表示按日期/时间(从先到后)排序,G 表示组目录优先。例如,输入:DIR/O:D 可将文件按日期排序,如图 5 -9 所示。

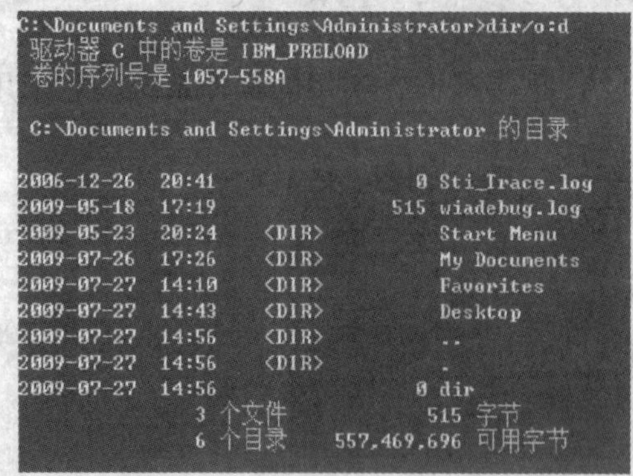

图 5 -9 按日期顺序排列文件

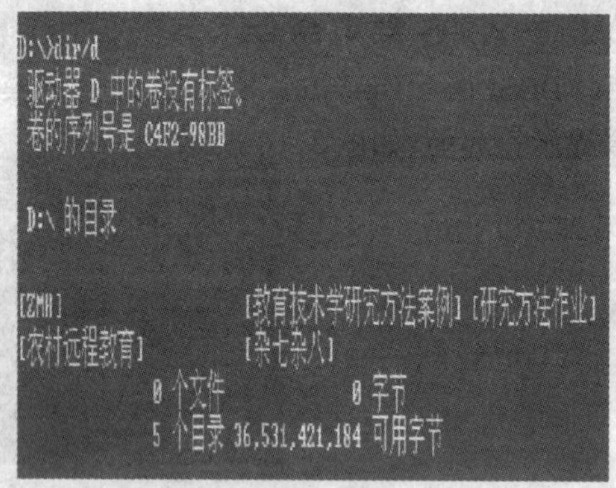

图 5 - 10 D 盘中的文件按栏分类列出

(5)DIR/D 命令可使文件按栏分类列出。输入 DIR/D 按回车即可出现如图 5 - 10 所示画面。

(6)DIR/P 命令可以在显示完一个屏幕中的信息后暂停,直到按空格键后继续显示下一屏信息。

(7)DIR/Q 命令可以显示文件所有者。

(8)DIR/S 命令可以显示指定目录和所有子目录的文件。

(9)DIR/T[[:]属性]命令可以控制显示用来分类的时间字符域。其中时间需要用相应的字符来表示,如 C 表示创建时间,A 表示上次访问时间,W 表示上次修改时间。

(10)DIR/4 命令可用 4 位数字显示年。

2. CD 命令

CD 命令是用于切换目录的命令,省略路径和子目录名,则显示当前目录;采用“CD\”格式,则退回到根目录;采用“CD..”格式则退回到上一级目录,如图 5 - 11 所示。

```
C:\Documents and Settings\Administrator>cd
C:\Documents and Settings\Administrator

C:\Documents and Settings\Administrator>cd\

C:\>cd..

C:\>_
```

图 5 - 11 CD 命令

3. DEL 命令

DEL 命令是用于删除文件的命令。DEL/P 命令可用于系统在删除之前询问是否要删除该文件,若不使用该命令则自动删除,在文件名称中可以使用通配符,若要删除磁盘上所有的文件则可使用 DEL *. *,此时系统会提示:Are you sure? 若按“Y”键,进行删除,按“N”键,则取消此删除操作。

4. COPY 命令

COPY 是在 DOS 命令中常用的文件复制命令，使用 COPY 命令复制文件的过程中，目标盘上相同文件名称的旧文件会被源文件取代。利用 COPY 命令复制文件时必须确保目标盘有足够的空间，若要同时复制多个文件，文件名中允许使用通配符“＊”“?”。复制文件时，源文件名必须指出，目标文件名与源文件名相同时可以省略，目标文件与源文件名不同时，目标文件名不可省略。COPY 命令的格式如下：

COPY [源盘][路径]〈源文件名〉[目标盘][路径][目标文件名]

小提示：复制文件时，还可以将几个文件合并为一个文件，其格式如下：
COPY[源盘][路径]〈源文件名 1〉+〈源文件名 2〉+…+〈源文件名 n〉[目标盘][路径][目标文件名]。此外，COPY 的使用格式中，源文件名与目标文件名之间必须有空格。

5. FORMAT 命令

FORMAT 命令用于磁盘格式化，命令后必须有盘符。

(1) FORMAT/S 命令可将 DOS 系统文件 IO. SYS、MSDOS. SYS 和 COMMAND. COM 复制到磁盘上，使磁盘作为 DOS 启动盘。

(2) FORMAT/Q 命令表示快速格式化，这个命令并不会重新划分磁盘的磁道和扇区，只能将磁盘根目录、文件分配表以及引导扇区清成空白，因此格式化的速度较快。

(3) FORMAT/U 命令表示无条件格式化，即破坏原来磁盘上的所有数据。不加/U，则为安全格式化，安全格式化时会先建立一个镜像文件保存原来的 FAT 表和根目录，必要时可用 UN FORMAT 恢复原来的数据。

5.1.3　硬盘分区的原理

对于硬盘分区的原理而言，我们可以从表面和实质两个方面对其进行理解。从表面理解：对硬盘进行有效地划分，以提高硬盘的利用率和实现资源的有效管理。从实质理解：在创建硬盘分区时，已设置好了硬盘的各项物理参数，并指定了硬盘的主引导记录和备份引导记录的存放位置。主引导记录存放在主分区中，只有主分区中有它的存在，才可以正常引导硬盘启动。若主引导记录丢失，会使硬盘无法启动。

1. 为什么要对硬盘进行分区

新的硬盘是没有进行分区的，在正式使用硬盘之前都必须对硬盘进行分区和格式化操作，这样硬盘才能正常使用。现在硬盘的容量越来越大，因此有必要对硬盘空间进行合理分配，对硬盘进行分区操作就是分配空间的一种表现，这会对硬盘的管理带来很大方便。

2. 硬盘分区的相关知识

在进行分区之前，先来了解硬盘分区类型的相关知识。硬盘分区类型包括以下三种。

(1)主分区：包括操作系统启动所必需的文件和数据的硬盘分区叫做主分区，系统将从该分区查找和调用启动操作系统所必须的文件和数据。一个操作系统必须有一个主分区，且只能有一个活动主分区。

(2)扩展分区：用主分区以外的所有剩余空间建立的分区，但它不像主分区那样能被直接使用,必须在该分区下创建可被操作系统直接识别的逻辑分区。

(3)逻辑分区:逻辑分区是从扩展分区中分配的,也可以说所有的逻辑分区组成了扩展分区。只要逻辑分区的文件格式和操作系统兼容,操作系统就可以访问它。逻辑分区的盘符默认从 D 盘开始(前提条件是硬盘中只存在一个主分区)。

启动系统后,操作系统会对磁盘驱动器进行映射,为主分区和逻辑分区分配相应的盘符,首先分配主分区的盘符,然后再对逻辑分区的盘符进行分配。

注意:主分区、扩展分区和逻辑分区是以 DOS 操作系统为基础建立的分区,它们都属于 DOS 分区。而以其他操作系统(如 Linux 等)为基础建立的分区都是非 DOS 分区。

5.1.4 硬盘分区的文件格式

硬盘的分区文件格式不同,其性能也有一定的差异。现在常用的分区文件格式主要有 FAT32 和 NTFS。

1. FAT32 文件格式

FAT 的全称是"File Allocation Table(文件分配表系统)",FAT 文件系统 1982 年开始应用于 MS - DOS 中,FAT 文件系统的主要优点就是它可以由多种操作系统访问,如 MS - DOS,Windows 所有系列和 OS/2(全称 Operating System/2,是由微软和 IBM 公司共同创造,后来由 IBM 单独开发的一套操作系统)等。这一文件系统在使用时遵循 8.3 命名规则,即文件名最多为 8 个字符,扩展名为 3 个字符。此外 FAT 文件系统无法支持系统高级容错特性,不具有内部安全特性等。

FAT32 是从 FAT16 升级而来,采用 32 位的空间分配表,支持的分区容量更大,让硬盘的管理能力大大增强,在分区容量小于 80GB 时每簇的容量为 4KB,大大节省了硬盘空间。

注意:支持该文件格式的系统主要有 Windows 98, Windows Me, Windows2000 和 Windows XP。

2. NTFS 文件格式

NTFS(New Technology File System)是 Microsoft Windows NT 的标准文件系统,它同时也应用于 Windows 2000/XP/2003。NTFS 文件格式是一种比 FAT32 文件格式功能更强大的文件系统,这种分区占用的簇更小,支持的分区容量更大,并且还引入了一种文件恢复机制,可最大限度地保证数据的安全。

注意:支持该文件格式的系统主要有 Windows NT, Windows2000, Windows XP, Windows2003。

5.2　硬盘分区

5.2.1　硬盘分区规划方案参考

现在的硬盘容量越来越大,60G 的早已成为低档配置,80G 的算基本配置,120G 的也不算大。这么大容量的硬盘该怎么划分啊,该分几个区,每个区容量多少才合适?

下面以 60~140G 的硬盘为例提供 2 种常用类型的硬盘分区方案,分别是办公型分区方案和家用型分区方案,如表 5-1 所示。

表 5-1　硬盘分区方案

	家用型分区方案			办公型分区方案		
盘符	大小	分区格式	分区存储内容	大小	分区格式	分区存储内容
C 盘	3-5G	FAT 32	Windows 98	5G	NTFS	Windows 2000/XP
D 盘	10G	NTFS	Windows XP	10-20G	NTFS	办公及应用软件
E 盘	15-20G	FAT 32	应用软件	5G	NTFS	电子邮件
F 盘	20-30G	FAT 32	游戏	10-30G	NTFS	办公文档及图片
G 盘	20-30G	FAT 32	影视、歌曲	20G	NTFS	Ghost 镜像区
H 盘	剩余	FAT 32	备份	剩余	NTFS	软件备份区

5.2.2　常用的分区工具

利用分区软件可以对硬盘进行分区,使用最广泛的是 Windows 操作系统自带的 Fdiks 分区软件,其他还有 Diskgen,Partition Magic 等分区软件。

1. Fdiks 工具

Fdiks 是 Microsoft 公司在操作系统里捆绑的分区软件,使用该软件分区最为稳定,但是如果对正在使用的硬盘进行分区将会破坏硬盘中的所有数据。

2. DiskGenius 软件

该软件以前名为 Diskman,是中国人自己开发的一个磁盘分区软件,具有强大的分区、硬盘管理功能,支持多种分区格式。

3. Partition Magic 软件

Partition Magic 是一款能进行无损分区和动态分区调整的分区软件,该软件在对分区进行调整时,可以保证不损坏硬盘中现有的数据。

4. Disk Manager 软件

Disk Manager 简称“DM”,是在网上流传很广的一款通用分区软件,支持任何硬盘的分区,并且可快速地对分区进行格式化。

5.2.3　使用 Fdisk 分区

大部分用户一般都采用比较稳定的 Fdisk 对硬盘进行分区,使用 Fdisk 对硬盘进行分区操作是在 DOS 系统下进行的,因此首先要熟悉 DOS 系统的命令。如果是对已经使用过的硬盘进行分区，将会丢失硬盘中保存的所有数据。

1. 知识储备

在一个硬盘中最多可分为 4 个主分区，当有 1 个扩展分区时，主分区只能创建 3 个，而在扩展分区中，可划分出多个逻辑分区。建议用户一般只创建一个主分区。

分区类型包含 3 种，但是这 3 种不同分区的创建与删除要按一定的顺序来进行。

(1)创建分区：创建分区的正确顺序是先创建主分区，再创建扩展分区，最后创建逻辑分区，然后再激活主分区。

(2)删除分区：删除分区的正确顺序与创建分区正好相反，先删除所有逻辑分区，再删除扩展分区，最后删除主分区。

2. 使用 Fdisk 分区的具体操作

(1)利用 windows 98 操作系统的启动盘启动到 DOS 操作系统。

(2)在命令提示符后面输入“fdisk”命令并按“Enter”键，如图 5－12 所示。

```
Microsoft Windows XP [版本 5.1.2600]
(C) 版权所有 1985-2001 Microsoft Corp.

A:\>fdisk
```

图 5－12　输入“fdisk”命令

(3)进入提示选择文件系统的界面，默认为采用 FAT 32 文件系统，按“Enter”键确认。

(4)进入 Fdisk 工具的主界面，根据选项菜单中的说明输入“1”并按“Enter”键，执行创建分区操作，如图 5－13 所示。

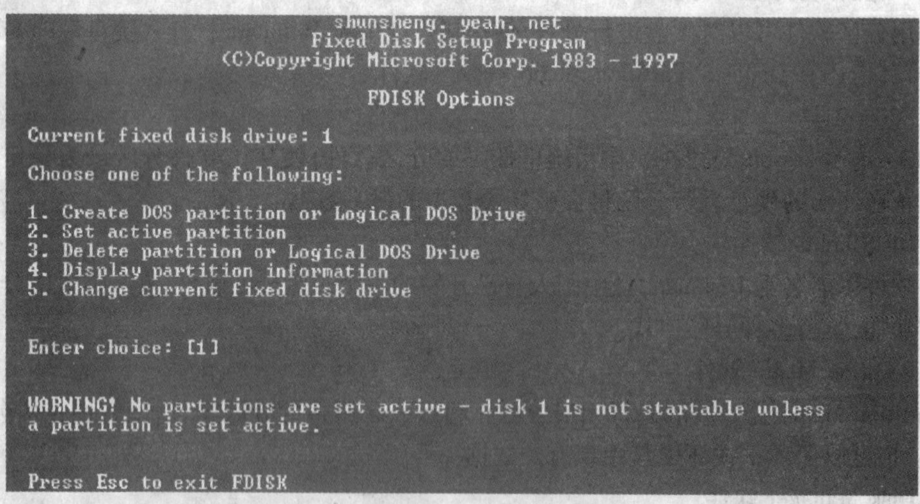

图 5－13　Fdisk 主界面

(5)进入创建分区界面，根据选项菜单中的说明输入“1”并按“Enter”键，执行创建主分区的操作，如图 5－14 所示。

```
Create DOS Partition or Logical DOS Drive

Current fixed disk drive: 1

Choose one of the following:

1. Create Primary DOS Partition
2. Create Extended DOS Partition
3. Create Logical DOS Drive(s) in the Extended DOS Partition

Enter choice: [1]

Press Esc to return to FDISK Options
```

图 5－14　创建分区界面

(6)系统将对硬盘进行扫描,并在扫描结束后询问是否将整个硬盘创建为一个分区,这里输入“N”并按回车,如图 5－15 所示。

```
Create Primary DOS Partition

Current fixed disk drive: 1

Do you wish to use the maximum available size for a Primary DOS Partition
and make the partition active (Y/N) ....................? [Y]
```

图 5－15　选择创建多个分区

(7)检查完毕后,系统显示当前硬盘的总容量,并提示用户输入为主分区分配的硬盘空间大小,这里输入“5000”并按回车。

(8)按“Esc”返回至 Fdisk 主界面,再进入创建分区界面,输入“2”并按回车键,进行创建扩展分区的操作。

(9)系统将首先扫描硬盘,而后在打开的界面中选择默认值并按回车键,即可将除主分区以外的所有剩余空间创建为扩展分区,如图 5－16 所示。

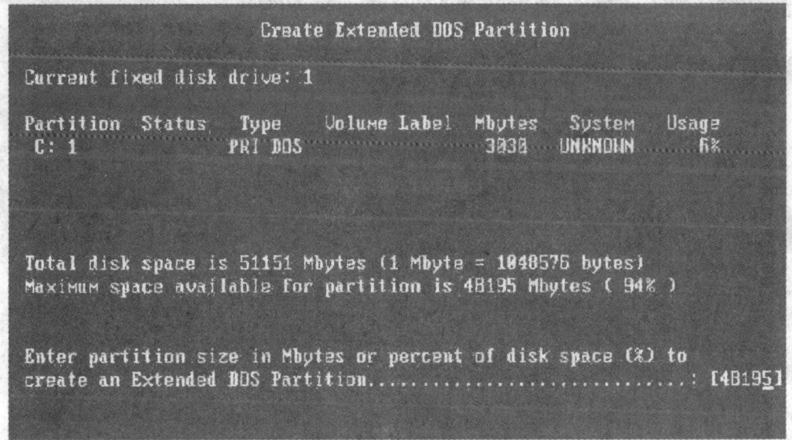

图 5－16　创建扩展分区

(10)创建完扩展分区后,按“Esc”键立即开始创建逻辑分区。系统将对扩展分区进行扫描,然后在打开的界面中要求用户输入第一个逻辑分区的容量,这里输入“10000”并按回车键创建第一个逻辑分区,如图5-17所示。

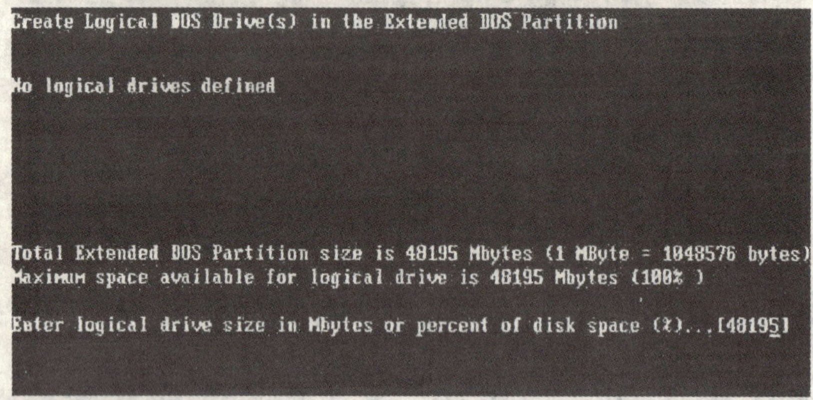

图5-17　创建逻辑分区

(11)用同样的方法创建多个逻辑分区,创建结果如图5-18所示。完成后按“Esc”键返回至Fdisk主界面。

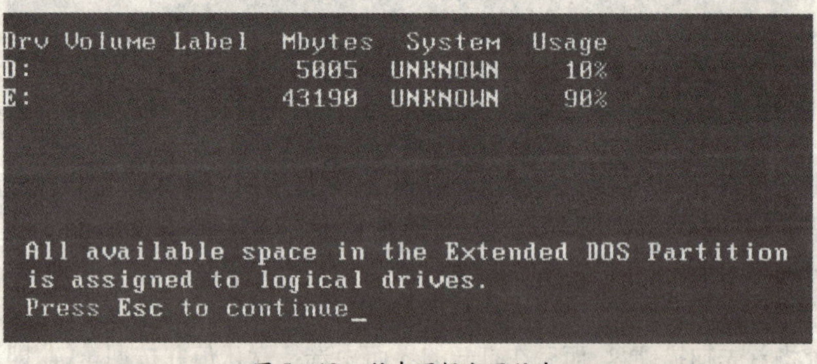

```
Drv Volume Label  Mbytes  System   Usage
D:                 5005   UNKNOWN    10%
E:                43190   UNKNOWN    90%

 All available space in the Extended DOS Partition
 is assigned to logical drives.
 Press Esc to continue_
```

图5-18　所有逻辑分区信息

(12)在主界面中输入“2”并按回车键,如图5-19所示。

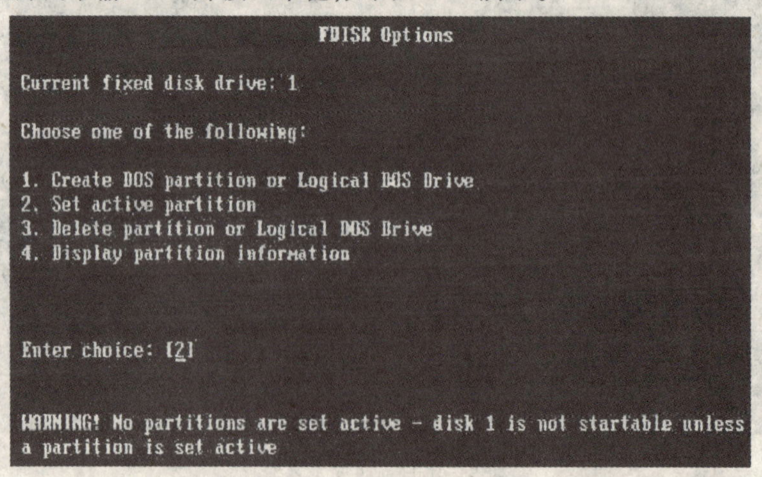

图5-19　准备激活分区

(13)在打开的界面中输入“1”并按回车键即可激活主分区,如图 5 - 20 所示。

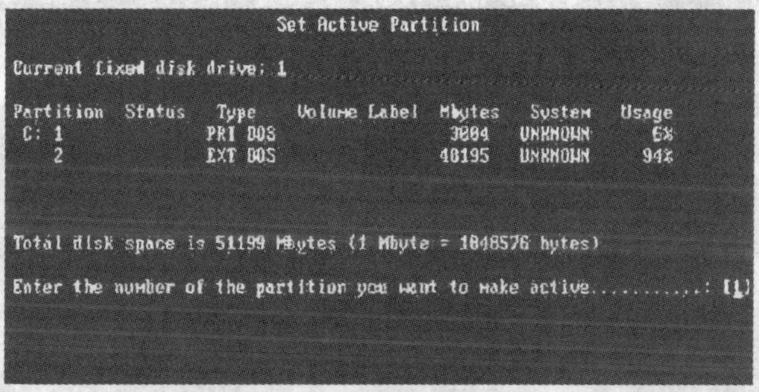

Set Active Partition
Current fixed disk drive: 1
Partition Status Type Volume Label Mbytes System Usage
C: 1 PRI DOS 3004 UNKNOWN 6%
2 EXT DOS 48195 UNKNOWN 94%
Total disk space is 51199 Mbytes (1 Mbyte = 1048576 bytes)
Enter the number of the partition you want to make active............: [1]

图 5 - 20　激活主分区

5.2.4　使用 Disk Genius 调整硬盘分区

使用 Disk Genius 可以在不损坏硬盘已有数据的前提下进行分区。在 DOS 中使用 Disk Genius 时需要先进入 DOS 界面,再通过加载 Disk Genius 来启动该软件,也可以通过网络下载该软件。下面介绍使用该软件将 D 盘空间进行压缩,并将缩小出的空间分配给 E 盘的操作方法。

(1)启动 Disk Genius 软件,进入主界面,如图 5 - 21 所示。

(原名:DiskMan)
Disk Genius V2.00 Beta 0219
版权所有 (1999-2002)
李大海
Disk Genius V2.00
硬盘(D) 分区(P) 工具(T) 查看(V) 帮助(H)
FAT32 (3365.1MB)
FAT32 (3506.3MB)
FAT32 (5004.6MB)
FAT32 (4502.6MB)
第 1 硬盘

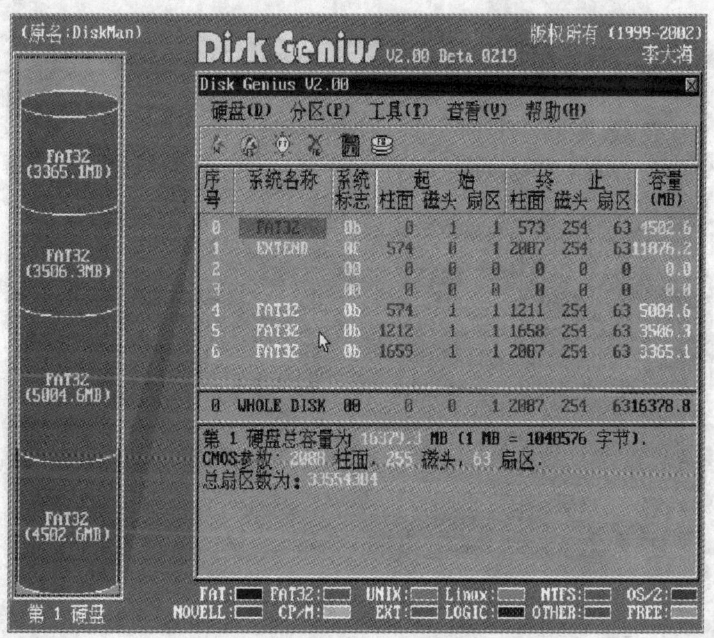

图 5 - 21　Disk Genius 主界面

(2)在屏幕最左侧磁盘分区柱面图中,选择需要修改的硬盘分区,这里选择 D 盘,在菜单栏中选择“分区”“调整分区容量”命令,打开“调整分区容量”对话框,如图 5 - 22 所示。

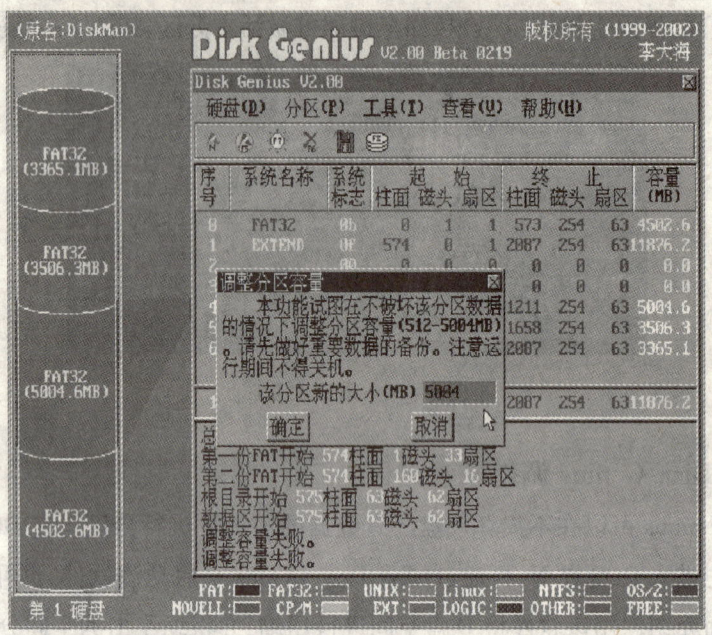

图 5-22　选择要压缩的 D 盘

(3)在“该分区新的大小(MB)”数值框中输入“4000”,如图 5-23 所示,单击“确定”按钮。

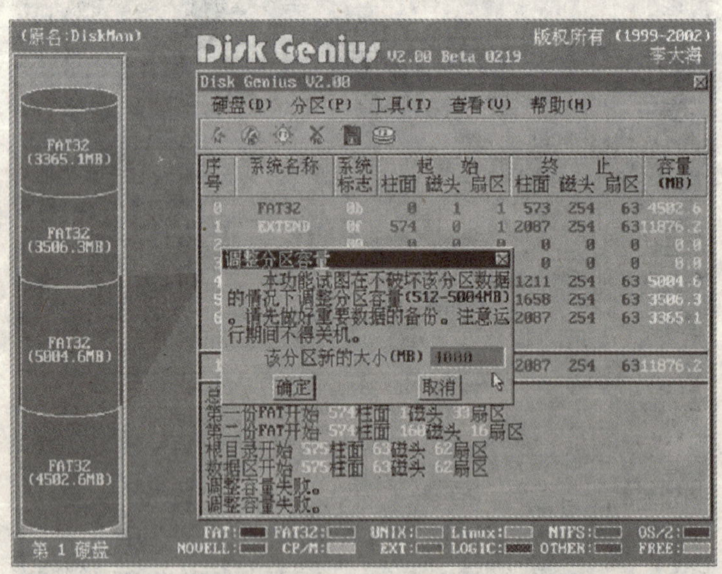

图 5-23　输入新分区容量

(4)在打开的对话框中单击“开始调整”按钮,Disk Genius 软件就会将硬盘分区容量按用户定义的大小重新进行调整。

(5)调整完成后,Disk Genius 软件将会列出剩余未分配的磁盘空间,选中需要合并的分区,这里选择柱面图中从上往下的第 4 个分区。

(6)选择菜单“分区”“删除分区”命令,如图 5-24 所示。在弹出的“信息”提示框中单击“删除”按钮,将需要合并的 E 盘删除。

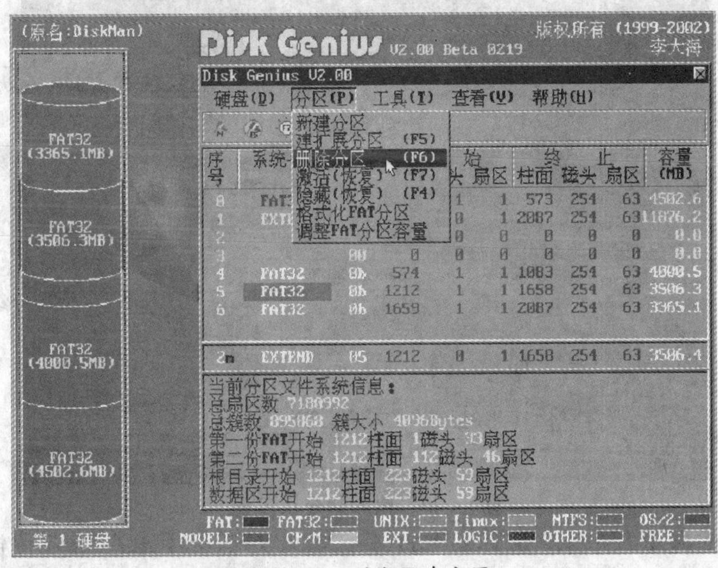

图 5-24　删除 E 盘分区

(7)将该分区删除后,剩余的未分配空间会混在一起,此时选择未分配的空间,选择“分区”“新建分区”命令,如图 5-25 所示。

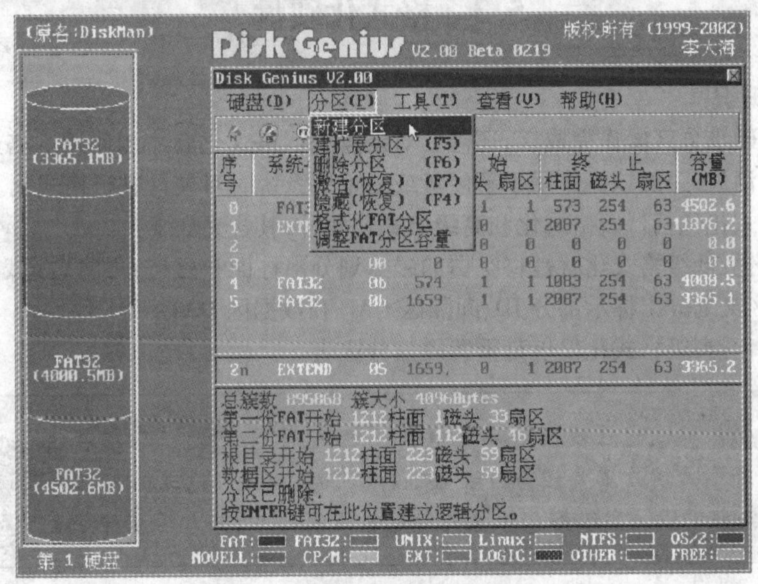

图 5-25　新建 E 区

(8)打开“新建逻辑分区”对话框,在“请输入新分区的大小(MB)”文本框中默认显示了所有未分配的剩余空间大小,这里不需要修改大小直接单击“确定”按钮即可,如图 5-26 所示。

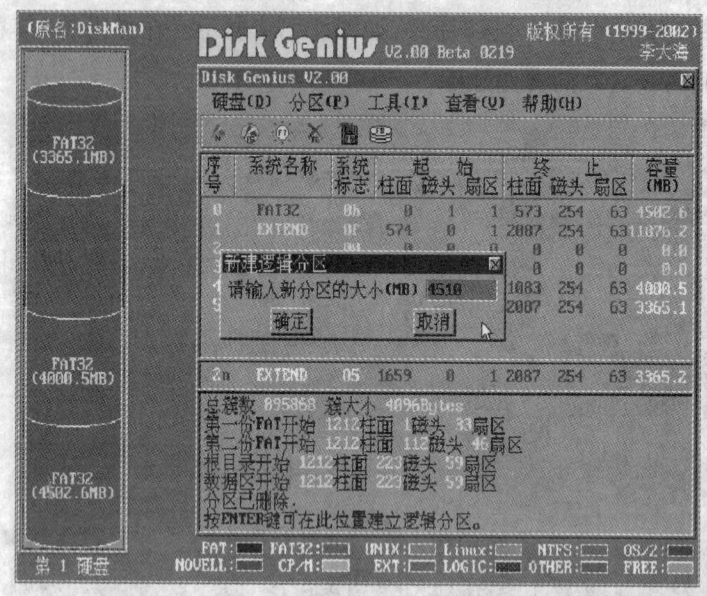

图 5 - 26　输入新分区容量

(9)在打开的提示“是否建立 DOS FAT 分区吗?”对话框中单击“是”按钮,Disk Genius 软件将会采用 FAT32 文件系统来创建 E 盘,待 Disk Genius 软件调整分区完毕后,在菜单栏中选择“硬盘”“存盘”命令,然后重启计算机即可。

5.3　格式化硬盘

5.3.1 基础知识

一块新的硬盘分区操作完成后,还需要对硬盘进行格式化后才能使用。格式化硬盘后,上面的数据将消失,一般该操作用于新硬盘或者重装系统时对硬盘进行格式化。

硬盘的格式化包括低级格式化和高级格式化两种,其含义如下:

低级格式化:低级格式化就是将空白的磁盘划分出柱面和磁道,再将磁道划分为若干个扇区,每个扇区又划分出标示部分 ID、间隔区 GAP 和数据区 DATA 等。

高级格式化:高级格式化仅仅是重置硬盘分区表。

小提示:低级格式化在硬盘出厂之前就已经完成了,它是一种损耗性操作,会缩短硬盘的寿命。用户不要轻易对硬盘进行低级格式化。低级格式化一般使用 Low format 软件来完成。高级格式化操作对硬盘没有影响,只是会清除硬盘中的数据。

5.3.2　硬盘格式化的操作

在对硬盘分区之后我们就可以对其进行格式化操作了。在 DOS 环境下可利用FORMAT 命令进行操作,比如格式化 C 盘,输入:format c:\即可。如图 5 - 27 所示。

格式化其他盘符可采用相同的方法。

格式化硬盘也可采用如下方法:

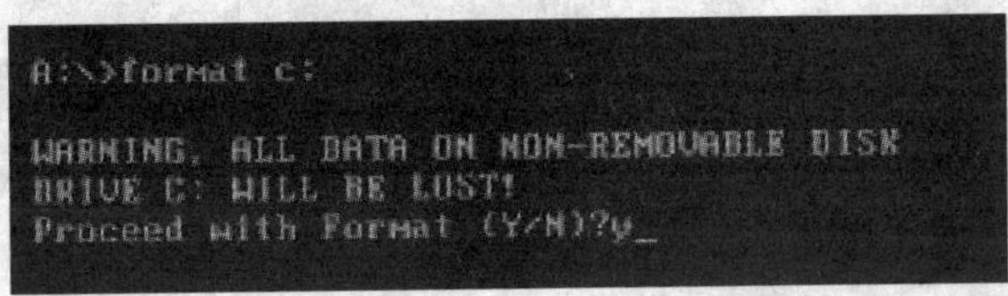

图 5－27　格式化 C 盘

(1)打开【我的电脑】，右击硬盘分区图标，比如 D 盘，选择格式化命令，如图 5－28 所示。

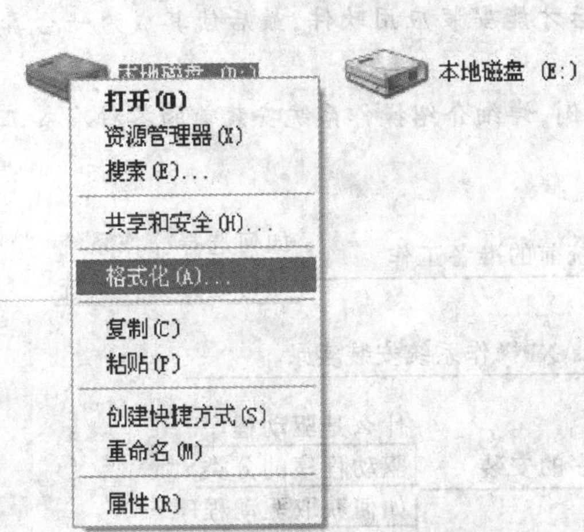

图 5－28　格式化 D 盘

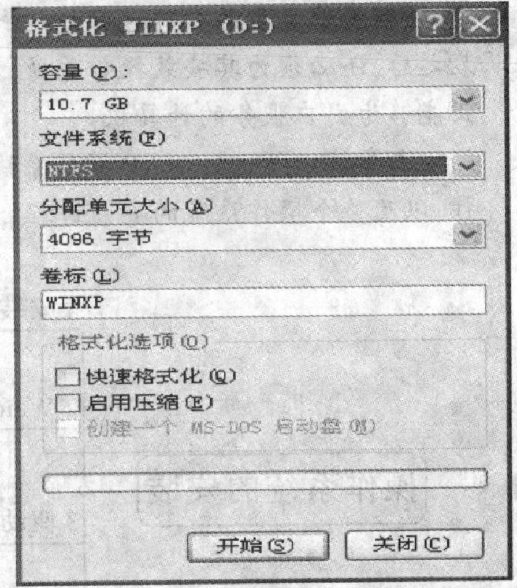

图 5－29　选择格式化方式

(2)单击格式化命令后，出现如图 5－29 所示画面，在格式化选项框中可选择格式化方式，单击【开始】按钮即可进行格式化。

1. 简答题

(1)什么是面、磁道、扇区和簇？

(2)硬盘分区的原理是什么？

(3)常用的 DOS 命令有哪些？

(4)常用的硬盘分区工具有哪些？

2. 拓展练习题

查阅相关网站，学习如何使用 Disk Manager 和 Partition Magic 软件进行硬盘分区与格式化操作。

3. 实践操作题

(1)使用 fdisk 对一块硬盘进行分区与格式化操作。

(2)使用 Disk Genius 软件调整硬盘分区。

第6章

操作系统的安装

操作系统是计算机软件系统的基础，其作用是为其他软件提供支持服务。同时，任何其他类型的软件也只能运行在操作系统上。在完成计算机硬件系统的组装之后，还必须为其安装操作系统，之后才能安装应用软件，最后使其成为一台真正能够为用户服务的计算机。

本章将以 Windows XP 操作系统为例，详细介绍操作系统安装前的各种准备工作，以及整个操作系统的安装过程。

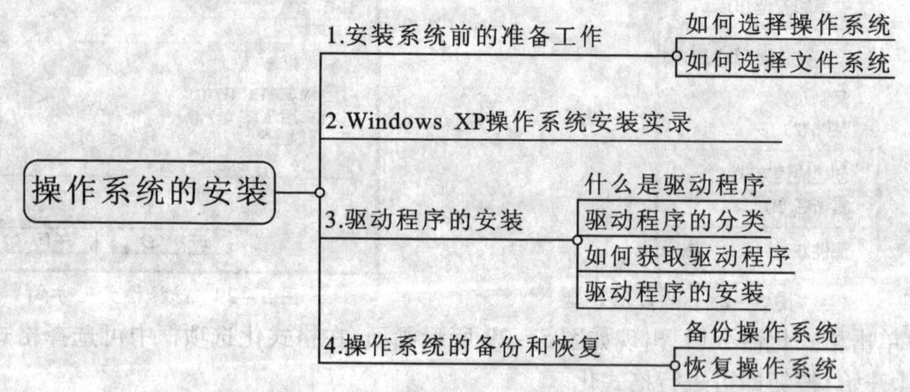

6.1 安装系统前的准备工作

我们在安装操作系统之前需要考虑选择什么样的操作系统，选择什么样的文件格式，不同的硬件配置支持的操作系统不同，不同的操作系统支持的文件格式也有所区别。

6.1.1 如何选择操作系统

1. 根据电脑配置

下面我们将以 Windows XP 为例来说明操作系统对电脑配置的要求。Windows XP 官方最低配置要求：CPU Intel MMX 233MHz；内存：64MB；硬盘空间：1.5GB；显卡：4MB 显存以上的 PCI、AGP 显卡；声卡：最新的 PCI 声卡；CD - ROM：8x 以上 CD - ROM。但时下的电脑配置，主流内存已经达到 256M 以上，CPU 频率也几乎都在 1G 以上，所以在选择操作系统时我们基本不用担心哪种操作系统不能装，而是要考虑装几个操作系统的问题了。

2. 根据个人需要

如果你的机器是用来运行大型商业软件，比如科学技术研究、软件开发，还是用 Windows2000，其稳定性比较好。一般家庭娱乐和办公，Windows XP 则是首选。

6.1.2　如何选择文件系统

自从计算机推广应用以来，为了实现对磁盘文件的管理，已先后出现过 FAT、NTFS、FAT32 等硬盘分区格式，它们各自有其优缺点与兼容性，使用者应根据自己计算机的配置，硬盘容量的大小以及操作系统的种类来选用合适的文件格式。

1. FAT16

FAT16 即文件分配表，是自 DOS、Windows 3. X 以来广泛使用的硬盘分区格式，是传统的 16 位文件系统。FAT16 具有极好的兼容性，DOS、Windows、Windows NT 的各种版本，以及其他各类操作系统都支持 FAT16，它相对速度较快，CPU 资源耗用少，至今仍然是各类机器硬件常用的分区格式。但是传统的 FAT16 不支持长文件名，单个分区的最大容量为 2GB，单个硬盘的容量一般不能超过 8GB，所以如果硬盘容量超过 8GB，8GB 空间则因无法利用而浪费。这对于现在使用的大硬盘，是个致命的缺陷。

2. FAT32

FAT32 是 Windows 95 OSR2 版开始推出兼容 16 位的 32 位文件系统。最大特点是使用较小的簇（每簇仅为 4KB）分配文件单元，大大提高了硬盘的空间利用率，减少了浪费。单个硬盘的容量可以达到 2TB（1TB = 1024GB），为海量硬盘的使用者提供了方便。这种文件系统的安全性仍然较差，FAT32 可以兼容 FAT16，但无法访问 NTFS 分区。对于像 Word 一类的编辑软件产生的文本文件而言，在 FAT32 的机器上建立的文件只有以“纯文本”格式存盘，才能在 FAT16 电脑中打开。

3. NTFS

NTFS 即 Windows NT 的文件系统，它的最大优点是安全性和稳定性好。全 32 位内核的 NTFS 为磁盘目录与文件提供安全设置，指定访问权限，难以受到病毒侵袭。NTFS 自动记录文件的变动操作，具有文件修复能力，几乎不需要运行磁盘碎片整理等磁盘工具。系统不易崩溃，出现错误能迅速修复。每簇仅为 512 个字节，硬盘利用率高，最大支持高达 2TB 的大硬盘，而且它的性能不会随着磁盘容量的增大而降低。其主要缺点是兼容性差。Windows NT 的 NTFS 可以访问 FAT 文件系统，但是逆向访问则无法实现。

如上分析，最好的建议是：在硬盘容量允许的条件下安装双引导操作系统，在逻辑 C 区采用 FAT16 或 FAT32 文件系统，安装 Windows 98/Me，将那些需要与各种 PC 环境都有广泛适应性，而又不太重要的软件、文档放于其中，这样即使发生意外，也不至于造成重大损失，重装和修复也都比较容易。在逻辑 D 区或其他分区采用 NTFS 文件系统，安装 Windows NT 系统，将网络、文字处理以及那些适合在 NT 下运行的软件放于其中。

根据以上思考，可以给磁盘空间做出如下规划（以一个 40G 空间的硬盘为例）：

C:/FAT32 3G，装 Win98 备用。

D:/NTFS 容量 3G，只装一个 WinXP，以后如出现解决不了的问题则可以随时对该盘进行格式化处理。

E:/NTFS 容量 5G，软件、XP 的页面文件、IE 缓存文件夹。

F:/NTFS 容量 15G，个人资料。

G:/NTFS 容量 10G，电影、音乐、一些备份、安装程序。

6.2 Windows XP 操作系统安装实录

安装 Windows XP 操作系统有多种方法,常用的有升级安装、从 DOS 下安装和使用光盘进行安装 3 种方法。在这里,以已经进行分区、格式化处理后的计算机为例,详细介绍使用光盘安装 Windows XP 操作系统的方法。

使用光盘安装操作系统时,首先需要在 BIOS 内将光驱设置为第一启动设备,并将 Windows XP 安装光盘插入光驱内以启动计算机。然后按照下面的步骤进行操作。

(1)使用 Windows XP 光盘启动计算机后,首先会打开 Windows XP 安装程序欢迎界面。然后按 Enter 键会打开【Windows XP 许可协议】界面,按照提示信息按 F8 键同意许可协议。如图 6-1 所示。

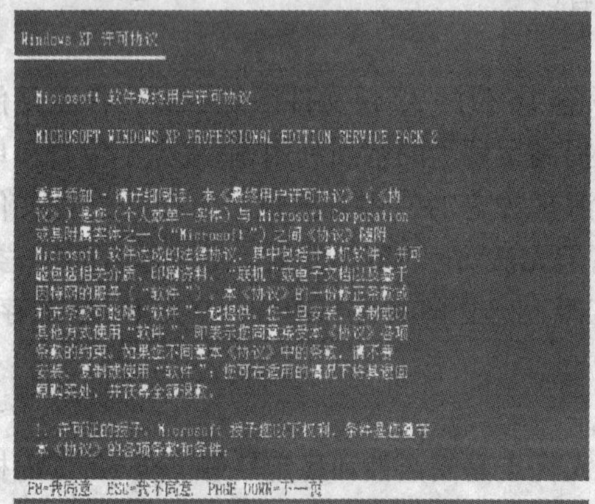

图 6-1 “Windows XP 许可协议”界面

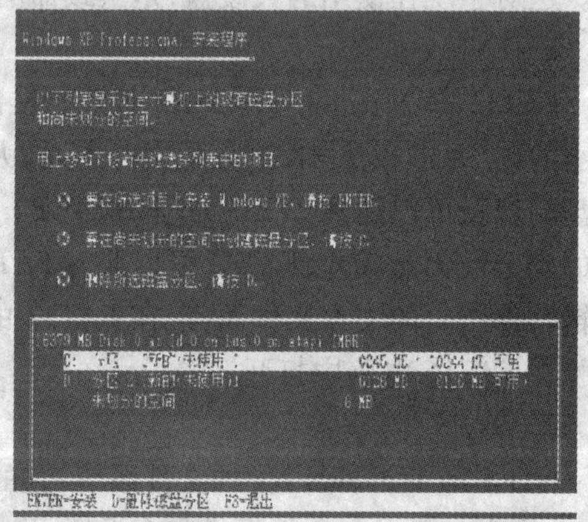

图 6-2 选择要安装系统的磁盘分区

(2)在打开的界面中,可按上下方向键选择要安装 Windows XP 的磁盘分区。我们一般将 Windows XP 安装在 C 盘,如图 6-2 所示。

(3)选择要安装 Windows XP 的磁盘分区后,按 Enter 键可打开图 6-3 所示界面。在该界面中列出了多个文件系统选项,在这里选择“用 NTFS 文件系统格式化磁盘分区(快)”选项,并按 Enter 键,就会将 C 盘格式化。

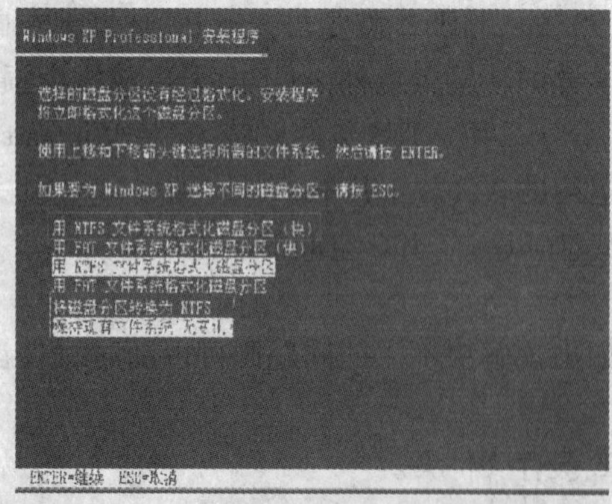

图 6-3 选择 NTFS 文件系统格式磁盘分区

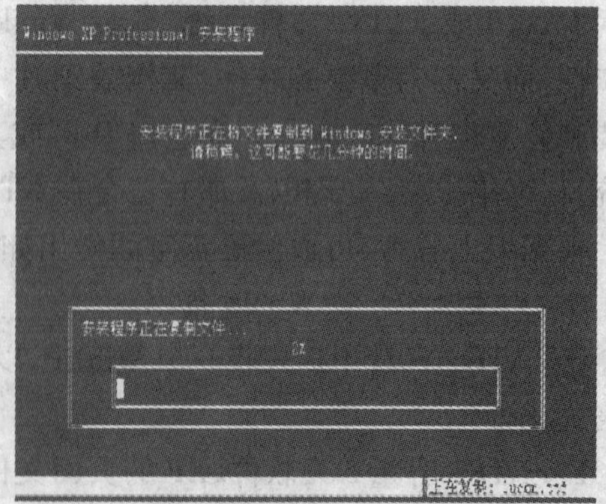

图 6-4 复制安装程序

(4)选择合适的文件系统类型后,Windows XP 安装程序会自动检测 C 盘,并进行系统引导信息和文件结构信息等多项内容的检测操作。检测完毕后，便开始复制 Windows XP 安装文件，如图 6－4 所示。

(5)安装文件复制结束后，计算机会重新启动，随后进入图形用户界面。如图 6－5 所示。

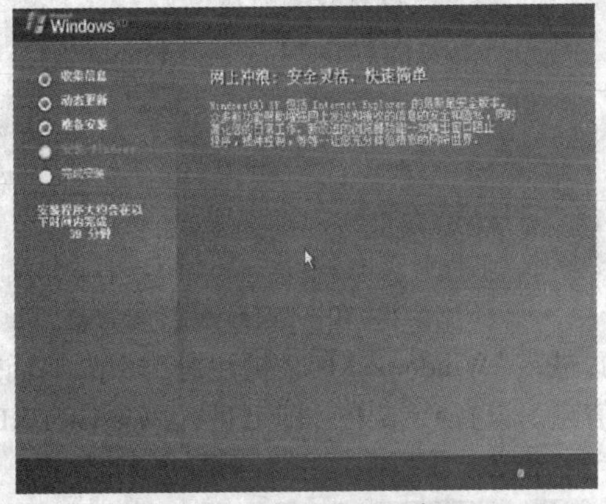

图 6－5　安装进行中

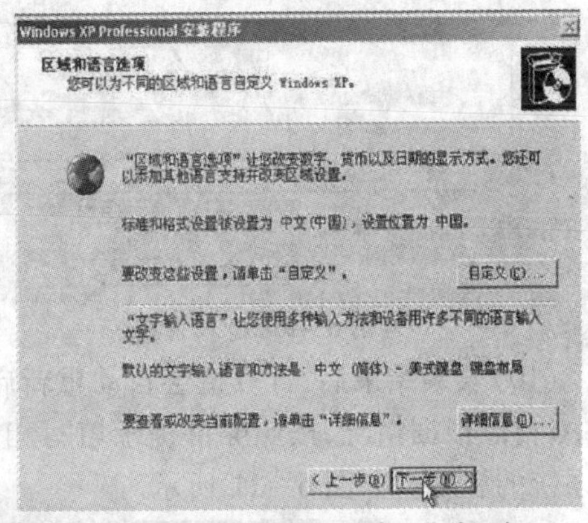

图 6－6　“区域和语言选项”对话框

(6)稍等片刻，屏幕上出现“区域和语言选项”的设置界面，如图 6－6 所示。在【区域和语言选项】对话框中，单击【自定义】按钮可在弹出的【区域和语言选项】对话框中对数字、时间和日期的格式进行设置，如图 6－7 所示；还可以单击【详细信息】按钮来设置需要进行安装的中文输入法。设置完毕后单击【下一步】按钮。

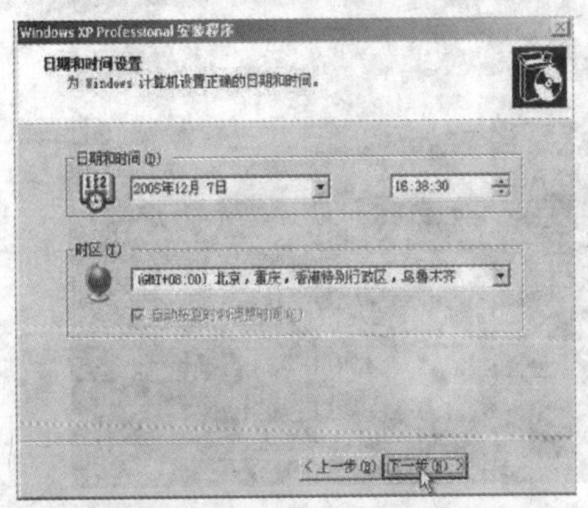

图 6－7　设置日期和时间

图 6－8　“自定义软件”对话框

(7)在弹出的【自定义软件】对话框中，需要输入用户自己的姓名及公司或单位的名称，并单击【下一步】按钮，如图 6－8 所示。

(8)点击【下一步】弹出的是【计算机名和系统管理员密码】对话框，如图 6－9 所示，在此可以设置计算机名和系统管理员密码，设置完毕后，单击【下一步】按钮。

(9)接下来，安装程序将开始安装 Windows XP 网络组件，如图 6－10 所示，用户只需要按照默认设置，直接单击【下一步】按钮，并等待计算机自动完成后续的安装工作即可。

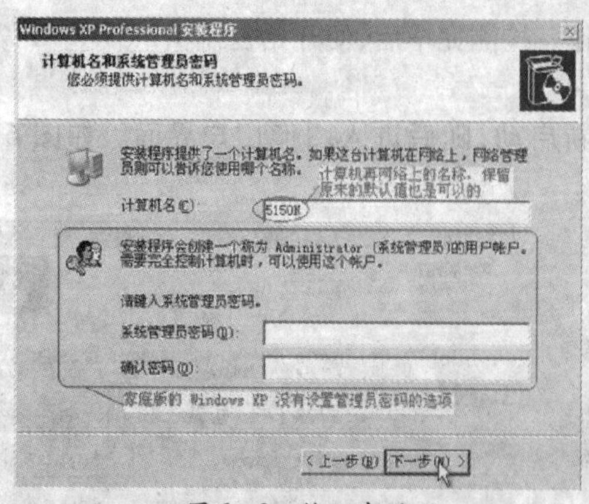

图 6-9　输入密码

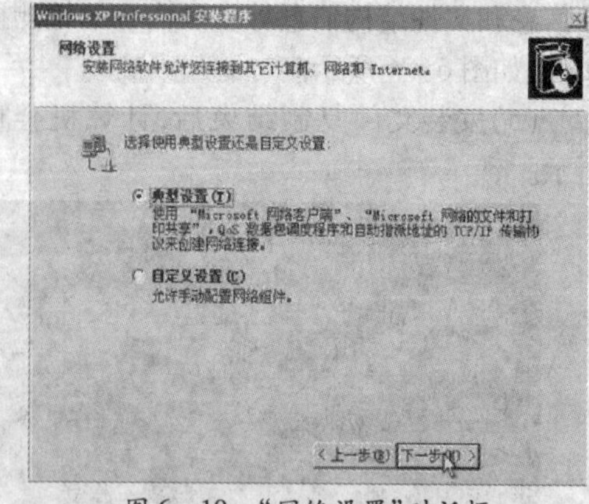

图 6-10　“网络设置”对话框

(10)安装结束后，计算机会自动重新启动，进入“Windows XP 联机注册”环节。在该环节中，可以根据情况，按照屏幕提示填写相关信息。该操作结束后即可进入 Windows XP 操作系统的界面。如图 6-11 所示。

图 6-11　Windows XP 操作系统的界面

到此为止，Windows XP 操作系统的安装已经全部完成。

6.3　驱动程序的安装

在安装了硬件设备之后，并不是所有硬件设备都能立即使用，而是要安装其驱动程序后才能够使用。驱动程序作为设备运作的控制者，在 Windows 中起着非常重要的作用。

6.3.1 什么是驱动程序

驱动程序是直接工作在各种硬件设备上的软件，其“驱动”这个名称也十分形象的指明了它的功能。正是通过驱动程序，各种硬件设备才能正常运行，达到既定的工作目标。

从理论上讲，计算机内所有的硬件设备都需要安装相应的驱动程序才能正常工作。但在实际使用过程中，只有主板、显卡、声卡、网卡等设备需要安装驱动程序，而像 CPU、内存、键盘（PS/2 接口）、鼠标（PS/2 接口）、软驱、显示器等设备却并不需要安装驱动程序也可以正常工作。

小知识：随着 USB 设备的不断普及，现在部分主板的 BIOS 已经可以支持 USB 接口的键盘和鼠标了。其主要原因是由于 CPU 内存等硬件设备对于任何一台计算机来说都是必需的，因此早期的设计人员便将这些硬件列为 BIOS 能直接支持的硬件。换句话说，上述硬件安装后就可以被 BIOS 和操作系统直接支持，不再需要额外安装驱动程序。

6.3.2 驱动程序的分类

驱动程序按其服务的不同硬件对象，可以分为主板驱动、显卡驱动、声卡驱动等，按操作系统的不同也可以分为 For Windows 98/Me、For Windows 2000 或 For Windows XP 等。不过驱动程序里还有公版驱动程序、非公版驱动程序和正式版驱动程序、非正式版驱动程序之分。公版驱动程序就是芯片厂商按照公版设计编制的驱动程序，由芯片厂商发布，如 nVIDIA 的 ForceWare 驱动和 ATi 的催化剂驱动，公版驱动程序一般适合于所有采用该核心芯片的产品，所以既可以用在公版产品上，也可以用在非公版产品上。非公版驱动程序则是产品厂商为其产品量身定做的驱动程序，由产品厂商发布，一般只能用在自己品牌的产品上。正式版驱动程序比较好理解，就是厂商正式发布出来让用户使用的驱动程序版本，它一般都经过严格的测试之后才会发布。非正式版驱动程序则与其相反，是正式发布之前的测试版本，所以也叫做测试版驱动程序，它还分成两种：公开发布让用户来进行测试的，称为 Beta 版（β 版）；软件开发商内部自行测试的版本，称为 Alpha 版（α 版）。

6.3.3 如何获取驱动程序

既然驱动程序有着如此重要的作用，那如何取得相关硬件设备的驱动程序呢？目前获取驱动程序主要有以下几种途径：

1. 使用操作系统提供的驱动程序

Windows XP 系统中已经附带了大量的通用驱动程序，这样在安装系统后，无须单独安装驱动程序就能使这些硬件设备正常运行。

不过 XP 系统附带的驱动程序总是有限的，所以在很多时候系统附带的驱动程序并不适用，这时就需要手动来安装驱动程序了。

2. 使用附带的驱动程序盘中提供的驱动程序

一般来说，各种硬件设备的生产厂商都会针对自己硬件设备的特点开发专门的驱动程序，并采用软盘或光盘的形式在销售硬件设备的同时一并免费提供给用户。这些由设备厂商直接开发的驱动程序都有较强的针对性，它们的性能无疑比 Windows 附带的驱动程序要高一些。

3. 通过网络下载

除了购买硬件时附带的驱动程序盘之外，许多硬件厂商还会将相关驱动程序放到网上供用户下载。由于这些驱动程序大多是硬件厂商最新推出的升级版本，它们的性能及稳定性无疑比用户驱动程序盘中的驱动程序更好，有上网条件的用户应经常下载这些最新的硬件驱动程序，以便对系统进行升级。

6.3.4 驱动程序的安装

目前，硬件生产厂商主要提供以下两种形式的驱动程序，一种是以安装驱动程序出现的驱动程序软件包，另一种是直接以驱动程序文件的方式出现。这两种形式的驱动程序在安装方法上还是有差别的。但无论安装哪种形式的驱动程序，都必须遵循先安装主板驱动、再安装各类板卡驱动、最后安装外设驱动的安装顺序。具体的安装顺序如下：

(1)安装操作系统后，首先安装操作系统的 Service Pack(SP)补丁。我们知道驱动程序直接面对的是操作系统与硬件，所以首先应该用 SP 补丁解决操作系统的兼容性问题，这样才能尽量确保操作系统和驱动程序的无缝结合。

(2)安装主板驱动。主板驱动主要用来开启主板芯片组内置功能及特性，主板驱动里一般是主板识别和管理硬盘的 IDE 驱动程序或补丁。

(3)安装 DirectX 驱动。这里一般推荐安装最新版本，目前 DirectX 的最新版本是 DirectX 9.0C。

(4)这时再安装显卡、声卡、网卡、调制解调器等插在主板上的板卡类驱动。

(5)最后就可以装打印机、扫描仪、读写机这些外设设备的驱动。

这样的安装顺序就能使系统文件合理搭配，协同工作，充分发挥系统的整体性能。相反，如果不按照安装顺序安装，则有可能造成 Windows 无法识别新硬件或是产生硬件资源冲突，以至于频繁出现无法操作，甚至是“黑屏、死机”等现象。

了解了驱动程序的安装顺序，现在我们来详细地看看驱动程序的安装吧！

首先我们来看主板驱动程序的安装。

1. 安装主板驱动程序

在各种驱动程序中，最重要的要算主板驱动程序了。一般情况下，主板驱动程序内包括了主板上所有设备的驱动程序，如用于识别和管理硬盘的 IDE 驱动程序、支持 USB 接口的通用串行总线控制器驱动程序等。主板的驱动程序的安装视具体情况而定，如果主板有附带的驱动程序光盘，我们只需要将驱动光盘放入光驱，稍等片刻后系统将自动运行光盘内的安装程序，然后根据系统的提示，选择相应的驱动程序，一步步完成主板驱动程序的安装。如果主板没有附带的驱动程序光盘，我们就需要确定当前主板所使用的芯片组品牌和型号。如果主板的包装盒、说明书还在，可以通过查看它们从而获知主板信息。在确定了主板的相关信息后，可以到相应的网站上下载相应的最新主板驱动程序，双击安装文件 Setup. exe 运行，根据安装提示一步步完成驱动程序安装。在安装完成后重启计算机来查看驱动程序是否安装成功。具体操作步骤如下：右击【我的电脑】——选择属性——单击硬件选项(如图 6-12)——单击设备管理器——点击“IDE ATA/ATAPI 控制器”选项，可以看到“Intel(R)

82801DB……"选项,即表示安装成功(如图 6－13)。

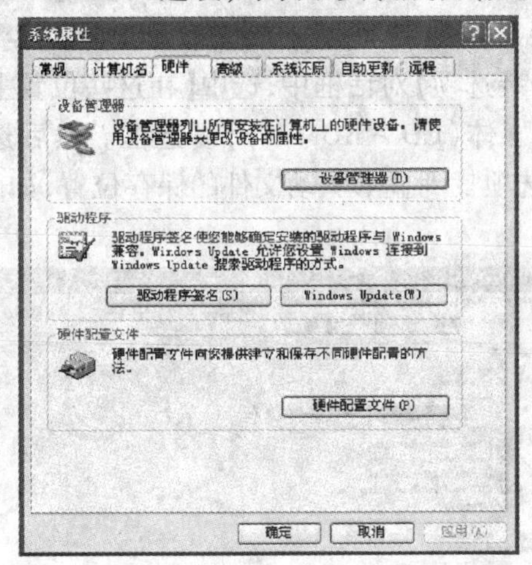

图 6－12　"系统属性"对话框

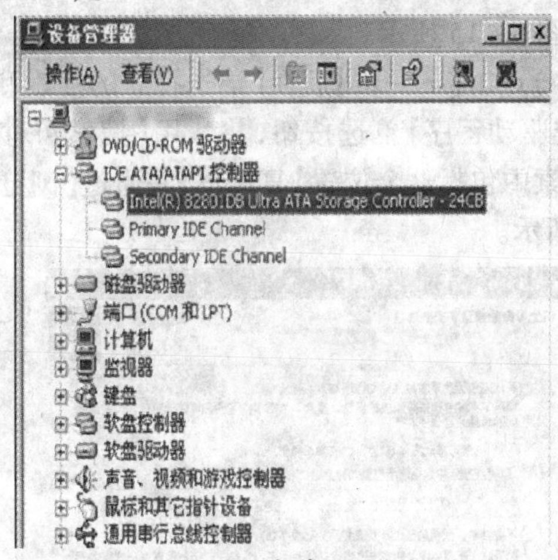

图 6－13　"设备管理器"对话框

2. 安装显卡驱动程序

安装完主板的驱动程序之后,我们就可以安装显卡、网卡、声卡等板卡的驱动程序了,这些板卡驱动程序的安装过程类似,下面我们就以显卡驱动程序的安装为例来介绍板卡驱动程序的安装。

如果显卡附带有驱动程序光盘,那么我们可以直接通过光盘来安装显卡驱动,具体的操作步骤和上述附带有光盘的主板驱动程序的安装类似。

如果没有附带的光盘,我们就要先确定自己显卡的型号,然后到相应的网站上下载显卡的驱动程序(最好是最新版本的),然后再安装,具体的操作步骤如下:

(1)在桌面上右击【我的电脑】图标,执行【属性】命令。然后在弹出的【系统属性】对话框中,单击【硬件】选项卡中的【设备管理器】按钮。

(2)在弹出的【设备管理器】窗口中,Windows XP 会使用"黄色问号"图标来显示未安装驱动程序的设备。在这里右击【其他设备】中的【视频控制器(VGA 兼容)】选项,执行【更新驱动程序】命令,如图 6－14 所示。

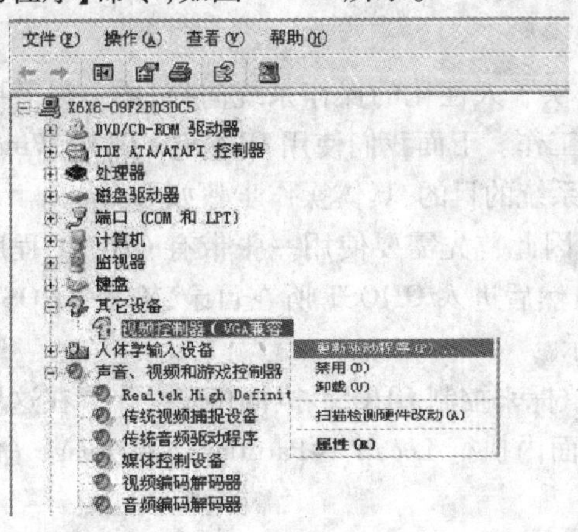

图 6－14　更新驱动程序

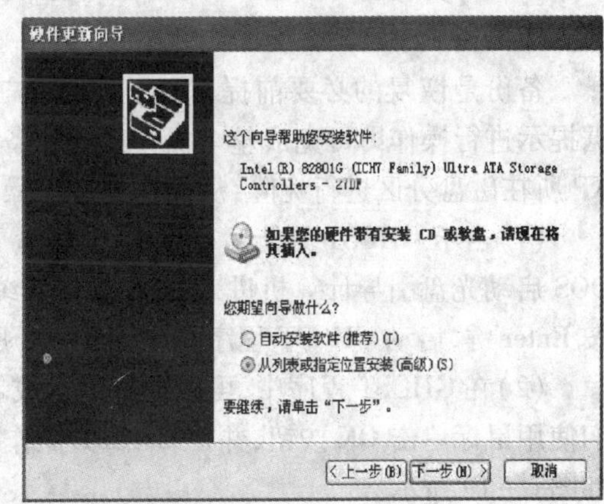

图 6－15　设置驱动程序的安装方式

(3)在弹出的【硬件更新向导】对话框中,选中【从列表或指定位置安装(高级)】单选按钮,如图6-15所示。

(4)点击【下一步】后在【请选择您的搜索和安装选项】对话框中,选中【在这些位置上搜索最佳驱动程序】单选按钮,并禁用【搜索可移动媒体(CD-ROM…)】复选框。然后选中【在搜索中包括这个位置】复选框,并通过【浏览】选项找到显卡驱动文件的保存位置,如图6-16所示。

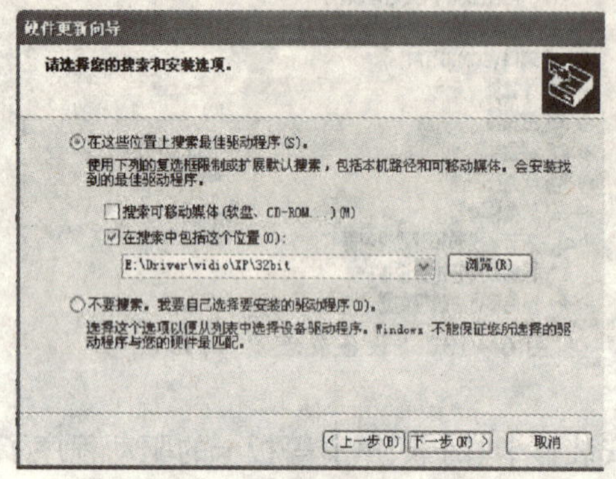

图6-16 设置驱动程序的保存方式

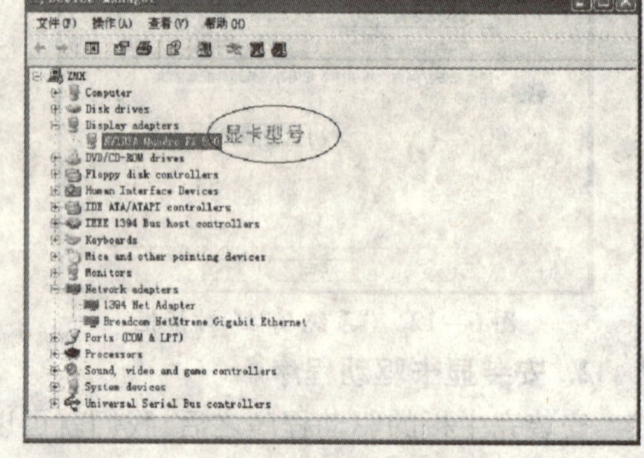

图6-17 驱动程序安装完成

此时,操作系统会在指定位置搜索所需要的驱动程序文件,然后进行安装。安装结束后,根据提示重新启动计算机,右击【我的电脑】,在其【属性】子菜单的【硬件】选项卡中点击【设备管理器】,在这里即可查看显卡是否安装成功,如图6-17所示。

驱动程序安装完毕,对于系统软件的安装我们就算是大功告成了!

6.4 操作系统的备份和恢复

用户在安装完操作系统及计算机的各硬件驱动程序之后,还要对系统进行相应的备份工作,以便于计算机系统崩溃时,能够及时对其进行恢复操作。本节将介绍一款功能强大的磁盘备份与恢复软件——GHOST,以及它的使用方法。

6.4.1 备份操作系统

备份是恢复的必要前提,GHOST为用户提供了人性化的操作系统向导,用户只需要根据提示进行操作即可完成整个操作系统的备份工作。下面我们使用GHOST8.0,对Windows XP所在磁盘分区进行克隆,从而达到备份操作系统的目的,具体操作步骤如下:

(1)由于GHOST只能运行于DOS环境下,因此首先需要使用一张带有GHOST程序的DOS启动光盘引导计算机进入DOS操作系统。然后进入GHOST所在目录,输入GHOST后按Enter键,启动GHOST程序。如图6-18所示。

(2)在GHOST程序中,可以通过键盘或者鼠标来控制GHOST执行相应操作。在这里我们使用鼠标单击OK按钮,并在GHOST操作界面内执行Locall→Partition→To Image命令,如图6-19所示。

(3)在弹出的对话框中,选择备份分区所在的源磁盘。在这里选择Drive编号为1的磁盘,然后单击OK按钮或按Enter键,如图6-20所示。

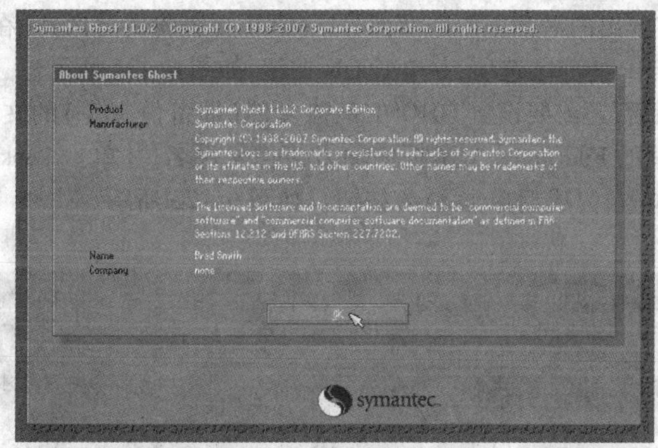

图 6－18　GHOST 界面

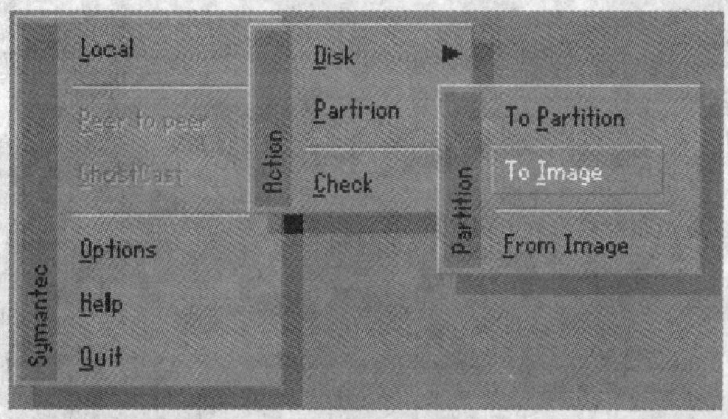

图 6－19　执行备份命令

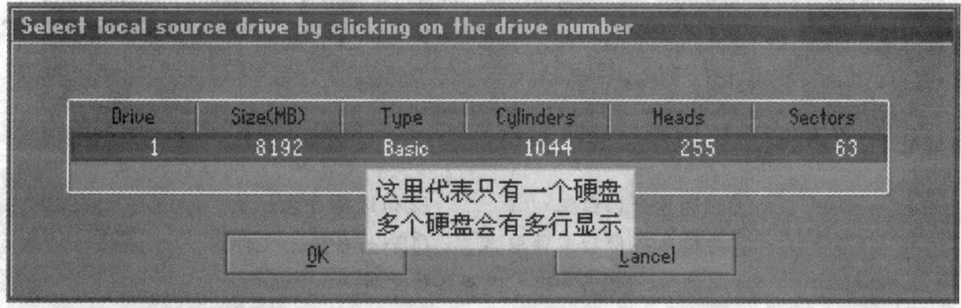

图 6－20　选择源磁盘

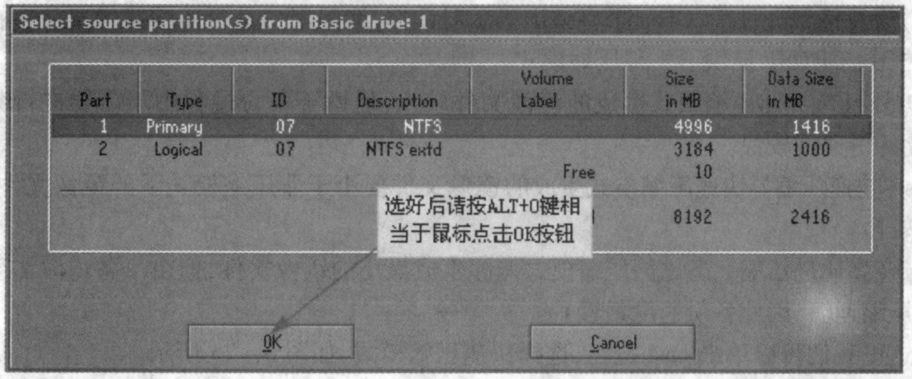

图 6－21　选择需要备份的分区

(4)此时需要在弹出的对话框内选择源分区(即需要备份的分区)。在这里选择 Volume Lable(表卷)为 Win XP 的分区选项,并单击 OK 按钮,如图 6－21 所示。

(5)设置源分区后,还需要设置 GHOST 镜像文件(即备份文件)的文件名,以及保存位置。可在弹出对话框的 File name 文本框内输入镜像文件名,并单击 Look In 下三角按钮更改镜像文件的保存位置,完成后单击 Save 按钮。如图 6－22 所示。

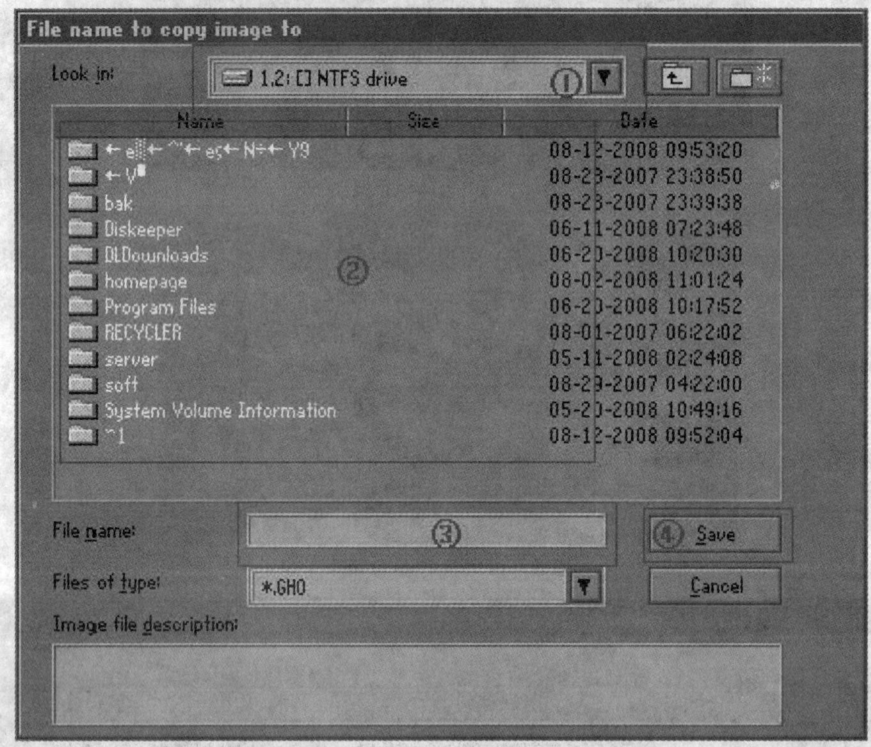

①为选择分区位置　　②为选择目录位置
③为输入备份后文件取名　　④取好备份后文件名

图 6－22　保存备份文件

(6)设置镜像文件后,GHOST 将弹出提示对话框,询问用户是否压缩镜像文件。在该提示对话框中,GHOST 提供了 3 种压缩模式。

NO(不压缩) 非压缩模式生成的镜像文件较大,但由于备份过程中不需要进行数据压缩,因此备份速度较快。

Fast(快速压缩) 快速压缩模式生成的镜像文件要小于非压缩模式下的镜像文件,但备份速度较慢。

High(高比例压缩) 高比例压缩模式能够生成最小的镜像文件,但由于备份时需要进行复杂的压缩运算,因此备份速度最慢。

在这里我们可以单击 Fast 按钮,选择快速压缩模式,如图 6－23 所示。

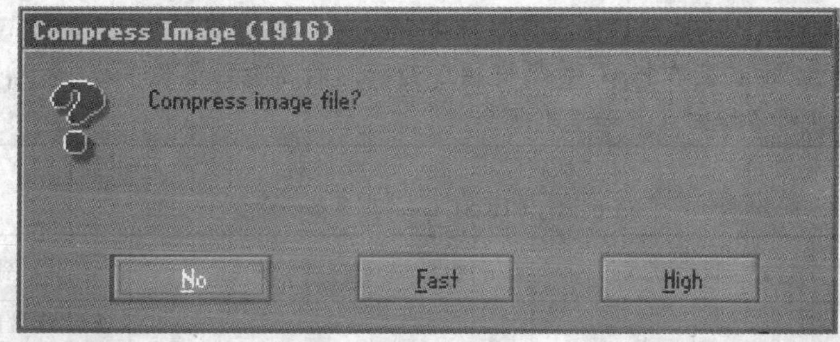

图 6-23　选择压缩模式

(7)在弹出的对话框中,GHOST 将会确认是否进行备份操作,直接单击 Yes 按钮即可,如图 6-24 所示。

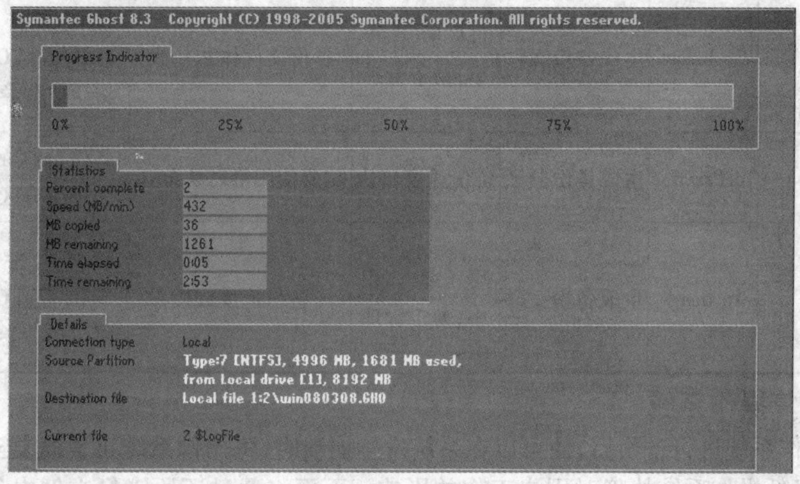

图 6-24　开始备份

(8)此时 GHOST 将开始备份 Windows XP 所在的系统分区,并制作 GHOST 镜像文件。

(9)备份完毕后,GHOST 将弹出提示对话框,单击 Continue 按钮即可完成此次备份操作,如图 6-25 所示。

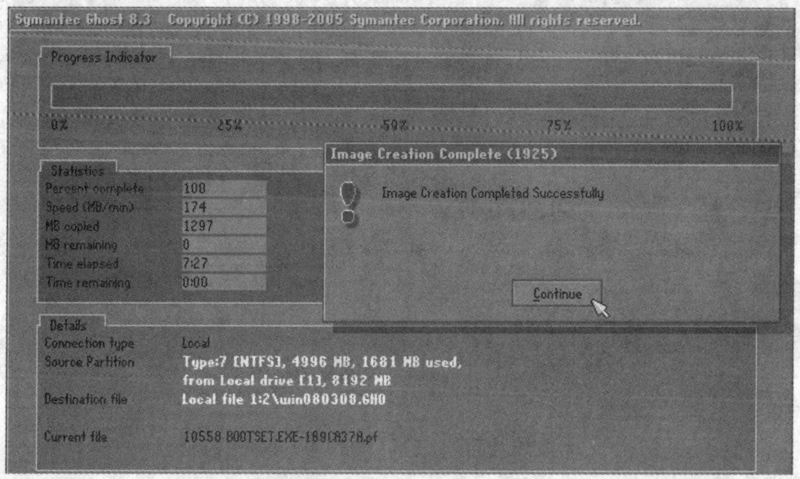

图 6-25　备份完成

小知识：在 Local 菜单中，GHOST 提供了两种不同类型的备份命令，并为它们分别提供了两种备份方式。如下表所示：

表 6-1 GHOST Local 菜单备份命令

备份对象类型		备份方式		优点	缺点	备注
Disk	磁盘	To Disk	生成备份磁盘	备份速度较快	需要使用第二块硬盘	备份磁盘的容量应不小于源磁盘（建议使用相同容量的磁盘进行备份）
		To Image	生成备份文件	可压缩，体积小，易于管理	备份文件体积较大	镜像文件不能超过 2GB，否则 GHOST 文件将生成分卷镜像文件
Partition	分区	To Partition	生成备份分区	备份速度较快	需要使用第二块分区	备份分区的容量应不小于源分区
		To Image	生成备份文件	可压缩，体积小，易于管理	备份速度较慢	镜像文件不能超过 2GB，否则 GHOST 文件将生成分卷镜像文件

6.4.2 恢复操作系统

当对操作系统进行备份后，便可以在系统发生崩溃时，将操作系统迅速恢复至备份前的状态，从而降低操作系统故障对用户工作的影响。下面将通过还原镜像文件内分区数据的操作，达到恢复 Windows XP 操作系统的目的，具体操作步骤如下：

(1)启动 GHOST 程序后，执行 Local—Partition—From Image 命令，开始进行从镜像文件进行恢复的操作，如图 6-26 所示。

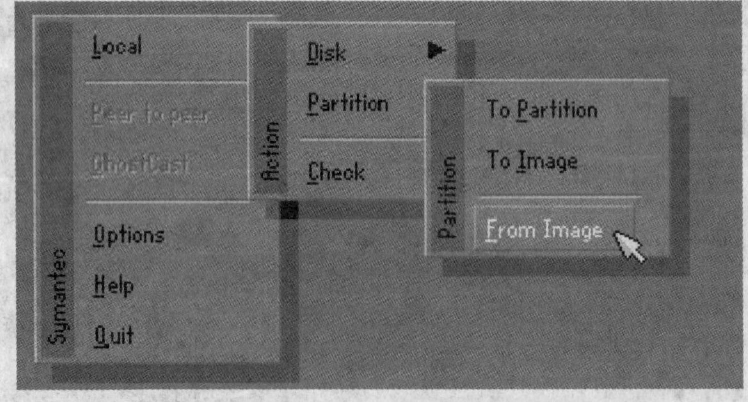

图 6-26 执行恢复命令

(2)在弹出的对话框内,单击 Look In 下三角按钮,打开 GHOST 镜像文件的保存位置,并选择镜像文件,如图 6-27 所示。

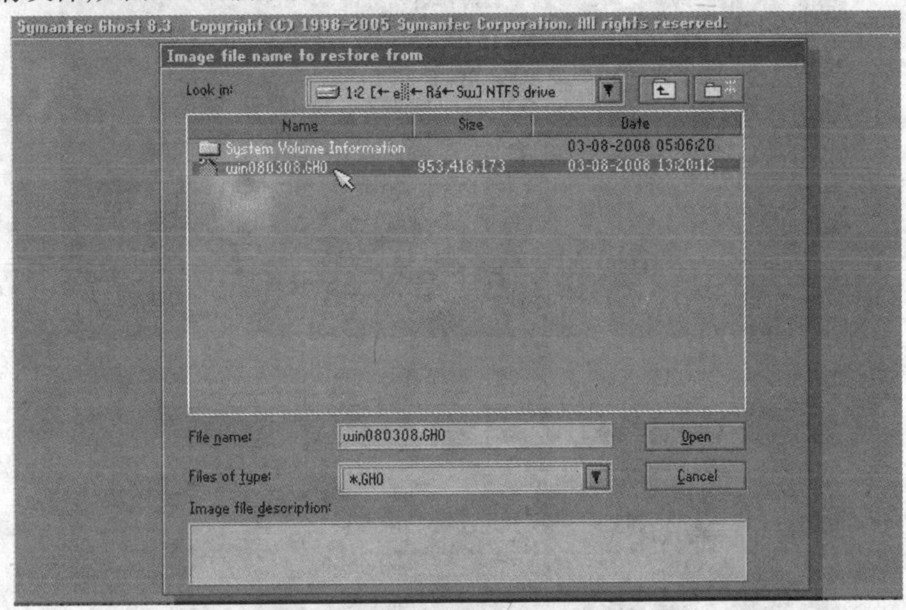

图 6-27　选择备份文件

(3)此时 GHOST 将在弹出的对话框内显示镜像文件的信息,包括系统文件、卷标以及分区容量等信息,如图 6-28 所示,在这里单击 OK 按钮即可。

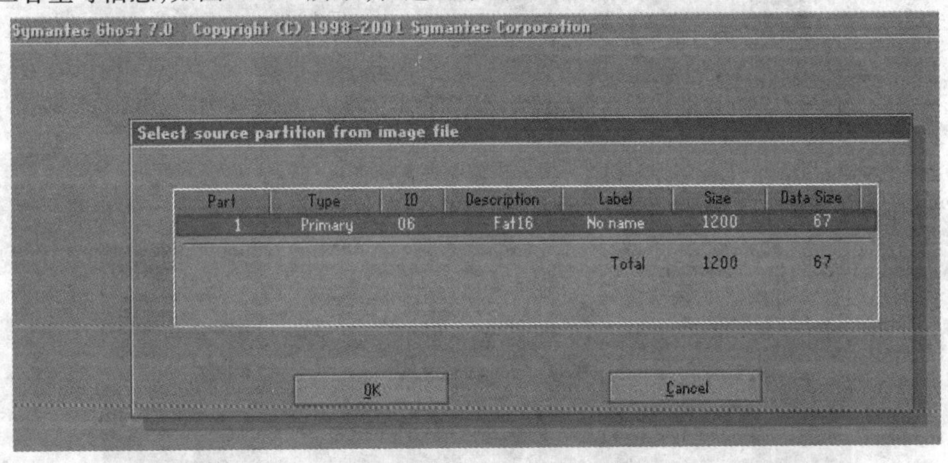

图 6-28　查看备份文件信息

(4)在弹出的对话框内,需要选择目标分区(即需要进行恢复的分区)所在的磁盘。由于当前计算机内只安装了一块硬盘,因此直接单击 OK 按钮即可,如图 6-29 所示。

(5)选择目标磁盘后,便需要选择目标分区。在弹出的对话框中,选择 Windows XP 所在的 NTFS 文件系统分区,并单击 OK 按钮,如图 6-30 所示。

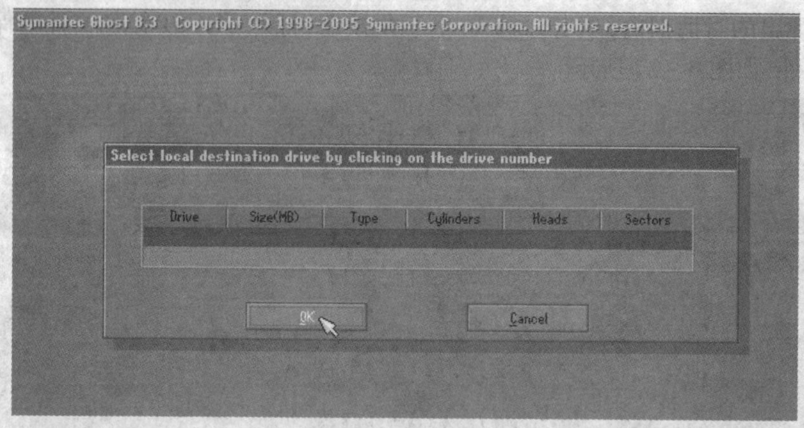

图 6－29　选择目标磁盘

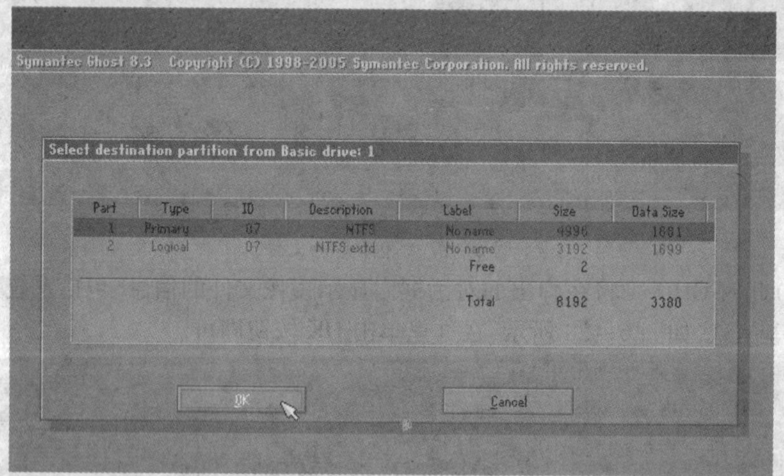

图 6－30　选择要恢复的分区

(6)在弹出的对话框中单击 Yes 按钮,即可开始恢复操作,如图 6－31 所示。

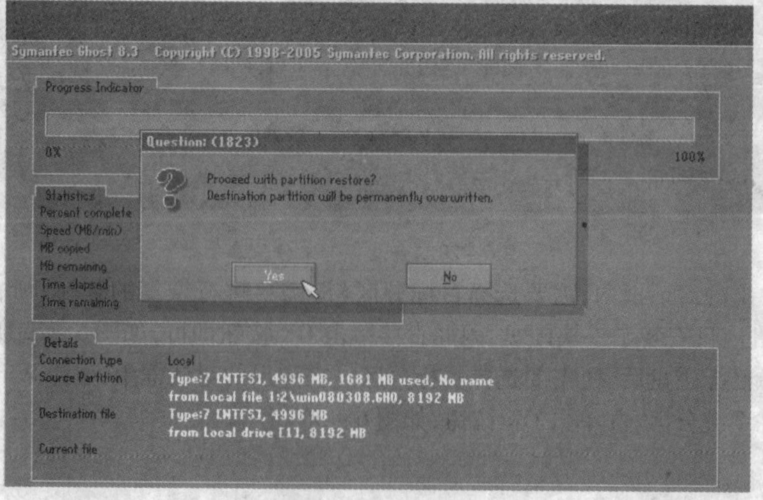

图 6－31　正在恢复

(7)恢复操作系统完成后,重新启动计算机即可。

1. **简答题**

(1)简述什么是驱动程序?

(2)简述可以通过哪些途径获取驱动程序。

(3)简述驱动程序的安装顺序。

2. **实践操作题**

在微机实验室的机子上演练安装系统软件的整个过程,并进行备份和恢复。

第7章

应用软件的使用与安装

应用软件是用户可以使用的各种程序设计语言,以及用各种程序设计语言编制的应用程序的集合,分为应用软件包和用户程序。应用软件包是为使用计算机解决某类问题而设计的程序的集合,是为满足用户不同领域、不同问题的应用需求而提供的软件,可供多用户使用。它可以拓宽计算机系统的应用领域,具有放大硬件的功能。因此,应用软件具有无限丰富和美好的开发前景。

本章主要介绍多媒体播放软件、杀毒软件及屏幕图像抓取软件等常用的应用软件的使用与安装。

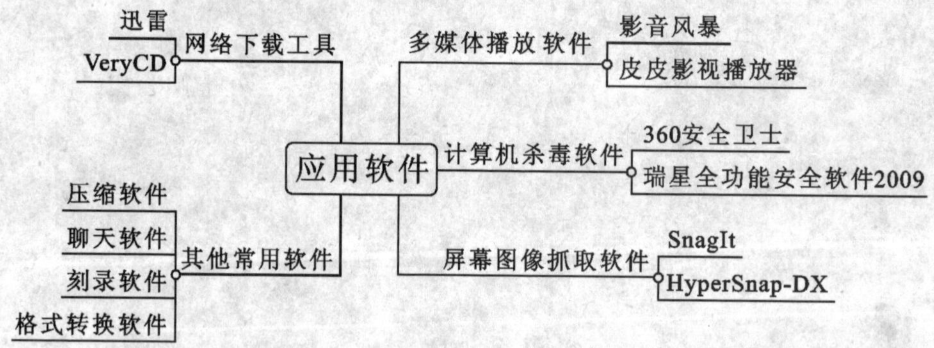

7.1 多媒体播放软件

随着大家观影要求的不断提高,视频播放器也在不断改进,"高清播放"就成了播放器领域的亮点之一,各种高清播放器陆续与大家见面,同时市场上也不断涌现出种种新生的优秀播放器软件。在此,我们为大家推荐几款多媒体播放软件。

7.1.1 影音风暴(MYMPC)

影音风暴(MYMPC)是一款全能媒体播放器,支持各类影音文件,包括 DVD Rip、Real、QuickTime、MPEG－2、MPEG－4 (DivX/XviD/3ivx、MP4、AVC/H264...)、Rat DVD、AC3/DTS、VP3/6/7、Indeo、XVD、Theora、OGG/OGM、Matroska、APE、FLAC、TTA、AAC、MPC、Voxware、3GP/AMR、TTL2、字幕等。配合最新版本的 Windows Media Player 可完成大多数流行影音文件、流媒体、影碟等的播放而无需其他专用软件。影音风暴(MYMPC)是一款纯绿色软件,不会给用户带来安装不必要的插件的烦恼。播放器界面如图 7－1 所示。

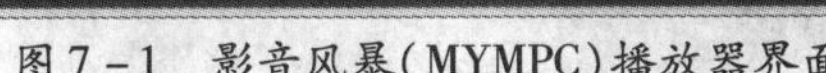
图 7-1　影音风暴(MYMPC)播放器界面

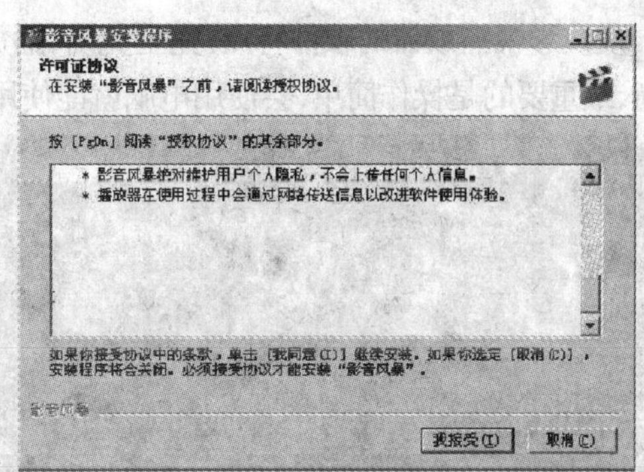

图 7-2　影音风暴(MYMPC)安装界面 1

影音风暴(MYMPC)的安装程序为标准的 Windows 程序安装模式，并为您提供了三种预设和一种自定义安装模式：

典型安装：适合大多数用户的形式，安装影音风暴(MYMPC)的全部组件和功能，具有不错的兼容性和实用性。

典型安装 2：不安装 Real Media 和 QuickTime 组件，其他同“标准安装”，适合喜欢官方播放器的用户。

最小化：适合没有编码制作和特殊媒体播放要求的用户，只安装最流行和常用的媒体的解码解决方案，占用较小的空间。

自定义：适合高级用户，您可以根据自己的需要选择安装或不安装任意组件。

我们可以在影音风暴的官方网站 http://www.mympc.com.cn/中下载该软件，下载成功后，我们将看到的图标，双击该图标，开始安装影音风暴软件，如图 7-2 所示，我们依次按照安装提示进行相应的操作。（如图 7-3、图 7-4 所示）

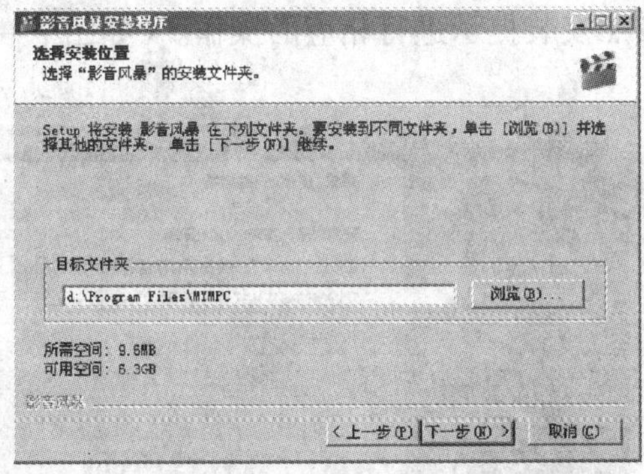

图 7-3　影音风暴(MYMPC)安装界面 2

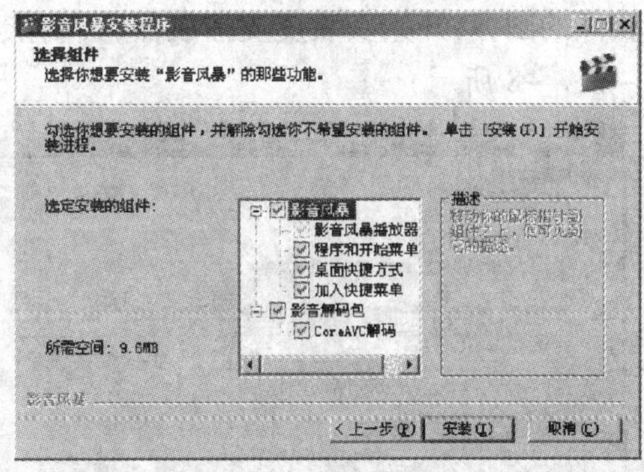

图 7-4　影音风暴(MYMPC)安装界面 3

提示： 应用程序都提供了一个安装程序（以 Setup 或 Install 字样标记），用户只要运行该程序，即可将应用软件安装在电脑中。

7.1.2　皮皮影视播放器

皮皮影视播放器采用国际领先的技术，支持大规模影视点播。Web2.0 架构更让人畅所欲言，享受当家做主的乐趣。皮皮高清影视，是全球互联网上最清晰流畅的在线影视播放平台。

皮皮影视播放器的软件特点：完全免费，播放流畅，P2P 传输，保护硬盘，内存直接读写，影片清晰，最重要的是操作简单，会使用电脑就能使用“皮皮”。（皮皮影视播放界面如图 7－5 所示）

图 7－5　皮皮影视播放器界面图

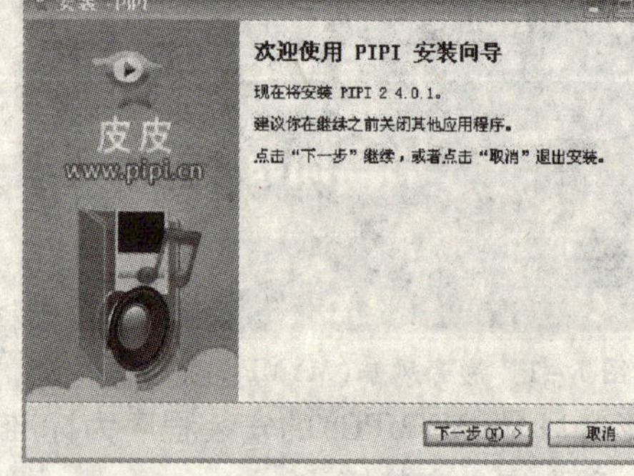

图 7－6　皮皮影视播放器安装界面 1

1. 呼出节目列表

用户将软件界面切换到“正在播放”面板，通常是看不到节目列表单的，不过用户只要将鼠标指针移动到软件界面的最右侧，则节目列表单就会自动弹出。

2. 更多节目检索

用户除了可以在软件中的节目列表单里检索或关键词搜索影片节目外，还可以将软件界面切换到“影视频道”面板，在那里可以进行更多、更丰富的影视节目检索。

3. 自动下载解码

对于用户点播影片时出现的少量特殊视频格式，如果用户当前系统中没有安装与之对应的视频解码器，则软件会自动感知，并且自动进行对应视频解码器的下载和安装。

我们可以从官方网站 http://www.ppfilm.tw.cn/中下载该软件，下载成功后，双击安装软件的图标，开始安装皮皮播放器，我们依次按照安装提示进行相应的操作。（如图 7－6、7－7、7－8 所示）

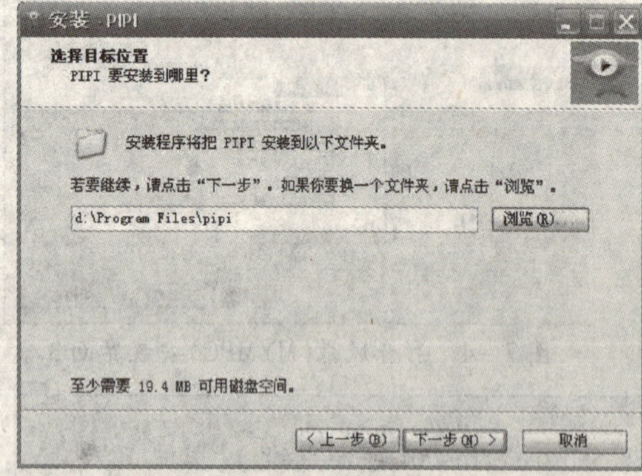

图 7－7　皮皮影视播放器安装界面 2

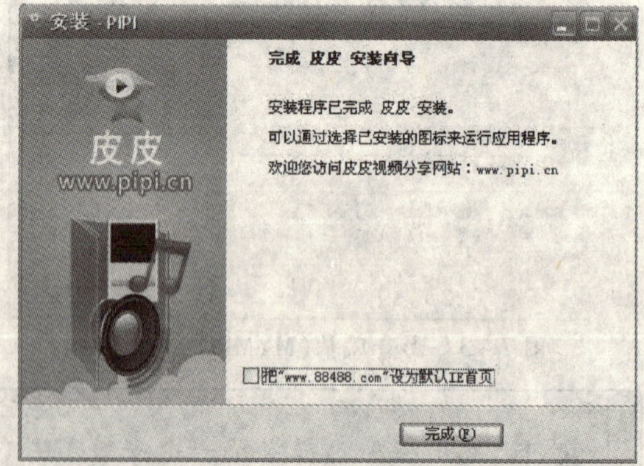

图 7－8　皮皮影视播放器安装界面 3

提示：若是安装光盘上的应用程序，通常将光盘放入光盘驱动器后系统会自动启动安装程序。此时用户只需根据提示选择需要的操作即可完成安装工作。

在如图7－5所示的皮皮影视播放器界面里，我们在右面的影片列表里选择所要观赏的视频，然后单击如图7－9所示的播放按钮，该影片就可以高清晰播放了；您还可以查看播放器中影片下载的情况：单击资源库按钮，我们将看到如图7－10所示下载界面图。

图7－9 皮皮影视播放器播放界面

图7－10 皮皮影视播放器下载界面

7.2 计算机杀毒软件

计算机病毒的防治与清除通常要借助于杀毒软件来进行。常用的杀毒软件有瑞星、360安全卫士、KV3000、Kill、VRV、AV95、PC－Cillin、Antivirus等等。现在的杀毒软件一般都具有实时监控功能，可以做到实时杀毒、防范未知病毒和建立防火墙。较为常用的有KV3000和瑞星杀毒软件。在这里主要介绍360安全卫士、瑞星杀毒软件的使用方法，其他杀毒软件的使用方法类似。

7.2.1 360安全卫士

360安全卫士是当前功能最强、效果最好、最受用户欢迎的上网必备安全软件。不但永久免费，还独家提供多款著名杀毒软件的免费版。由于使用方便，用户口碑好，目前3亿中国网民中，首选安装360的已超过2亿。

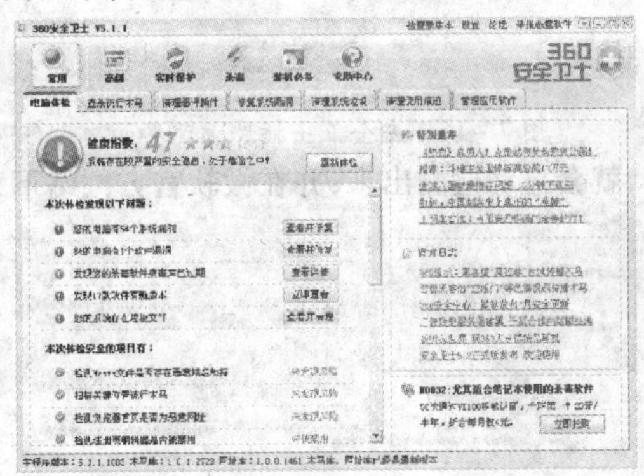

图7－11 安全卫士界面图

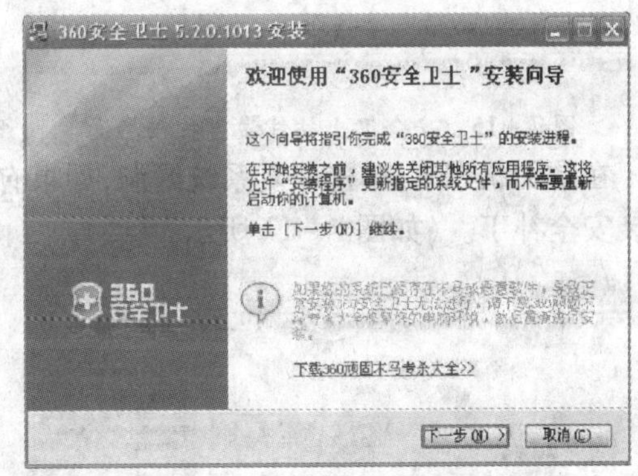

图7－12 安全卫士安装界面1

360安全卫士拥有木马查杀、恶意软件清理、漏洞补丁修复、电脑全面体检等多种功能。目前木马威胁之大已远超病毒，360安全卫士运用云安全技术，在杀木马、防盗号、保护网银和游戏的帐号密码安全、防止电脑变肉鸡等方面表现出色，被誉为“防范木马的第一选择”。此外，360安全卫士自身非常轻巧，同时还具备开机加速、垃圾清理等多种系统优化功能，可以大大加快电脑运行速度，内含的360软件管家还可以帮助用户轻松下载、升级和强力卸载各种应用软件。

我们可以从官方网站 http://www.360.cn/中下载该软件，下载成功后，双击安装软件的图标，开始安装 360 安全卫士，我们依次按照安装提示进行相应的操作。(如图 7－12、7－13、7－14 所示)

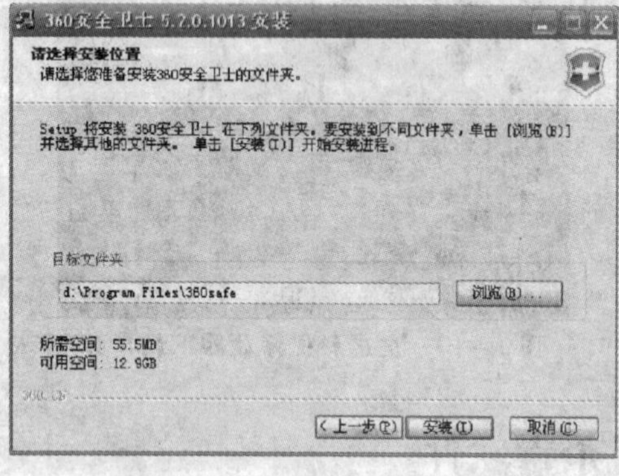

图 7－13　安全卫士安装界面 2

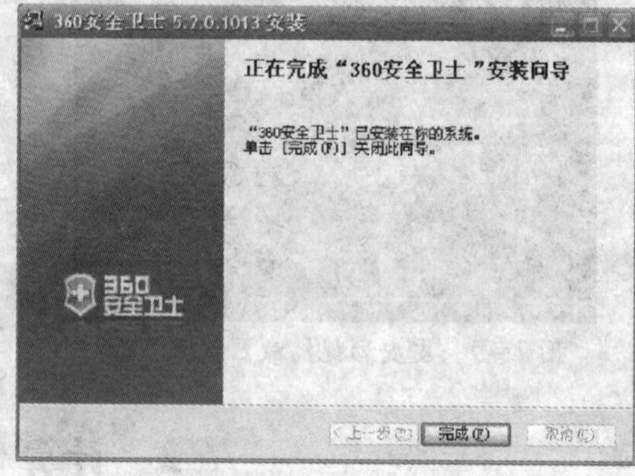

图 7－14　安全卫士安装界面 3

在常用状态下，单击“插件管理”，待升级或更换数据库后，单击“开始扫描”，扫描完成后，将不需要的插件选中，单击“立即清理”。(如图 7－15、7－16 所示)

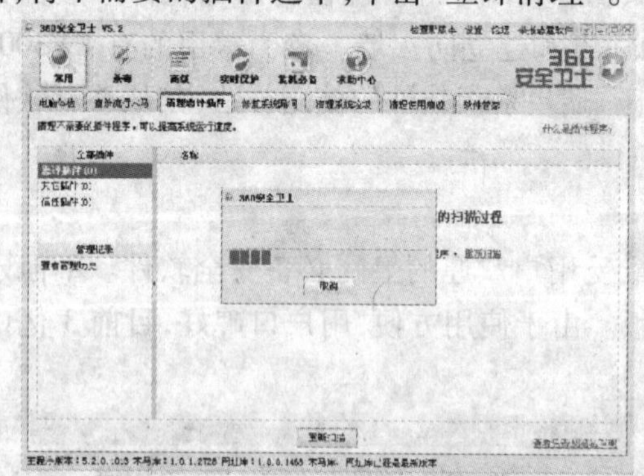

图 7－15　安全卫士插件管理扫描界面

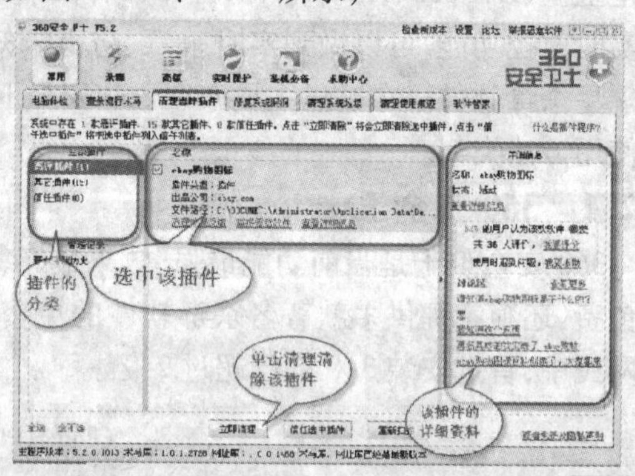

图 7－16　安全卫士插件管理界面

在常用状态下，单击修复系统漏洞，如果有，就会自动检测出来，并在微软官方网站下载安装安全补丁。(如图 7－17 所示)

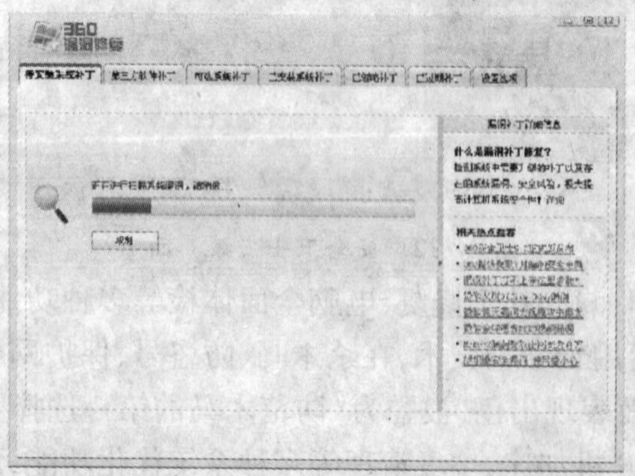

图 7－17　安全卫士修复系统界面

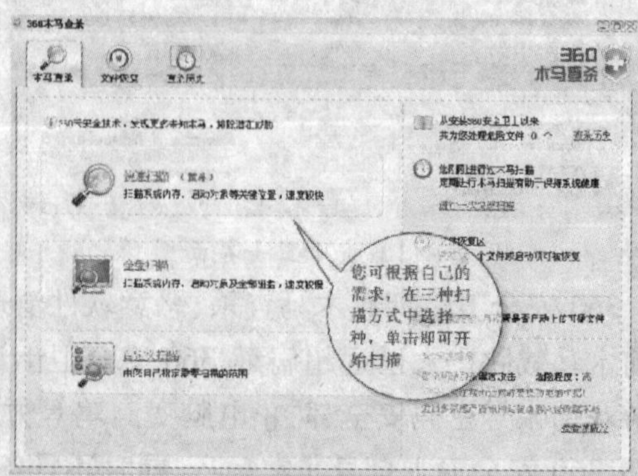

图 7－18　安全卫士查杀木马界面

单击“木马查杀”，然后单击“开始扫描”，当发现有木马时，全部选中，单击立即清除。(如图 7－18 所示)

单击“高级”选项，选择 IE 修复，可以进行修复 IE 浏览器，在浏览器被劫持或无法正常使用时应用此选项，如图 7－19 所示。

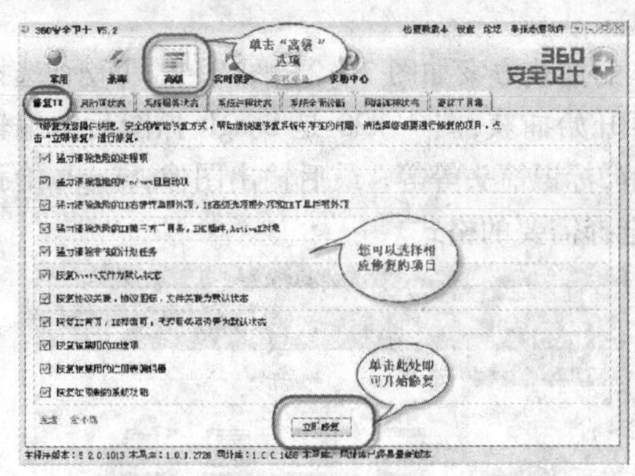

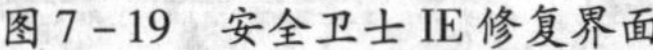
图 7－19　安全卫士 IE 修复界面

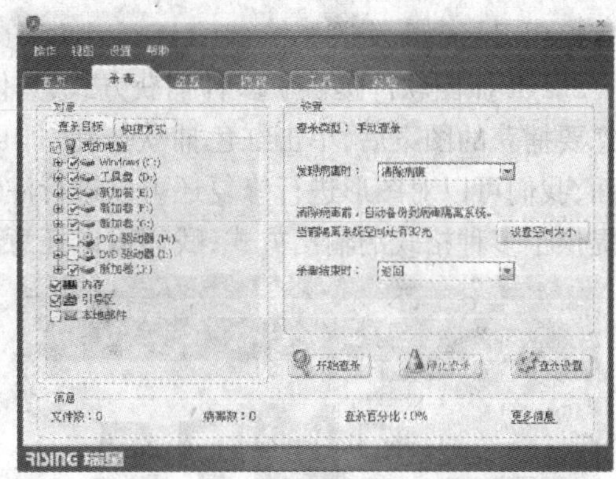
图 7－20　瑞星全功能 2009 界面

7.2.2　瑞星全功能安全软件 2009

瑞星全功能安全软件 2009 是基于“云安全”策略和“智能主动防御”技术开发的新一代互联网安全产品。杀毒软件与防火墙的无缝集成、整体联动，集“拦截、防御、查杀、保护”四重防护功能于一身，极大地降低了 CPU 资源的占用率。图 7－20 所示为瑞星全功能安全软件 2009 的界面。

由 8000 万用户组成的“云安全”网络第一时间截获、查杀木马病毒和挂马网站，将病毒阻挡在电脑之外，斩断木马病毒传播通道。

木马入侵拦截——网站拦截(杀毒软件)：通过对恶意网页行为的监控，阻止木马病毒通过网站入侵用户电脑，将木马病毒威胁拦截在电脑之外。

网络攻击拦截(个人防火墙)：入侵检测规则库随时更新，拦截来自互联网的黑客、病毒攻击(包括木马攻击、后门攻击、远程溢出攻击、浏览器攻击、僵尸网络攻击等)。

木马入侵拦截——U 盘拦截(杀毒软件)：通过对木马病毒传播行为的分析，阻止其通过 U 盘、光盘等入侵用户电脑，阻断其利用存储介质传播的通道。

恶意网址拦截(个人防火墙)：依托瑞星“云安全”计划，每日及时更新恶意网址库，阻断网页木马、钓鱼网站等对电脑的侵害。

木马行为防御(杀毒软件)：通过对木马等病毒的行为分析，智能监控未知木马等病毒，抢先阻止其偷窃和破坏行为。

出站攻击防御(个人防火墙)：阻止电脑被黑客操纵，变为攻击互联网的“肉鸡”，保护带宽和系统资源不被恶意占用，避免成为“僵尸网络”成员。

7.3　屏幕图像抓取软件

7.3.1　SnagIt 抓图软件

SnagIt 是一款非常优秀的屏幕、文本和视频捕获与转换软件。可以捕获屏幕、窗口、客户区窗口、最后一个激活的窗口或用鼠标定义的区域。图像可被存为 BMP、PCX、TIF、GIF 或 JPEG 格式,也可以存为系列动画。使用 JPEG 可以指定所需的压缩级(从 1% 到 99%)。可以选择是否包括光标,另外还具有自动缩放,颜色减少,单色转换,抖动,以及转换为灰度级。此外,保存屏幕捕获的图像时,也可以选择自动将其送至打印机或 Windows 剪贴板中,也可以直接用 E - mail 发送。

SnagIt 抓图软件提供了多种捕获方式,具体的捕获方案如图 7 - 21、图 7 - 22 所示;选择好您要捕获的图案后,单击红色捕获按钮,即可开始捕获;图 7 - 23 是 SnagIt 抓图后的编辑界面,我们可以对图形进行修复还可以进行注解,标识箭头等等。最后输出图像,SnagIt 给我们提供了多种格式的输出方式,我们可以任意选择需要的格式。

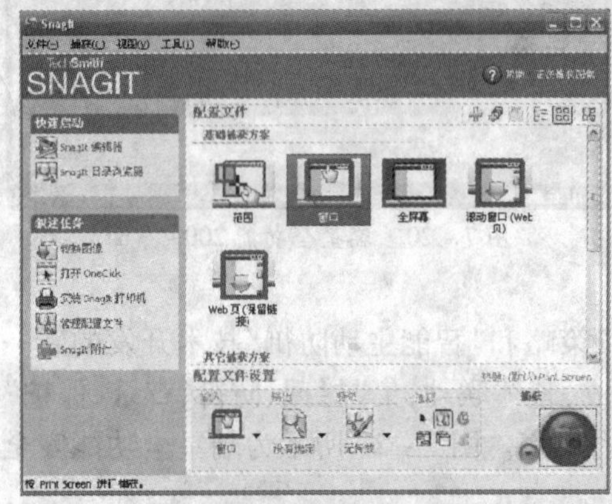

图 7 - 21　SnagIt 操作界面 1

图 7 - 22　SnagIt 操作界面 2

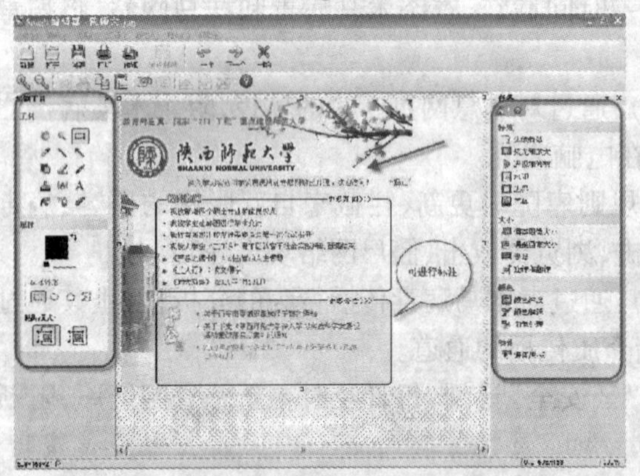

图 7 - 23　SnagIt 抓图界面

图 7 - 24　HyperSnap - DX 操作界面

7.3.2　HyperSnap - DX 抓图软件

HyperSnap - DX 也是一款优秀的专用抓图软件,它可以实现图像文件格式的相互转换,可以对图像进行简单的编辑处理,使用 HyperSnap - DX 软件的热键和自动定时器功能可以抓取一个桌面、高亮窗口或任何区域,甚至能够抓取带鼠标箭头的图像。HyperSnap - DX 提供了三种基本类型的屏幕捕捉功能:全屏捕捉、窗口捕捉和区域捕捉。图 7 - 24 为 Hypersnap - DX 的操作界面。

对抓取的图像可以进行加工处理,如剪裁、更改分辨率、比例缩放、镜像、旋转等操作,这些工作可以由“图像”菜单中的相关命令来完成。

7.4 网络下载工具

7.4.1 迅雷

迅雷是一款新型的基于多资源超线程技术的下载软件,作为“宽带时期的下载工具”,迅雷针对宽带用户做了特别的优化,能够充分利用宽带上网的特点,带给用户高速下载的全新体验。同时,迅雷推出了“智能下载”的全新理念,通过丰富的智能提示和帮助,让用户真正享受到下载的乐趣。图 7-25 为迅雷操作界面。

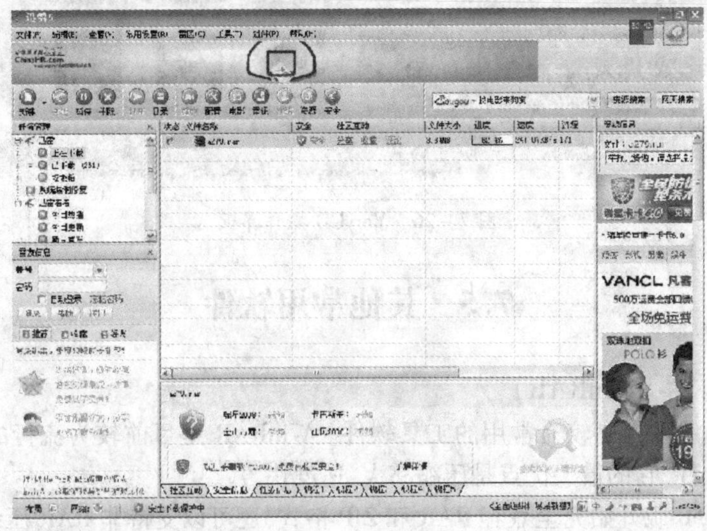

图 7-25 迅雷操作界面

迅雷使用的多资源超线程技术基于网格原理,能够将网络上存在的服务器和计算机资源进行有效的整合,构成独特的迅雷网络,通过迅雷网络各种数据文件能够以最快的速度进行传递。多资源超线程技术还具有互联网下载负载均衡功能,在不降低用户体验的前提下,迅雷网络可以对服务器资源进行均衡,有效降低了服务器负载。

7.4.2 VeryCD

电驴是一个完全免费且开放源代码的 P2P 资源下载和分享软件,利用电驴可以将全世界所有的计算机和服务器整合成一个巨大的资源分享网络。用户既可以在这个电驴网络中搜索到海量的优秀资源,又可以从网络中的多点同时下载需要的文件,以达到最佳的下载速度,用户也可使用电驴快速上传分享文件,达到最优的上传速度和资源发布效率。

VeryCD 电驴(easyMule)是在 eMule 的基础上全新开发的新版本,具有更快的下载和上传速度,更简便的操作界面,以及更多新增的人性化功能,这一切都是免费的。图 7-26 为 VeryCD 的操作界面。

图 7 - 26　VeryCD 操作界面

7.5　其他常用软件

7.5.1　压缩软件(WinRAR)

压缩与解压缩软件是较为常用的工具软件。WinRAR 是目前较为流行的基于 Windows 系统的解压缩软件,它的最大优点是压缩率大、速度快。

WinRAR 2.50 版开始完全兼容 RAR 和 ZIP 格式,还可以支持非 RAR 压缩文件。

1. 压缩

进行文件压缩的一般操作方法是:

(1)单击“开始”菜单中的“程序”菜单项,在级联菜单中选中“WinRAR”命令。

(2)若在桌面上有 WinRAR 快捷图标,鼠标双击它,打开“WinRAR”主窗口。

(3)启动 Windows 中的“资源管理器”或“我的电脑”,找到并选定需要进行压缩的一个或多个文件(文件夹)。

2. 解压缩

当需要将压缩的文件还原时,需要进行解压缩。通常解压缩文件的方法有两种:

(1)启动 WinRAR 主窗口,在地址栏列表框中输入或选择路径,找到并选中压缩文件(扩展名为. rar 或文件图标为),然后单击“命令”菜单中的“解压到指定文件夹”命令或单击工具栏上的“解压到”按钮,打开“解压路径和选项”对话框,给出解压缩的目标文件夹,设置相应的解压缩参数,单击“确定”按钮,即可对选定的压缩文件进行解压缩。

(2)打开 Windows 中“我的电脑”或“资源管理器”,找到需要解压缩的压缩文件,击右键选择“解压文件”或“解压到当前文件夹”均可实现解压文件。如选择“解压文件”还可将文件解压到指定位置。

3. 生成自解压文件

将需要压缩的文件制作成自解压文件后,可以脱离 WinRAR 软件环境自行解压缩来还原文件。

7.5.2　聊天软件(腾讯 QQ)

腾讯 QQ 是由深圳市腾讯计算机系统有限公司开发的一款基于 Internet 的即时通信(IM)软件,功能非常齐全。我们可以使用 QQ 和好友进行交流,即时信息收发、视频聊天、与手机聊天、BP 机网上寻呼、聊天室、点对点断点续传传输文件、共享文件、QQ 邮箱、备忘录、网络收藏夹、发送贺卡等。QQ 不仅仅是简单的即时通信软件,它还与全国多家寻呼台、移动通信公司合作,实现传统的无线寻呼网、GSM 移动电话的短消息互联,是国内最为流行功能最强的即时通信(IM)软件之一。图 7－27 为 QQ 的操作界面。

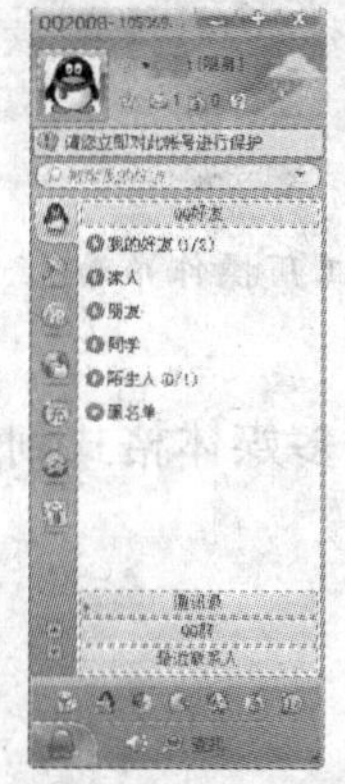

图 7－27　腾讯 QQ 操作界面

图 7－28　Nero StartSmart 操作界面

7.5.3　刻录软件(Nero Burning Rom)

Nero 是 Ahead 公司出品的"老字号"刻录软件,支持的刻录机和刻录种类繁多,并支持多国语言。除了齐全的刻录功能外,软件还集成了音频转换、数据备份、音频编辑、虚拟光驱、光盘封面制作、DVD 盘的刻录等功能,这些功能使得用户在操作使用软件的过程中更加得心应手,使用 Nero 可让您以轻松快速的方式制作您专属的 CD 和 DVD。不论您所要刻录的是资料 CD、音乐 CD、Video CD、Super Video CD、DDCD 或 DVD,所有的刻录程序都是一样的。(如图 7－28 所示界面)

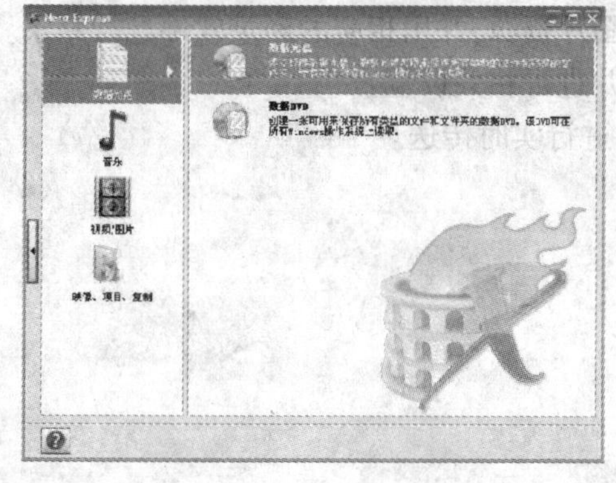

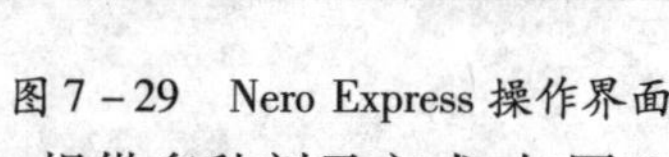

图 7－29　Nero Express 操作界面

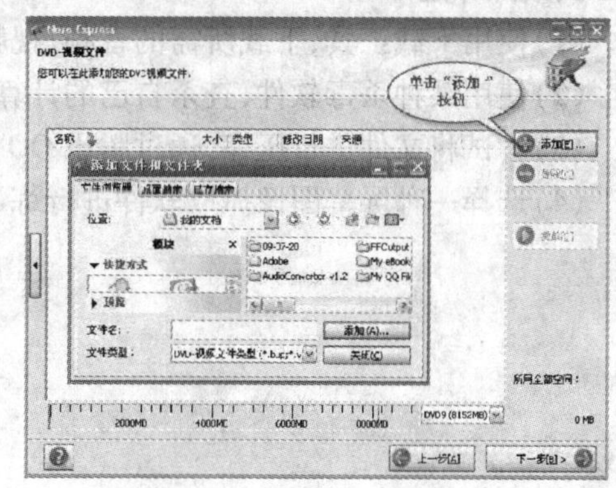

图 7－30　选择刻录文件

Nero 提供多种刻录方式,如图 7－29 所示,我们可以选择相应的格式进行刻录,选择好刻录方式后,我们进入到如图 7－30 所示的界面,单击"添加"按钮,选择我们的视音频资料。

按照提示方式进行相应刻录。

在 Nero 里我们还可以完成视屏的编辑，如图 7－31 所示的 Nero Vision 操作界面，我们选择相应的编辑方式，为您的影片着色。

图 7－31　Nero Vision 操作界面

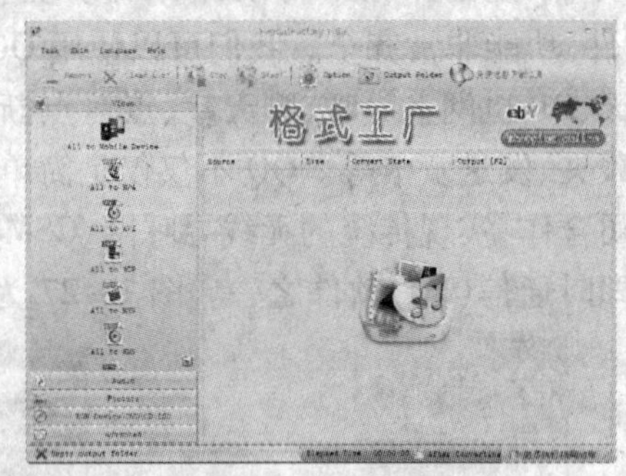

图 7－32　格式工厂操作界面

7.5.4　多媒体格式转换软件(格式工厂)

格式工厂是套万能的多媒体格式转换软件，支持几乎所有类型多媒体格式到常用的几种格式：

所有类型视频转到 MP4/3GP/MPG/AVI/WMV/FLV/SWF；

所有类型音频转到 MP3/WMA/MMF/AMR/OGG/M4A/WAV；

所有类型图片转到 JPG/BMP/PNG/TIF/ICO/...

转换过程中可以修复某些损坏的视频文件，还可以抓取 DVD 到视频文件，抓取音乐 CD 到音频文件。MP4 文件支持 iPod/iPhone/PSP/黑莓等指定格式，并且源文件支持 RMVB。(界面如图 7－32 所示)

实践操作题

(1)使用下载工具，下载所需的音频、视频或图片资源，并用相应的刻录软件进行刻录。

(2)使用某种杀毒软件，查杀自己的计算机，并进行相关设置。

(3)尝试将文件进行压缩，通过腾讯 QQ 软件进行实时传送。

(4)选择一种屏幕图像抓取软件进行练习。

第8章

常用外设的使用与维护

科技的发展时刻影响着我们的生活，同时也使我们的工作变得更加轻松。计算机在普及的同时也带动了周边设备的发展。如今，打印机、扫描仪、数码相机、摄像头和投影仪等设备已是随处可见。本章将为您介绍计算机常用的外部设备，及其使用与维护。

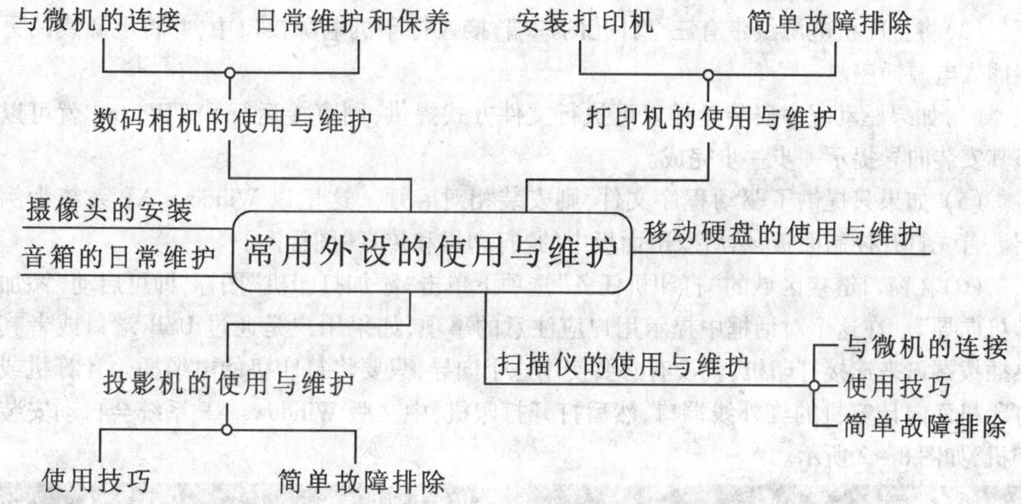

8.1 打印机的使用与维护

打印机是微机中重要的输出设备之一。按照其打印原理的不同，可将其分为针式打印机、喷墨打印机和激光打印机3种。

针式打印机一般是使用打印针头，通过打点的方式，透过色带敲在纸上，主要用于打印多联的票据，打印时声音特别大，速度也慢。

喷墨打印机是在针式打印机之后发展起来的，采用非打击的工作方式。比较突出的优点有体积小、操作简单方便、打印噪音低，使用专用纸张时可以打印出和照片相媲美的图片等，但耗材用的墨盒价格较贵且速度一般。

激光打印机的工作原理是：当计算机通过电缆向打印机发送数据时，打印机首先将接收到的数据暂存在缓存中，当接收到一段完整的数据后，再发送给打印机的处理器，处理器将这些数据组织成可以驱动打印机引擎动作的脉冲信号。它以其成熟的技术、极高的可靠性、快速安全的打印方式，可以实现各种打印技术中最高打印机速度和分辨率的特点，成为办公自动化系统和桌面印刷系统的主要设备。以 HP LaserJet 1022 为例,它的外观结构如图 8－1 所示。

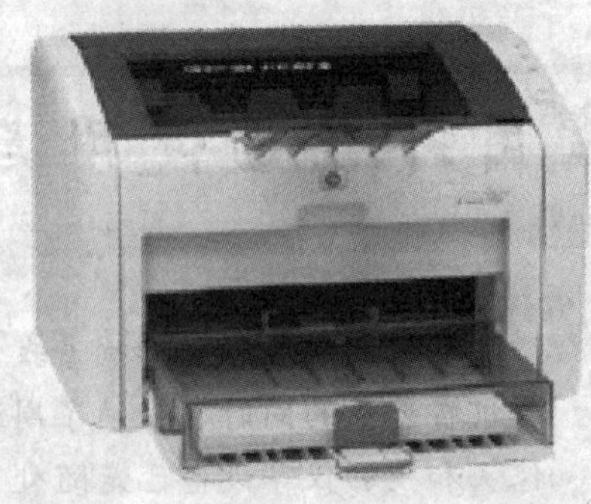
图 8－1 HP LaserJet 1022

8.1.1 安装打印机

常见的打印机接口有并行接口和 USB 接口,其中 USB 接口的打印机连接较方便,在企事业单位中被广泛使用。下面介绍 USB 接口打印机的安装方法。

(1)取出用于连接打印机和计算机的 USB 数据线,将 Mini－USB 端接入打印机的 USB 接口中。

(2)将 USB 数据线的另一端接入计算机 USB 接口中。

(3)将打印机电源线带有三个针孔的一端,接入打印机电源接口中,并将电源线的另一端插入电源插座。

(4)如果驱动程序安装盘是以可执行文件方式提供,则直接运行 SETUP. exe 就可以按照其安装向导提示一步一步完成。

(5) 如果只提供了驱动程序文件,则安装相对麻烦。这里以 Windows XP 系统为例介绍。首先打开控制面板,然后双击面板中的“打印机和传真”图标。

(6)在窗口链接区域的“打印机任务”选项下单击“添加打印机”图标,即可启动“添加打印机向导”。在这个对话框中提示用户应注意的事项,如果用户是通过 USB 端口或者其他热插拔端口来连接打印机,就没有必要使用这个向导,只要将打印机的电缆插入计算机或将打印机面向计算机的红外线端口,然后打开打印机,中文版 Windows XP 系统会自动安装打印机,如图 8－2 所示。

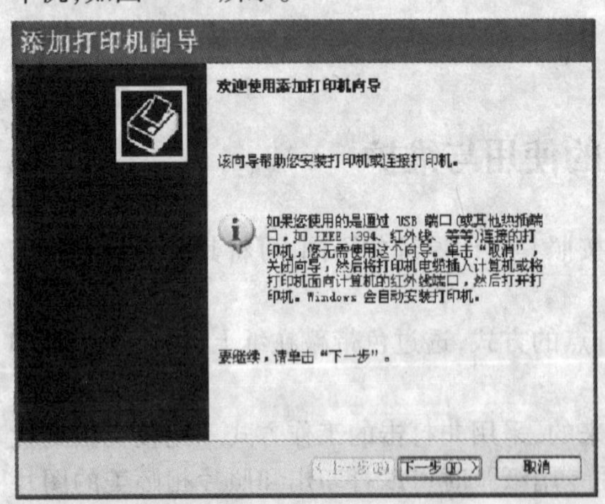

图 8－2 “欢迎使用添加打印机向导”对话框

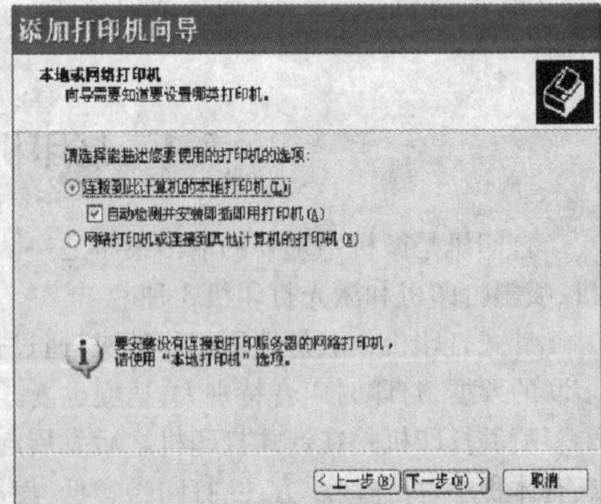

图 8－3 “本地或网络打印机”对话框

(7)单击“下一步”按钮,打开“本地或网络打印机”对话框,用户可以选择安装本地或者是网络打印机,在这里选择“连接到这台计算机的木地打印机”单选项,如图 8－3 所示。

(8)当选择“自动检测并安装我的即插即用打印机”复选框时,在随后会出现“新打印机检测”对话框,添加打印机向导自动检测并安装新的即插即用的打印机,当搜索结束后,会提示用户检测的结果，如果用户要手动安装，单击“下一步”按钮继续。

(9)这时向导打开“选择打印机端口”对话框，要求用户选择所安装的打印机使用的端口，在“使用以下端口”下拉列表框中提供了多种端口，系统推荐的打印机端口是 LPT1，大多数的计算机也是使用 LPT1 端口与本地计算机通讯，如果用户使用的端口不在列表中，可以选择“创建新端口”选项来创建新的通讯端口，如图 8 -4 所示。

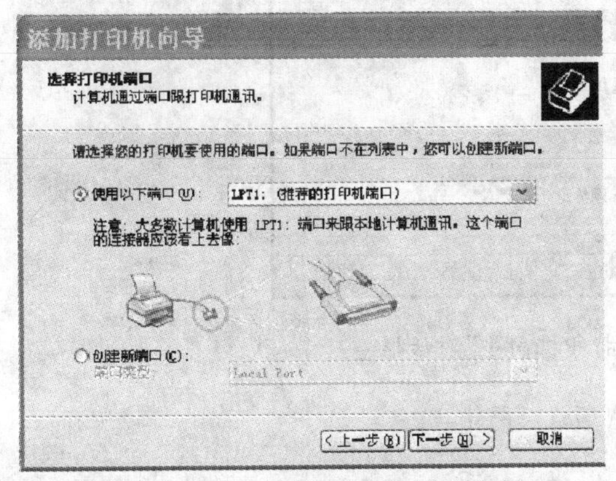

图 8 -4　“选择打印机端口”对话框

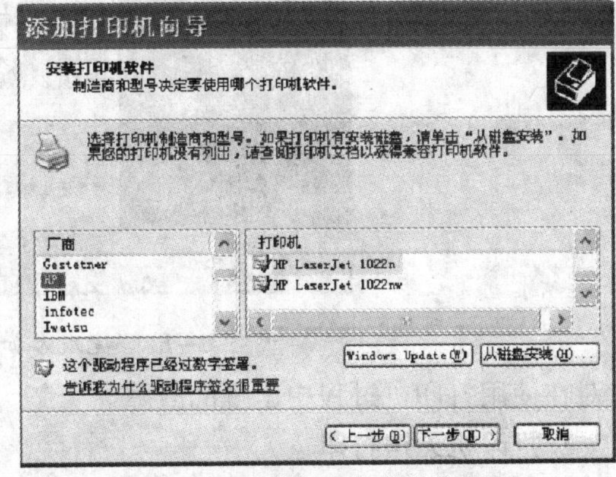

图 8 -5　“安装打印机软件”对话框

(10)单击下一步，弹出询问打印机类型的窗口，如图 8 -5 所示。

(11)如果能在左右列表中找到对应厂家和型号，则直接选中然后单击“下一步”按钮；如果没有则需要我们提供驱动程序位置，单击从磁盘安装，然后在弹出的对话框中选择驱动程序所在位置，比如光盘等，找到正确位置后单击打开(如果提供位置不正确，点击打开后将没有相应，暗示你重新选择)，系统将开始安装，然后系统提示你给正在安装的打印机起个名字，并询问是否作为默认打印机，如图 8 -6 所示。

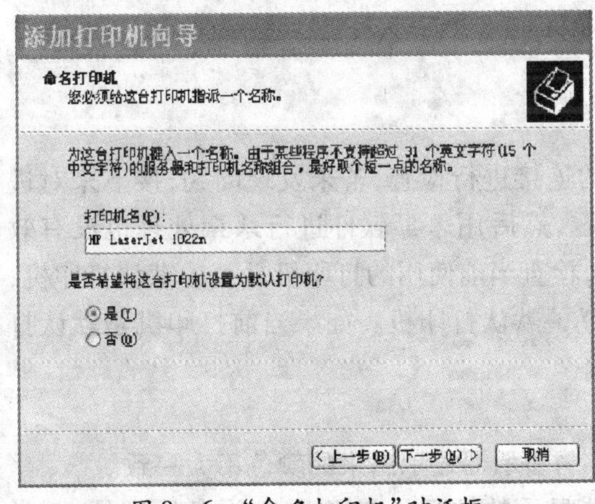

图 8 -6　“命名打印机”对话框

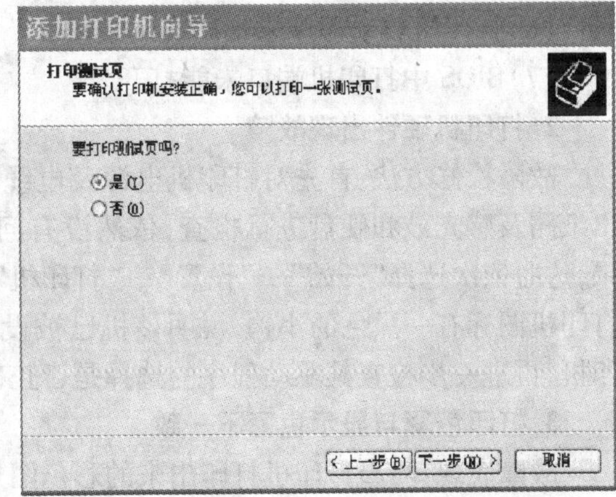

图 8 -7　“打印测试页”对话框

(12)选择后单击下一步。然后出现窗口，询问是否打印测试页，如图 8 -7 所示。一般新装的打印机都要测试。

(13)选择后单击下一步，最后单击确定，完成整个安装过程，如图 8 -8 所示。

8.1.2　打印机的简单故障排除

将打印机与计算机连接好后，在使用过程中可能会遇到如下问题，下面我们来介绍如何

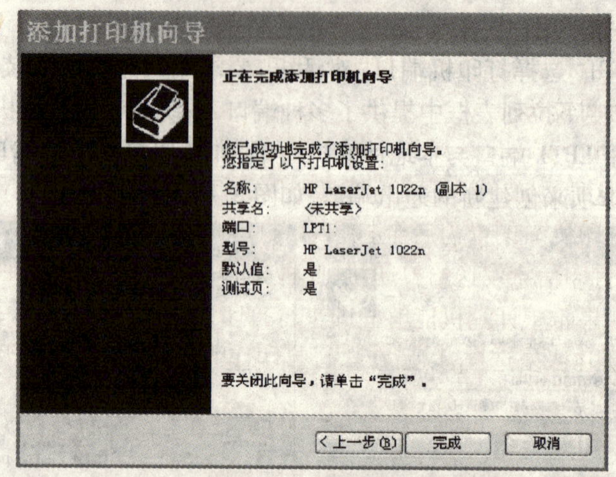

图 8-8 "完成添加打印机向导"对话框

应对在使用打印机过程中出现的故障。

1. 打印机无法打印

故障现象：HP LaserJet 1022 型激光打印机开机后没有反应或无法打印。

故障分析：引起此故障的可能原因有以下几种：

(1)打印机电源没有接通，打印机电源开关未打开，打印机数据电缆的连接不正确。

(2)打印机进纸盒中没有纸，打印机内有卡纸，感光鼓组件有问题。

(3)应用程序有问题或存在病毒。

(4)硬盘剩余空间过小导致打印机不能打印，或未将当前打印机设置为默认打印机。

(5)当前打印机已被设置为暂停打印。

(6)打印机驱动程序未正确安装或损坏。

(7)BIOS 中打印机端口未能打开。

2. 打印机硬件出现故障

故障检修方法：首先对打印机电源及电缆的连接进行检查，若未发现问题，接下来对进出纸路及感光鼓和硬盘进行检查，依然没有问题，然后用杀毒软件进行杀毒处理也没有效果，这时依次选择"开始"→"设置"→"打印机"，检查当前使用的打印机是否为默认打印机，打印机图标有一黑色的小钩，说明该机已被设置了默认打印机。如果当前打印机是默认打印机，再进一步检查其驱动程序的选择是否正确。

3. 打印色彩与显示色彩不一致

故障表现：喷墨打印机打印出来的彩色图片与显示器显示出来的颜色不大一致。

解决方法：产生该故障的原因是由于显示器显示的颜色是基于 RGB 混色原理的，而彩色打印机是基于 CMYK 减色原理。由于色彩原理的差异导致二者打印出来的图像颜色不一致。

4. 共享打印机经常阻塞而死机

故障表现：局域网中的一台共享打印机经常出现打印文件阻塞而造成死机的现象。

解决方法：先关掉打印机电源，等一段时间后再接通电源，重新启动与共享打印机直接连接的计算机。计算机在退出系统前会检测打印机的状态，如还有未完成的打印任务则会提示继续打印还是取消打印，选择取消打印后即可清空打印机的缓冲。

5. 等待打印的时间较长

故障表现：打印机在 Windows 操作系统下进行打印作业时需要较长时间才能进行。

解决方法：出现这种故障一般是因为将打印机的打印方式设置为后台打印，而不是将打印作业直接发送到打印机。设置为后台打印时，打印机需要将打印信息写到硬盘的临时文件夹中，然后再将此打印信息发送给打印机，此种打印方式允许计算机在打印文档的同时执行其他应用程序。如果希望计算机能够立即进行打印，可在打印机设置中取消后台打印，并选中“直接打印到打印机”复选框，以后在执行打印作业时，将直接把打印信息发送给打印机并进行打印。

6. 激光打印机打印时卡纸

故障表现：激光打印机在打印时经常发生卡纸现象。

解决方法：出现这种故障一般是进纸通道和纸张质量方面的问题。解决方法是先关闭打印机电源，打开打印机盖子，按进纸方向取下被卡住的纸张。再检查进纸通道，很可能是取纸辊磨损或弹簧松脱，压力不够造成的卡纸，最好将其更换。另外，纸张质量不好，过薄、过厚、受潮，都有可能造成卡纸的故障。

7. 因病毒破坏导致打印机无法使用

故障表现：在使用 word 软件进行打印时，系统会自动提示打印端口被其他程序占用。

解决方法：出现这种状况一般是由病毒引起的，解决方法是在计算机上安装杀毒软件，并将杀毒软件升级至最新版后进行全面杀毒。

8.2　投影机的使用与维护

随着信息时代的到来，高亮度投影机在多媒体演示和教学环境中起着越来越重要的作用。投影机是一种比较新颖、娇贵的电子商品，因此，使用者多了解一些关于投影机的使用技巧和维护知识对提高投影机的演示效果，延长投影机的使用寿命将有一定的帮助。

8.2.1　投影机的使用技巧

1. 周围环境

关掉正对投影屏幕的灯光。如果投影屏幕对窗，应该拉上窗帘。因为屏幕通常是白色，外部光线直接照射到屏幕上会造成观众视觉不适应。最关键的是，这会造成投影亮度相对不够，影像不清晰。不要把投影机与电脑的插头插在同一个电源插座上。这样可防止由于电脑信号源和投影机电源共同接地造成的影像不稳定以及条纹现象。

2. 电源连接

投影机与计算机的连线完成以后先打开投影机，后打开计算机电源。这样可以有充分时间检查连接是否出错。如果计算机的启动信息没有出现在屏幕上，抓紧时间检查，比如投影机镜头盖是否去掉了，与计算机相连的视频接口是否插紧等。

3. 投影机的开、关按顺序操作

投影机的使用方法并不复杂，但它的开关一定要按照严格的程序操作。开机：打开电源开关,再打开投影机开关或遥控器的电源(有预热过程,不要连续多次按动开机按钮,开机的冲击电流会影响灯泡寿命)。关机:先断开投影机开关或遥控器的电源,此时,投影机上的"TEMP"指示红灯闪烁,说明液晶板温度过高而进入保护状态,此时应耐心等待(一定要等待3分钟左右,让风扇停止运转),再关闭电源开关。不允许直接切断电源来"生硬"关机。目前,在机器散热状态下断电造成的投影机损坏,是常见的故障原因之一。为防止经常断电,需装有不间断电源(UPS)提供保护。此外,不要频繁开、关机。关闭投影机后,等510分钟才能再次开机。

4. 电脑设置

检查电脑分辨率是否与投影机匹配。信息源的分辨率和投影机的分辨率应该设置成一致。一般的投影机,分辨率为800×600,这样数据源的笔记本电脑也应该调整为800×600。如果电脑是1024×768,投影屏幕上将只会出现部分影像信息,其余被切割掉了。

最后一定要做好投影机的防尘、通风工作,严防强烈的冲撞、挤压和震动。

8.2.1 投影机的简单故障排除

1. 投影屏幕上没有影像

首先你要确认电源插座是否完好的连接到交流电源上,其次要确保镜头盖子是否已经去掉。如果还没有影像,查看电源线和数据线是否有断裂的迹象。实在不行的话,就可能是灯泡或者保险丝出故障了,请求专业维修人员维修。

2. 只显示投影机启动画面

首先检查一下投影机数据线和电脑接口的连接是否正确。其次检查一下电脑的显示设置是否正确。如果还不行的话,就把电脑和投影机电源都关闭,然后再重新开启。要注意开电源的次序:投影机、电脑显示器、电脑主机。

3. 颜色以及文本在屏幕上显示不正确

如果模糊的话,就调节聚焦亮度;如果只是显示电脑屏幕的部分区域的话,就把电脑的屏幕分辨率调整到与投影机完全相同。

8.3 扫描仪的使用与维护

扫描仪是一种光机电一体化的产品,用于捕获影像(照片、文字、图形等),并将之转换为电脑可以接收、编辑、储存的格式,是继键盘、鼠标之后的第三代主要的电脑输入设备。

8.3.1 扫描仪与微机的连接

扫描仪与微机的连接涉及扫描仪的接口技术,目前常见的接口包括并口、SCSI、IEEE1394和USB接口,但前三种接口由于安装复杂或成本高,在普及性方面略差于USB接口。USB接口在传输速度、易用性、扩充性及计算机兼容性方面的优势、使其成为扫描仪接口的标准。

8.3.2 扫描仪的使用技巧

扫描仪的使用有一定的技巧,即使是用同一台扫描仪扫描同一张图片时,掌握不同程度技巧的人,扫描出来的图像效果不一样。如果希望得到效果较好的扫描图像,需掌握一定的扫描技巧。

1. 确定合适的扫描方式

使用扫描仪可以扫描图像、文字以及照片等，不同的扫描对象有不同的扫描方式。打开扫描仪的驱动界面，会发现程序提供了三种扫描选项，其中“黑白”方式适用于白纸黑字的原稿，扫描仪会按照 1 个位来表示黑与白两种像素，可节省磁盘空间；“灰度”适用于既有图片又有文字的图文混排稿样；“照片”适用于扫除彩色照片，它要对红绿蓝三个通道进行多等级的采样和存储。在扫描之前，一定先根据被扫描的对象，选择一种合适的扫描方式，才有可能获得极高的扫描效果。

2. 优化扫描仪分辨率

扫描分辨率越高得到的图像越清晰，但是当它超出输出设备的分辨率，再清晰的图像也不能打印出来，仅仅是多占用了磁盘空间，没有实际的价值。因此选择适当的扫描分辨率尤其重要。例如，准备使用 600dpi 分辨率的打印机输出结果，以 600dpi 扫描。

3. 设置好扫描参数

扫描仪在预扫描图像时，都是按照系统默认的扫描参数值进行扫描的，对于不同的扫描对象以及不同的扫描方式，效果可能是不一样的。为了获得较高的图像扫描质量，可用人工的方式来调整参数。例如，当灰阶和彩色图像的亮度太亮或太暗时，可通过拖动亮度滑动条上的滑块，改变亮度。

4. 设置好文件的大小

无论被扫描的对象是文字、图像还是照片，通过扫描仪输出后都是图像，而图像尺寸的大小直接关系到文件容量的大小，因此在扫描时，应设置好文件尺寸的大小。通常，扫描仪能够在预览原始稿样时自动计算出文件大小。

5. 根据需要的效果放置好扫描对象

在实际使用图像的过程中，有时希望能够获得倾斜效果的图像，可以使用量角器将原稿底边在滚筒和平台上放置成精确的角度，会得到高质量的图像。

8.3.3　扫描仪的简单故障排除

1. 扫描时出现死机

故障表现：在扫描过程中，当进度条达到 100% 时，扫描程序出现死机，且不能正常退出。

解决方法：此故障的原因主要有内存资源不足、接口线路接触不良或者前面的进纸传感器有进纸感应，但后面的传感器没有感应。首先检查运行的程序是否太多，关闭其他程序释放内存；然后检查线路的接口，把电源、USB 线接牢。如果还是不行，可更换一个 USB 接口，再检查两个进纸传感器是否正常，能不能自由活动，人工干预一下传感器，一般情况下能够排除故障。

2. 系统找不到扫描仪

故障表现：正确安装完扫描仪驱动程序后，按照正常的步骤重启或手动搜索扫描仪，但仍然不能找到扫描仪。

解决方法：看 CMOS 设置里是否禁用了 USB 接口，如果禁用了 USB 接口，请在 CMOS 里把“usb legacy support”设置为“auto”；还有可能是扫描仪的锁没有开，请先开锁；另外一种可能是这台计算机 USB 接口有问题，建议换一个 USB 接口或换一台计算机尝试。

3. 原稿颜色与屏幕颜色差别较大

故障表现:原稿颜色与扫描到屏幕上图像的颜色差别较大。

解决方法:首先应检查屏幕的色度、亮度、反差的设定是否合乎正常要求,其次检查 Color Links 的屏幕设定选项是否正确。如果 FotoLook 是外挂在 Photoshop 下执行,请检查 File - Preferences Monitor Setup,Printing links Setup 和 Separation Setup 是否正确。最后假设上述设置都正确时,可以做一下扫描仪与显示屏之间的色彩校正。

4. 扫描出的整个图像变形或模糊

故障表现:扫描出的整个图像变形或模糊。

解决方法:检查扫描仪的玻璃板或反光镜条是否脏污,如果是可用软布擦拭玻璃板并清洁反光镜条。有可能是扫描原稿文件未能始终平贴在文件台上,确保扫描原稿始终平贴在平台上再尝试;确保扫描过程中没有移动文件,并且将文件摆放和对齐;扫描过程中扫描仪不能因放置不平而产生震动,注意把扫描仪放于平稳的表面上;调节软件的曝光设置或"Gamma"设置;若是并口扫描仪发生以上情况,可能是传输电缆存在问题,建议使用 IEEE - 1284 以上的高性能电缆。

8.4 移动硬盘的使用与维护

移动硬盘是一种非标准的 USB 设备,不像优盘那样可靠,容易出问题,所以要注意它的正确使用与保养。

1. 尽量不要选购过于廉价的产品

因为价格决定硬盘盒的用料情况,用料过于简省,则无法保证移动硬盘的稳定运行,给将来使用带来隐患。

2. 移动硬盘分区最好不要超过 2 个

如果移动硬盘的分区太多,在启动移动硬盘时将会增加系统检索和使用等待的时间。

3. 不要插在计算机上长期工作

移动硬盘是用来临时交换或存储数据的,不是一个本地硬盘,应该尽量缩短工作时间。如果有需要转存下载资料,可以使用本地硬盘下载和整理资料,然后复制到移动硬盘上。

4. 不要对移动硬盘整理磁盘碎片

不要对移动硬盘整理磁盘碎片,否则会很容易损伤硬盘。如果确实需要整理,可采用将整个分区里面的数据都复制出来,然后再拷贝回去。

5. 最好不要使用 USB 延长线

最好不要使用 USB 延长线,这种线的质量一般不太好,会使 USB 数据同步出错,使移动硬盘不能正常工作。如果机箱上的前置 USB 接口无法保证正常使用,多半为供电问题,应尽量把移动硬盘插在原主板背板的 USB 接口上。劣质 USB 硬盘盒做工不佳,导致出现供电不足或是数据丢失等现象。可尝试使用带屏蔽层的优质 USB 线;若情况依旧,可借用或调换一块硬盘试验一下;如果还不成,最可靠的办法还是及早更换移动硬盘盒。

6. 妥善保护移动硬盘

切忌震动,轻拿轻放;注意温度,不要过热;干燥防水,先退后拔。

8.5　数码相机的使用与维护

数码相机简称 DC(Digital Still Camera),指静态数字相机。通过数码相机拍摄的照片可直接保存为图片文件,可直接在微机中观看,也可通过打印机输出,可以方便地进行后期处理和保存。衡量数码相机性能的指标一般包括像素、镜头性能、变焦倍数等。

8.5.1　数码相机与计算机的连接

数码相机与计算机的连接有多种接口类型。主要包括:串口、并口、USB 接口和火线接口等。这类似于 U 盘和移动硬盘与计算机的连接。

值得一提的是,由于数码相机存储技术的发展,目前绝大多数数码相机都采用增加独立的存储卡以增大数码相机的存储容量。而这些存储卡只需要采用特定的读卡设备(读卡器)就可以直接与计算机连接,这样就免去了数码相机与计算机直接连接。常见的读卡器有并行口读卡器、USB 接口读卡器等。

8.5.2　数码相机的日常维护和保养

1. 预防高温和寒冷

数码相机对温度的反应比较灵敏,所以在使用数码相机的过程中,一定要避免阳光的照射,在温度太低的情况下使用时注意采取措施提高其温度。

2. 注意相机的防水、防潮和防震

在潮湿环境下工作时,一定要采取严格的防护措施来防水防潮。较大的震动有可能损坏存储卡,在拍摄时要将相机绳绕在手上,防止意外滑落。

3. 电池的使用

在使用相机前,应保证电池电量充足。使用中不要频繁使用闪光灯,因为闪光灯的耗电量非常巨大。长时间不用相机最好把电池取出来以防漏电腐烂。

4. 镜头保护

镜头是数码相机的一个重要组成部分,由于它经常暴露在空气中,容易聚积灰尘从而使图像质量降低、出现斑点或减弱图像对比度等等。因此,应定期用软布轻轻擦拭镜头上的指纹和灰尘。不用时注意盖上镜头盖。

5. 存储卡使用

向数码相机装载或从相机内取出存储卡,都要在关闭相机的情况下进行。当存储卡正在工作时,不要试图从相机中取出存储卡,要注意装入的方位。

8.5.3　数码相机的简单故障排除

1. 按电源开关按钮后相机无反应

①电源极性装错:重新安装电池。

②电池耗尽:更新电池。

2. 相机自动关闭

首先想到的是电池电力不足。如果更换电池后,相机仍无法开启,而且发现相机比较热时,是因为连续使用相机时间过长,造成相机过热而自动关闭。此时应停止使用,等冷却后再使用。

3. 闪光灯不亮

(1)未设定闪光灯:按闪光灯弹起杆,设定闪光灯。

(2)闪光灯正在充电:等到橙色指示灯停止闪烁。

(3)拍照物明亮:使用辅助闪光模式。

(4)在已设定闪光灯的情况下,指示灯在控制面板上点亮时,闪光灯工作异常。

4. 相机无法识别存储卡

(1)使用了跟数码相机不相容的存储卡:换上数码相机能使用的存储卡。

(2)存储卡内的影像文件被破坏:造成这种现象的原因一般是在拍摄过程中,存储卡被取出,或由于电力严重不足而造成数码相机突然关闭。如果重新插入存储卡或重新启动后,问题依旧存在,需格式化存储卡。

5. 刚拍摄的相片不能在液晶显示屏上呈现

(1)电源关闭着或记录模式开启:将记录/播放开关设定于播放位置,并接通电源。

(2)SmartMedia 卡无相片:查看控制面板。

8.6 摄像头的安装

随着 ADSL 宽带接入方式的不断普及,视频聊天已经成为很多用户进行网络通信的重要方式之一。但要实现视频聊天,用户必须在计算机上安装一种视频捕获设备,而摄像头以其低廉的价格,简便的使用方法成为众多用户的首选设备。下面就来介绍如何安装摄像头。

将摄像头数据线末端的 USB 插头插入计算机的 USB 接口内, Windows 便会提示发现新的硬件设备,并弹出对话框要求为其安装驱动程序,这时单击“下一步”,然后选择显示设备列表,从中选择驱动程序;然后从设备名中选择“图像处理设备”。这时屏幕弹出一个对话框,其中有许多硬件设备列表,虽然可以找到很多图像设备,但建议最好还是使用附赠的驱动程序,点击磁盘安装;这时将随摄像头提供的驱动程序光盘放入光驱内,然后在安装程序的对话框中找到光盘的盘符,并且切换到驱动程序存放的相应目录;查询到驱动程序后,点击“确定”,这时 Windows 系统将进行驱动程序文件的复制工作。程序复制完毕后,摄像头就可以正常工作了。

因为 USB 摄像头支持 PNP 功能,所以无需重新启动系统。安装好驱动程序后,我们就可以在系统设备的属性中发现一项新的设备——图像设备,在设备栏中,会多出一个刚刚安装好的摄像头。

目前摄像头行业较为流行的是无驱摄像头,即能够实现真正的即插即用,无须安装额外的驱动程序。严格地说,无驱摄像头并不是真正不需要安装驱动程序,只是驱动程序不需要用户动手安装。它利用了 USB 视频设备标准协议,统一了设备的驱动程序,从而实现了操作系统自动安装摄像头驱动程序的目的。

摄像头除了可以网络视频外,还可以拍取照片、录制家庭录像、制作防盗系统、发送视频声音等等。

8.7　音箱的日常维护

随着多媒体视听时代的发展,音箱作为必不可少的音频输出设备已经进入了千家万户。而且随着技术的发展,音箱的性能越来越好。一款高性能的音箱能给用户带来气势磅礴而又细腻美妙的音乐。音箱一般由扬声器、分频器、箱体和电源等部分组成。音箱比较耐用,但是我们仍要注意对其进行保养。

8.7.1　音箱的日常维护

音箱虽然是个耐用品,但也需要注意保养,不恰当地使用会使音箱寿命大大缩短。首先音箱摆放的位置应避免日光直接照射,暖气片的旁边和气温过低的地方也不宜放置音箱,以免引起箱体表面起泡。其次是音箱表面的清洁,可使用毛巾蘸温水拧干后擦拭,待音箱全干后再开机。长时间大音量放音后,音箱的后面板会变得很热,此时最好关闭音箱。音箱长期不用时,应关掉开关,并拔出电源插头,因为电脑关闭后虽没有声音信号输入到音箱,但音箱仍然工作在静态工作点,有静态电流流过内部电路,极有可能造成放大器等元器件被击坏。

8.7.2 音箱系统故障分析

音箱系统是音响设备的重要组成部分之一,通常由扬声器、分频器、箱体、吸音材料等组成。音箱系统的故障率较低,故障类型较少,常见故障有以下四类:

1. 无声

(1)音箱接线断裂或分频器异常。音箱接线断裂后,扬声器单元没有激励电压,就会造成无声故障。分频器一般不易断线,但可能发生引线接头脱焊、分频电容短路等故障。

(2)音圈断。可用万用表 R×1 档测量扬声器引出线焊片,若阻值为∞,可用小刀把音圈两端引线的封漆刮开,露出裸铜线后再测,如果仍不通,则说明音圈内部断线;若测量已通且有“喀喀”声,则表明音圈引线断路,可将线头上好焊锡,再另用一段与音圈绕线相近的漆包线焊妥即可。

(3)扬声器引线断。由于扬声器纸盆振动频繁,编织线易折断,有时导线已断,但棉质芯线仍保持连接。这种编织线不易购得,可用稍长的软导线代替。

(4)音圈烧毁。用万用表 R×1 档测量扬声器引线,若阻值接近 0Ω,且无“喀喀”声,则表明音圈烧毁。更换音圈前,应先清除磁隙内杂物,再小心地将新音圈放入磁隙,扶正音圈,边试听边用强力胶固定音圈的上下位置,待音圈置于最佳位置后,用强力胶将音圈与纸盆的间隙填满至一半左右,最后封好防尘盖,将扬声器纸盆向上,放置一天后即可正常使用。

2. 声音时有时无

(1)扬声器引线不良。通常是音圈引线没断而焊接不良所致,纸盆振动频繁时,断点时而接通,时而断开,形成无规律时响时不响故障。

(2)音圈引线断线或即将短路。

(3)功率放大器输出插口接触不良或音箱输入线断线。

3. 音量小

(1)扬声器性能不良,磁钢的磁性下降。扬声器的灵敏度主要取决于永久磁铁的磁性、纸盆的品质及装配工艺的优劣。可利用铁磁性物体碰触磁钢,根据吸引力的大小大致估计磁钢磁性的强弱，若磁性太弱，只能更换扬声器。

(2)导磁芯柱松脱。当扬声器的导磁芯柱松脱时，会被导磁板吸向一边，使音圈受挤压而阻碍正常发声。检修时可用手轻按纸盆，如果按不动，则可能是音圈被芯柱压住，需拆卸并重新粘固后才能恢复使用。

(3)分频器异常。当分频器中有元件不良时，相应频段的信号受阻，该频段扬声器出现音量小故障。应重点检查与低音扬声器并联的分频电容是否短路，以及与高音扬声器并联的分频电感线圈是否层间短路。

4. 声音异常

(1)磁隙有杂物。如果有杂物进入磁隙，音圈振动时会与杂物相互摩擦，导致声音沙哑。

(2)音圈擦芯。音圈位置不正，与磁芯发生擦碰，造成声音失真，维修时应校正音圈位置或更换音圈。

(3)纸盆破裂。损坏面积大的应更换纸盆，损坏面积小的可用稍薄的纸盆或其他韧性较好的纸修补。

(4)箱体不良。箱体密封不良或装饰网罩安装不牢等，会造成播放时有破裂声。此外，箱体板材过薄导致共振，也会产生声音异常。

1. 简答题

观察你身边的打印机、扫描仪、投影仪属于哪种类型？它是如何和微机连接的？

2. 拓展联系题

上网搜索本章提到的微机外设的选购指南。

3. 实践操作题

(1)扫描一张带有文字的纸张，输入到微机中，并将其转换为 pdf 格式。

(2)在微机室里练习将打印机、扫描仪、投影仪和音箱连接到计算机。

第9章

计算机的日常维护

要想让您使用的计算机每天都能正常工作,就需要做好必要的维护工作。计算机的维护工作包括两大部分:一是对软件和存储数据进行维护,二是对硬件进行维护。对软件和存储数据进行维护包括对硬盘定期进行扫描、整理磁盘中的碎片、备份、防范病毒、必要时重新安装操作系统等。对硬件维护包括添加硬件、拆除硬件等工作。

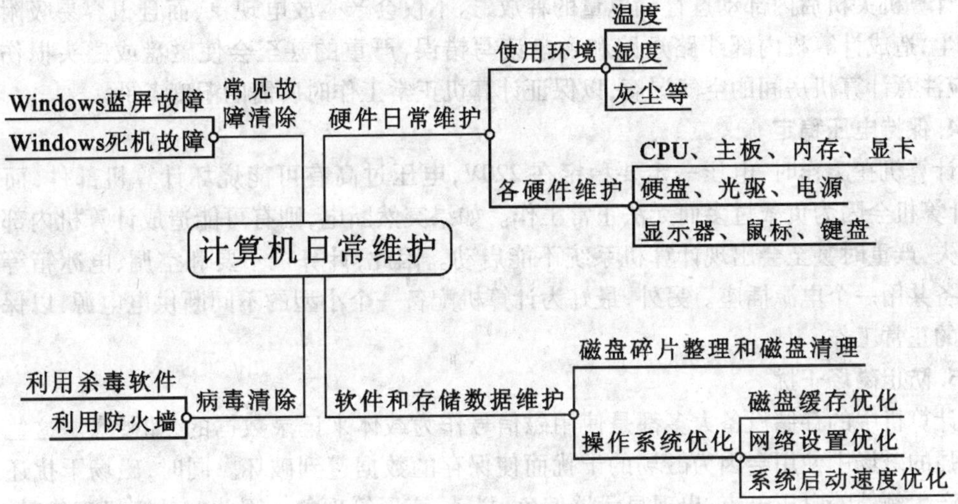

9.1 计算机硬件的日常维护

对计算机进行维护,不仅能减少计算机故障的发生,还能够延长计算机的使用寿命,最大限度的发挥其性能。下面我们将从计算机的使用环境,电源、硬盘等硬件设备的维护等方面进行介绍。

9.1.1 计算机的使用环境

在使用过程中,计算机对外部环境有一定要求,如环境要清洁,湿度和温度要适中等。

1. 保持环境清洁

计算机内的所有部件工作时都带有一定的电流,因此这些部件在运行时会产生温度、静电及磁场变化,并且也很容易吸附灰尘。如果环境灰尘过多,那么计算机在使用一段时间后,无论是键盘、鼠标及机箱内的板卡、风扇等,都会落上很多灰尘。这些灰尘会妨碍部件正常运行时的散热效果,加速芯片和其他部件的损坏,易于引起计算机各种故障。因此,不但要保持一个相对清洁的环境,而且还要定期对计算机的各部件进行清洁。

2. 保持适合的温度

计算机工作时,周围环境最为适合的温度是10℃～30℃。温度过高会加速电路中部件的老化,或是引起芯片、插脚焊点脱焊,严重时将会烧毁硬件设备。因此在放置计算机的房间里最好配备空调,以保证计算机正常工作时所需的温度。如果条件不允许,则要保持房间的空气流通,以确保计算机能正常工作。

3. 保持合适的湿度

计算机正常工作对周围环境的湿度也有一定要求。通常计算机工作时,要求周围环境的湿度保持在30%～80%的范围内。如果湿度过高,则水蒸气会附着于计算机部件的表面,使部件的工作性能降低,甚至出现短路或是烧毁某些部件的情况。另外,计算机部件吸进湿空气后,会使磁盘驱动器的金属部件生锈而损坏;印刷线路板的绝缘性能也会变差;降低磁性材料的导磁性,造成存储器读写错误,从而影响计算机的正常工作。如果湿度过低,则不利于计算机关机后内部动态存储电量的释放,这不仅会产生放电现象,而且很容易吸附周围的灰尘,造成计算机内部线路短路和磁盘读写错误,严重的甚至会使磁盘或磁头损伤。因此,应注意计算机房间的空气湿度,以保证计算机正常工作时所需的湿度条件。

4. 保持电压稳定

计算机在工作时,电压一定要稳定在220V,电压过高有可能烧坏计算机部件,而过低时,计算机会因为负载过多而无法正常工作。如果突然断电,则有可能造成计算机内部的数据丢失,严重时甚至会出现计算机系统不能启动。因此,计算机不要和空调、电冰箱等大功率设备共用一个电源插座。另外,最好为计算机配备一个小型的不间断供电电源,以保证计算机的正常工作。

5. 防止磁场干扰

计算机中的存储设备大多都是使用磁信号作为载体来记录数据的,如硬盘。这些设备在较强的磁场中使用会因为磁场的干扰而使保存的数据遭到破坏。同时,磁场干扰还会使电路产生额外的电压电流,出现显示器偏色、抖动、变形等现象。因此在计算机工作时,应避免其附近存在强电设备和强磁场设备。另外,在计算机周围放置的多媒体音箱也应该选择防磁效果较好的产品,并远离显示器。

9.1.2 各硬件设备的维护

1. CPU 的维护

CPU 的维护主要是 CPU 散热器的维护。计算机长时间使用后,CPU 散热器上会累积很多灰尘,这时需要清洁该散热器。下面介绍清洗 Intel CPU 散热器的操作方法。

(1)卸载 CPU 散热器。将卡扣按顶部的箭头方向进行旋转,然后垂直向上拉起卡扣,待所有卡扣都拉起后拔下 CPU 风扇的电源插头,取下 CPU 散热器。

(2)取下 CPU 散热器后,将散热器上的风扇和散热片分离,分别进行清洗。其中散热片可以直接用水冲洗,对于风扇以及散热片上具有黏性的油性污垢,可用棉签或者镊子夹持布片或少量棉花擦拭干净。

(3)如果在使用计算机时,CPU 散热器的风扇在正常运转时噪音较大,则一般是由于风扇内部润滑油消耗殆尽所致,需要给风扇轴心加注润滑油。在添加润滑油前需将 CPU 风扇中央的商标揭开,就可以看到风扇的轴心。加油时可用镊子或牙签之类的有细小尖端的物品蘸取少量润滑油,并将其滴入风扇的轴心中。完成加油操作后,马上贴好商标以防润滑油泄漏,动手旋转 CPU 风扇一段时间,待润滑油渗入轴承内部后,再将 CPU 风扇重新固定到散热片上。

(4)如 CPU 散热器底部的导热硅胶不足,可适当涂抹一些。

(5)在完成 CPU 散热器的维护操作后,将其安装回 CPU 插座上并连接好 CPU 风扇的电源线。

2. 主板的维护

主板上具有较多的插槽、插座和焊接触点,这些部件是连接各种显卡、内存条、硬盘以及光驱等设备的通道,也是容易积累灰尘的地方。通常在维护这些插槽、插座时一般先用软毛刷清扫,然后用吹气球或者电吹风吹尽灰尘。如插槽内的金属接脚有油污,可用脱脂棉球沾计算机专用清洁剂或无水酒精清除。

3. 内存条和显卡的维护

内存条、显卡和网卡等设备的清洁操作一般包括除尘和清洁电路板上的金手指两步。其中除尘操作与主板基本相同也是用软毛刷清扫即可。而金手指的清洁则要稍复杂一些,由于金手指是电路板和插槽之间的连接点,如果有灰尘、油污或者被氧化均会造成接触不良,很容易引发故障。通常情况下,清洁金手指时可使用橡皮擦来擦除其表面的灰尘、油污或氧化层,不要用小刀或砂纸等较锋利的工具去除金手指上的污垢,以免损伤金手指上的镀层。

4. 硬盘的维护

计算机中大量的数据都存储在硬盘中,包括操作系统和常用应用软件。因此,保证硬盘正常工作对整个计算机系统都很重要。为了使硬盘能够稳定地工作,在使用过程中,我们需要注意以下几点:

(1)硬盘在读写数据时,不要突然关闭计算机,以免造成数据丢失。

(2)不要经常对硬盘进行低级或是高级格式化,这样会影响盘片的性能。

(3)计算机工作时,不要移动或碰撞计算机,以免造成硬盘磁头和盘片碰撞,从而损坏磁盘的磁头和盘片。

5. 电源的维护

电源是整个计算机的动力之源,机箱内的所有硬件几乎都要由电源来供电,才能正常工作,那么在使用计算机的过程中我们一定要注意以下几点,以便很好的维护电源。

(1)计算机开机后,电源风扇会发出轻微而均匀的转动声,若声音异常或风扇停止转动,则要立即关闭计算机,否则会导致机箱内部散热不均匀,继续使用可能会损坏电源。

(2)电源风扇在排气时容易吸附灰尘,所以计算机在使用一段时间后,应对电源进行清洁,以免影响风扇的正常工作。

(3)要定时给电源风扇转轴添加润滑油,以增加其转动时的润滑性。

6. 光驱的维护

光驱使用一段时间后,其激光头和机芯上会附着有很多灰尘,从而导致光驱读盘能力下降,正确安全地使用光驱,能够提高光驱的读盘能力。使用光驱应注意以下几点:

(1)光驱在进行读盘时,不要强行弹出光盘,以免因光盘与托盘和激光头发生摩擦而损坏光盘及激光头。

(2)光驱要注意防尘,禁止使用光驱读劣质光盘和带有灰尘的光盘。每次打开光驱托盘后，要尽快关上，以免灰尘进入光驱。

(3)定期对光驱的激光头进行清洁，并给机芯的机械部位添加润滑油，从而减小其工作时产生的摩擦力。

7. 显示器的维护

显示器是计算机的输出设备之一，正确安全的使用显示器，能够延长其使用寿命。在使用显示器的过程中，应该注意以下几点：

(1)显示器工作时要远离磁场干扰，如果其旁边有磁性物质，则容易使屏幕磁化，从而造成显示器显示图像变形。

(2)不要将显示器置于潮湿的环境中，也不要长时间将其置于强光照射的地方，并且不使用计算机时要用防尘罩将显示器罩住，以免灰尘进入显示器内部。

(3)定期清洁显示器外壳和屏幕上的灰尘，用毛刷或小型吸尘器清除显示器外壳上的灰尘，而显示器屏幕上的灰尘可以用镜面纸或干面纸从屏幕内圈向外呈放射状轻轻擦拭。

8. 键盘和鼠标的维护

键盘和鼠标是在操作计算机时使用较为频繁的硬件，由于它们长期暴露在外，因此很容易积聚灰尘，又由于使用频繁，键盘和鼠标上的按键也很容易损坏，因此在使用键盘和鼠标的过程中，应注意以下几点：

(1)不但要定时清洁键盘表面，键位之间缝隙的灰尘以及鼠标按键和滚轮上的污垢，还要定期清洗鼠标垫。

(2)在操作键盘时按键的动作和力度要适当，以防止机械部件受损而失灵；鼠标使用时不要摔、碰、强力拽线等。

(3)不使用键盘时，应该用防尘罩罩住键盘，以免灰尘进入键盘。

9.2 计算机软件和存储数据的维护

软件和系统的日常维护是用好计算机最主要的工作，日常维护做得不好，也可以造成系统死机和计算机工作不正常。下面我们将从磁盘的优化、操作系统的优化以及一些常用优化软件的使用等方面进行介绍。

9.2.1 磁盘优化

磁盘的优化主要包括磁盘碎片整理和磁盘清理。我们可以使用系统自带的“磁盘碎片整理程序”和“磁盘清理程序”来对磁盘进行优化。

1. 整理磁盘碎片的好处

(1)使文件连续。磁盘碎片整理程序可以使文件使用的扇区连续，在读写磁盘数据时，磁头不需要来回查找数据，使效率提高。

(2)整理未使用的空间。磁盘碎片整理程序能将未使用的空间集中到磁盘的后半部分，使新文件存入时，能够分配到连续的空间。

(3)数据修复较容易。磁盘碎片整理程序运行后，文件连续存放，在磁盘发生错误时，数据较容易恢复。

2. 整理磁盘碎片的具体操作步骤

(1)单击【开始】—【程序】—【附件】—【系统工具】,选择【磁盘碎片整理程序】如图 9 - 1 所示。

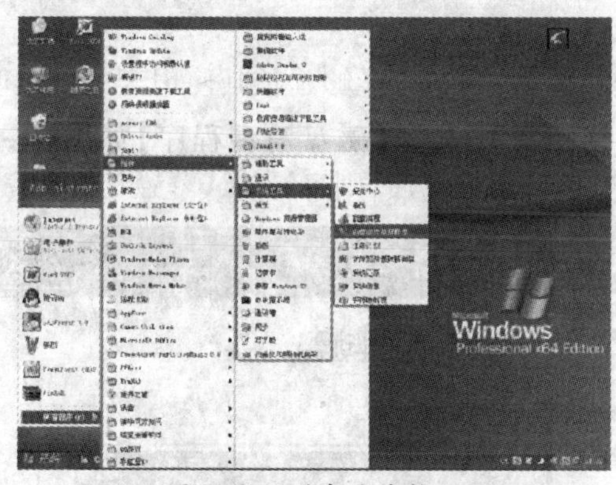

图 9 - 1　磁盘碎片整理

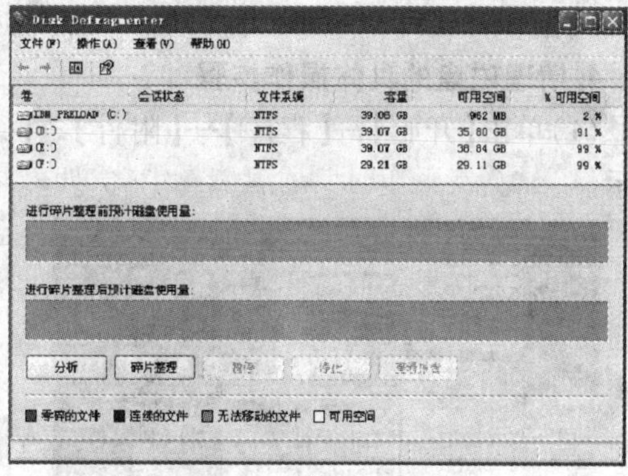

图 9 - 2　选择磁盘驱动器

(2)选择需要整理的磁盘驱动器,如图 9 - 2 所示。

(3)选择需要整理的磁盘驱动后,单击【分析】查看分析结果,如图 9 - 3 所示:

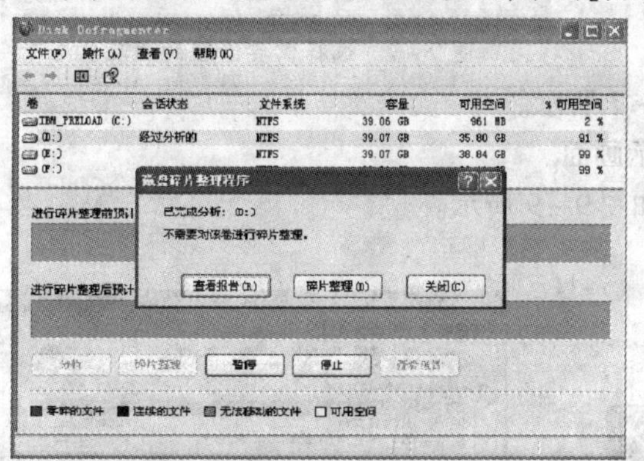

图 9 - 3　查看分析结果

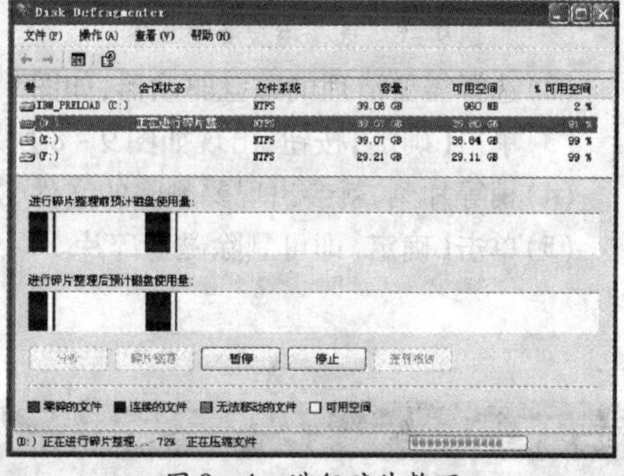

图 9 - 4　进行碎片整理

(4)根据分析结果,我们就可以知道该磁盘是否需要整理,如果需要整理,单击【碎片整理】选项即可,如图 9 - 4 所示。

(5)完成碎片整理后会出现“已完成碎片整理”对话框提示信息,如图 9 - 5 所示。

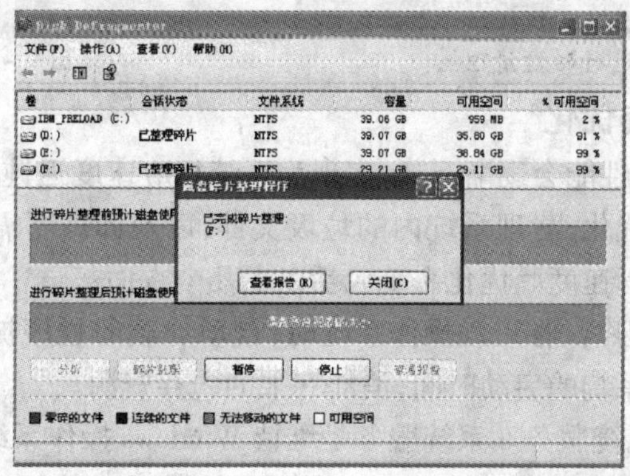

图 9 - 5　完成碎片整理

3. 清理磁盘的原因

软件在运行中会产生很多的临时文件，如果临时文件过多，不仅会占用大量的磁盘空间，同时也会降低系统运行的速度，在这种情况下，就需要清理磁盘中的临时文件夹，收回硬盘空间以供用户利用。

4. 清理磁盘的具体操作步骤

(1)单击【开始】—【程序】—【附件】—【系统工具】，选择【磁盘清理程序】如图 9-6 所示。

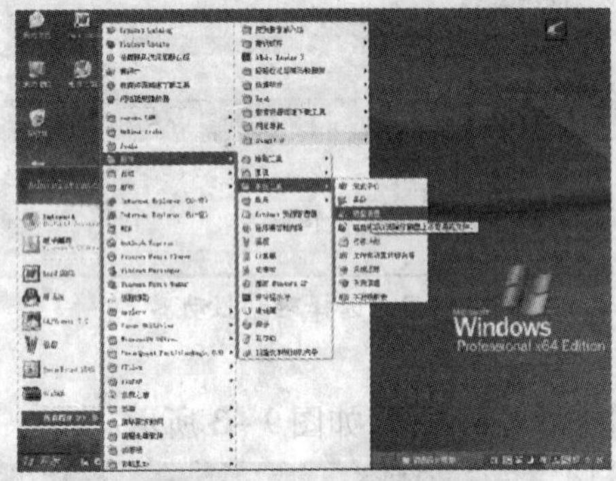

图 9-6　选择磁盘清理程序

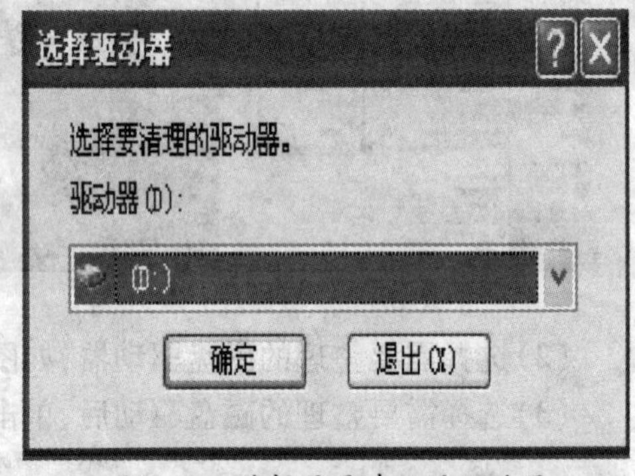

图 9-7　选择需要清理的驱动器

(2)选择需要清理的磁盘驱动器，如图 9-7 所示。

(3)单击【确定】按钮，出现如图 9-8 所示画面。

(4)稍等片刻，就会出现要删除的文件，如图 9-9 所示。

(5)单击【确定】即可删除磁盘碎片。

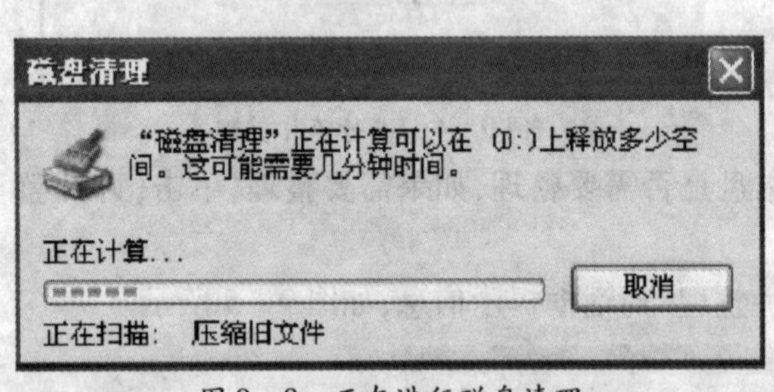

图 9-8　正在进行磁盘清理

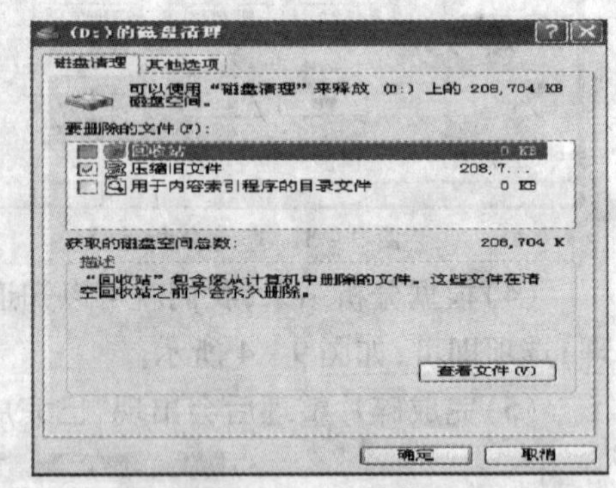

图 9-9　删除磁盘碎片

9.2.2　操作系统优化

长期使用计算机，其性能会逐渐下降，表现为系统相应速度迟钝、应用程序运行缓慢等，这时就需要对系统进行优化，清理系统内的垃圾文件，以及卸载不需要的游戏与程序，从而使计算机恢复正常的运行速度。优化系统包括以下几个方面：

(1)禁用系统常驻程序。在启动操作系统时，自动加载的程序被称为系统常驻程序，这些常驻程序会延长操作系统的启动时间，消耗有限的内存资源。

(2)关闭不需要的系统服务。系统服务是维持 Windows 操作系统正常运行的基础程序，它不但可以保证操作系统的稳定运行，还可以协助用户管理和使用计算机。需要指出的是，

Windows 在启动时加载的系统服务很多，但并不是每个用户都需要这些功能。系统优化的目的在于找出并关闭不需要的系统服务，释放更多的系统资源，从而加快系统的运行速度。

(3)清理垃圾文件。使用计算机过程中，有些应用程序卸载后，系统往往不能将与其相关的文件卸载，会留下一些垃圾文件，随着使用时间的推移，系统中积累的垃圾文件也就越多，从而导致系统的启动速度和运行速度都变得非常缓慢。及时清理这些垃圾文件，能够加快系统的运行速度。

优化操作系统的软件有很多种，我们以 Windows 优化大师 7.94 标准版为例，简单介绍如何应用优化软件来优化系统。启动 Windows 优化大师 7.94 标准版后，系统会弹出该软件的启动界面，稍等片刻即可打开 Windows 优化大师的主界面，如图 9－10 所示。

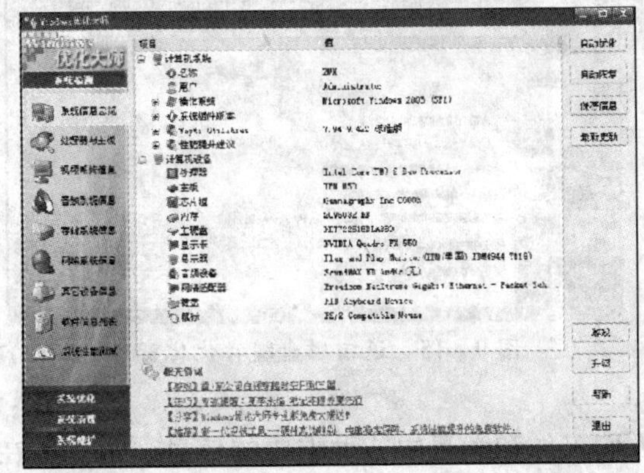

图 9－10 Windows 优化大师的主界面

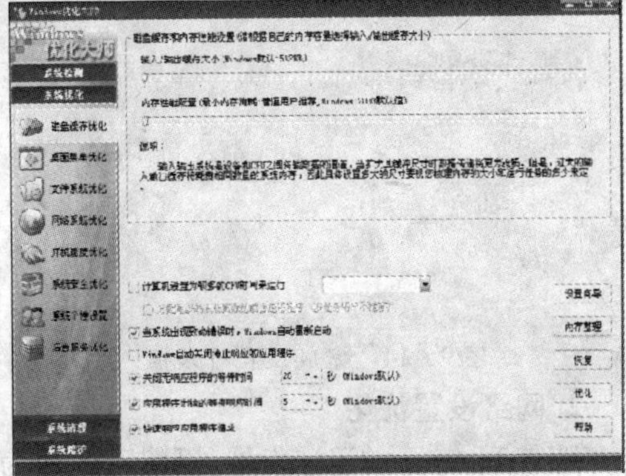

图 9－11 磁盘缓存优化

1. 磁盘缓存优化

(1)在上述界面中选择【系统优化】选项，并单击下面的【磁盘缓存优化】按钮，如图 9－11 所示。

(2)单击右侧任务窗格内的【设置导向】按钮，弹出【磁盘缓存设置向导】对话框，单击【下一步】按钮，在【请选择计算机类型】栏中，可以选择计算机类型，如选择【Windows 标准用户】单选按钮，完成后单击【下一步】按钮，如图 9－12 所示。

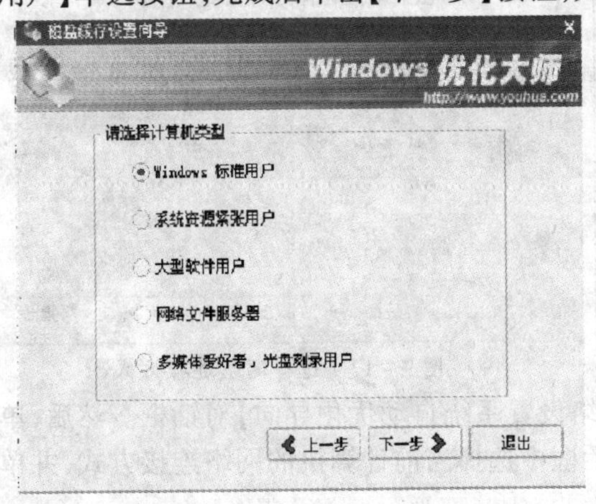

图 9－12 选择计算机类型对话框

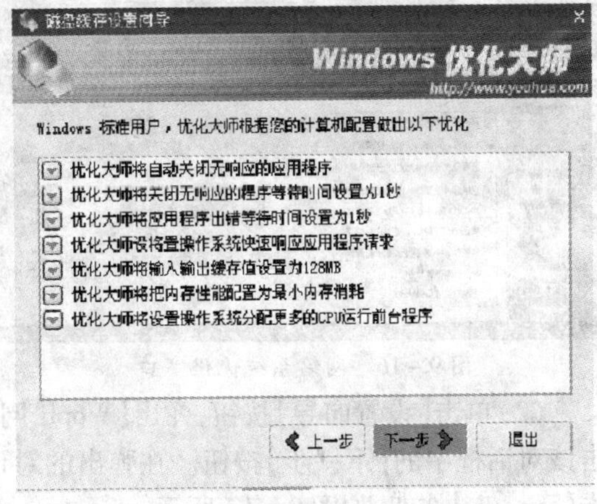

图 9－13 Windows 标准用户优化设置

(3)根据用户选择计算机经常执行的任务类型，Windows 优化大师会列出推荐的优化方案，如图9－13所示。

(4)确认无误后单击【下一步】按钮，在弹出的对话框中，单击【完成】按钮。如图9－14所示。

(5)单击【完成】按钮待返回【磁盘缓存优化】窗口，如图9－15所示。单击【优化】按钮，即可按照优化方案对系统进行调整。

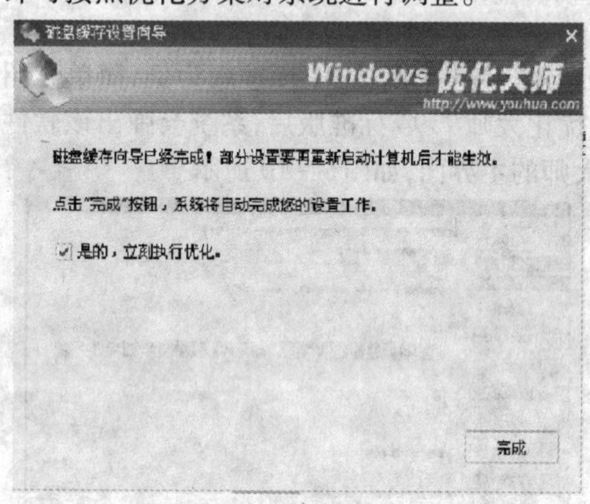

图9－14　完成设置对话框

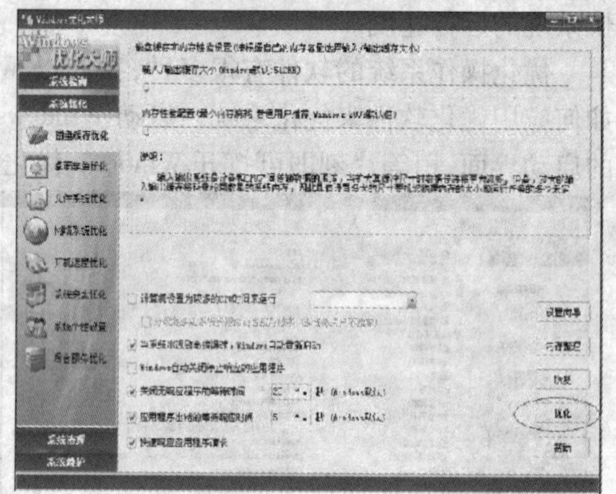

图9－15　返回磁盘缓存优化窗口

2. 网络设置优化

随着Internet的迅速发展，网络已经成为人们工作和学习中一种重要的信息渠道。但在Windows XP中，如果网络设置不当，那么轻则会影响网络连接速度，重则会无法连接网络。使用Windows优化大师优化网络设置的具体操作步骤如下：

(1)在Windows优化大师的主页面上单击【网络系统优化】按钮，打开【网络系统优化】窗口。在该窗口中，列出了几种常用的上网方式，以及对IE的设置选项，如图9－16所示。

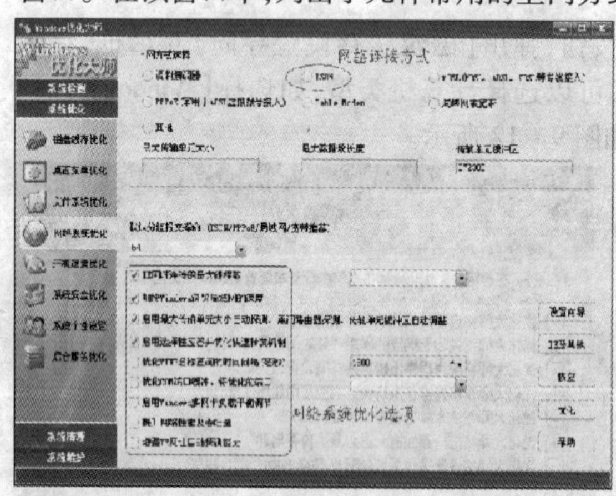

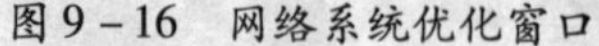

图9－16　网络系统优化窗口

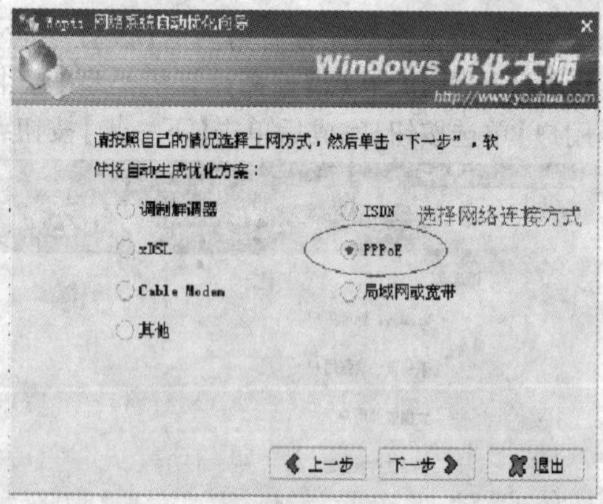

图9－17　选择网络连接方式

(2)单击【设置向导】按钮，弹出【Wopti网络设置系统自动优化导向】对话框。然后，单击该对话框中的【下一步】按钮。在弹出的对话框中选择当前计算机的网络连接方式，并单击【下一步】按钮，如图9－17所示。

(3)选择网络连接方式后，Windows优化大师会提供一套适用于当前计算机的网络系统优化方案。确认后，单击【下一步】按钮，即可按照该优化方案优化网络系统，如图 9－18 所示。

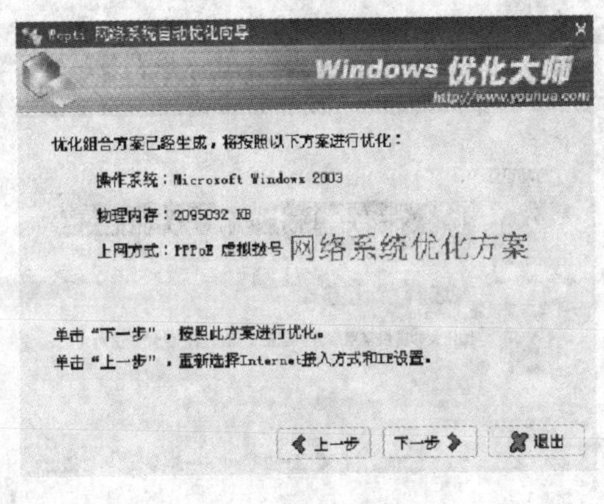

图 9－18 网络系统优化方案

（4）按照优化方案重新设置网络系统后，单击【Wopti 网络系统自动优化向导】对话框中的【退出】按钮，完成网络系统优化并返回【网络系统优化窗口】。

3. 系统启动速度优化

还可以使用 Windows 优化大师对 Windows 操作系统的启动项进行优化，以禁止系统启动时不需要或不经常使用的程序及服务，从而加快系统的启动速度。具体操作步骤如下：

（1）在 Windows 优化大师的主界面中单击【开机速度优化】按钮，打开【开机速度优化】窗口，列出了系统启动信息的停留时间、预读方式，以及系统启动时加载的所有启动项，如图 9－19 所示：

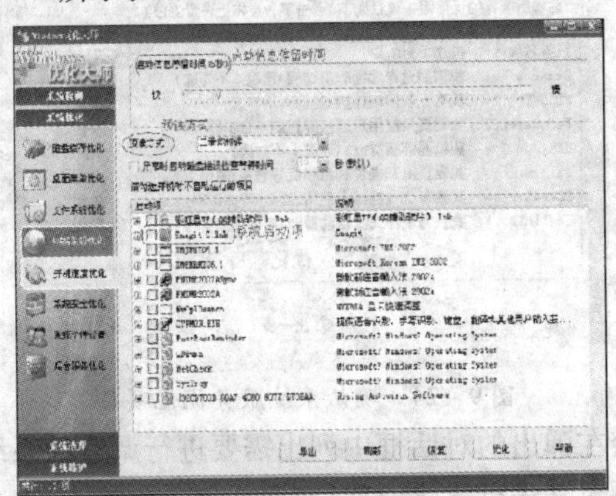

图 9－19 “开机速度优化”窗口

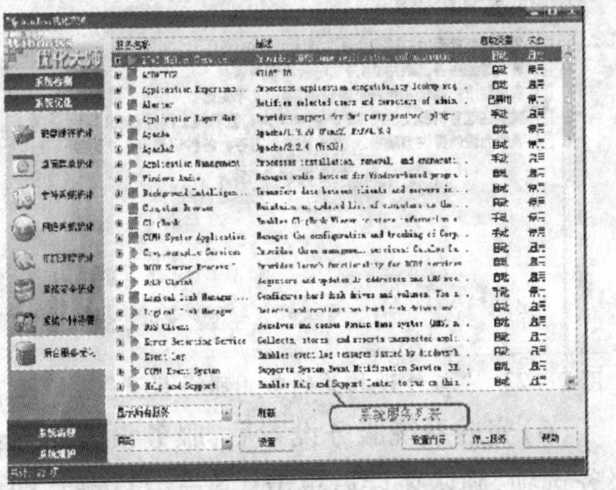

图 9－20 “后台服务优化”窗口

（2）在【开机速度优化】窗口的列表框中，选择要禁止的启动项，并单击【优化】按钮，保存优化设置。单击【后台服务优化】按钮，打开【后台服务优化】窗口。该窗口列出了操作系统内所有的系统服务及其运行情况和启动设置，如图 9－20 所示。

（3）单击【后台服务优化】中的【设置向导】按钮，弹出【服务设置向导】对话框，单击该对话框中的【下一步】按钮。在弹出的对话框中，选择设置系统服务的方式，例如选择【自定义设置】单选按钮，并单击【下一步】按钮，如图 9－21 所示。

（4）在【与网络相关的常用设备服务设置】对话框中，根据当前计算机的网络连接情况，对相关选项进行设置。完成后单击【下一步】按钮，如图 9－22 所示。

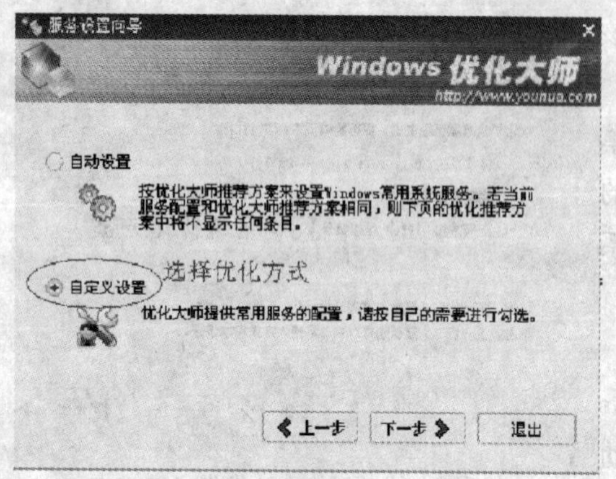

图 9－21　选择优化方式

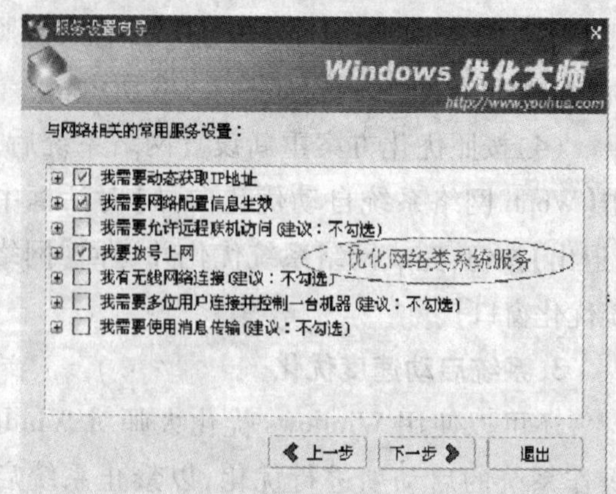

图 9－22　“与网络相关的常用设备服务设置”对话框

(5)在【与外设相关的常用服务设置】对话框中，可根据当前计算机外部设备的使用情况来设置相关服务，完成后单击【下一步】按钮，如图 9－23 所示。

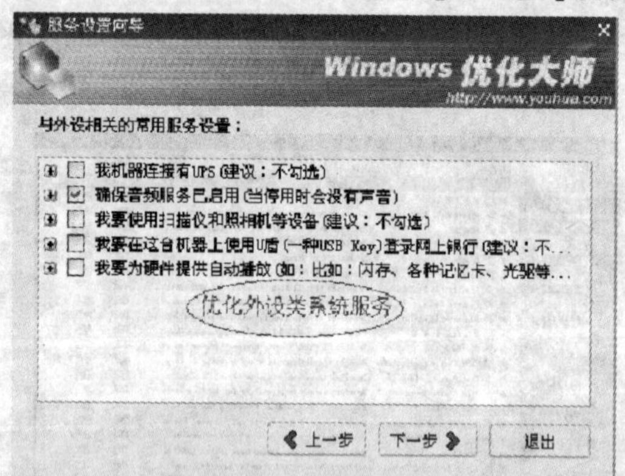

图 9－23　“与外设相关的常用服务设置”对话框

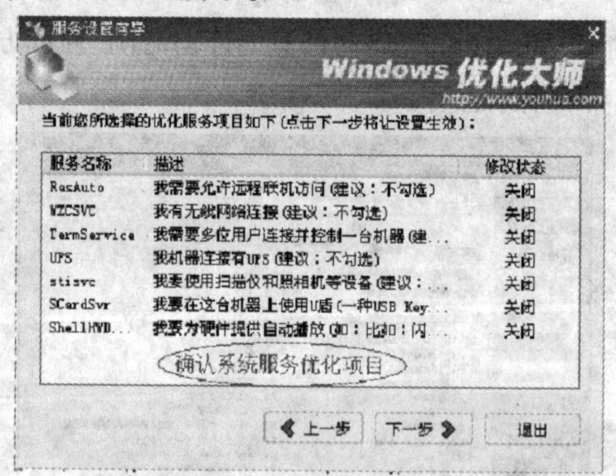

图 9－24　确认系统服务优化项目

(6)完成系统服务设置后，服务设置向导会在弹出的对话框中列出需要进行调整的系统服务选项，确认无误后单击【下一步】按钮，即可对其进行优化设置，如图 9－24 所示。

(7)稍等片刻后，Windows 优化大师即可完成系统服务的优化设置，在弹出的对话框中，单击【完成】按钮如图 9－25 所示。

图 9－25　完成系统优化设置

(8)稍后系统会退出服务设置向导,并返回【后台服务优化】选项卡。

到此为止,使用 Windows 优化大师对系统软件进行优化就大功告成了!

9.3 病毒的清除

随着计算机的广泛应用以及网络的普及使得计算机病毒得以空前的繁荣,其传播速度和危害程度实在是惊人。所谓的计算机病毒指“编制或者在计算机程序中插入的破坏计算机功能或者破坏数据,影响计算机使用并且能够自我复制的一组计算机指令或者程序代码”。这些病毒仅靠用户自身提高安全意识,加强 Windows 的安全设置是远远不够的。我们还有必要借助杀毒软件和病毒防火墙进行病毒的查杀和防范。本节将以瑞星为例来介绍如何利用杀毒软件来查杀病毒以及如何利用防火墙进行安全防护。

9.3.1 利用杀毒软件查杀病毒

1. 如何查杀病毒

目前市场上的杀毒软件的种类很多,但较为知名的有国产的瑞星、金山毒霸、江民 KV2009 及国外的卡巴斯基等,各款软件各有所长,用户可以根据自己的实际情况选用。下面我们以瑞星为例进行介绍。

(1)打开“瑞星杀毒软件”窗口,并单击“首页”选项卡,单击“全盘杀毒”按钮,如图 9-26 所示。

(2)发现病毒后系统将自动打开“发现病毒”对话框,并显示感染病毒的文件名称和病毒名称,如图 9-27 所示,这里单击“清除病毒”按钮。

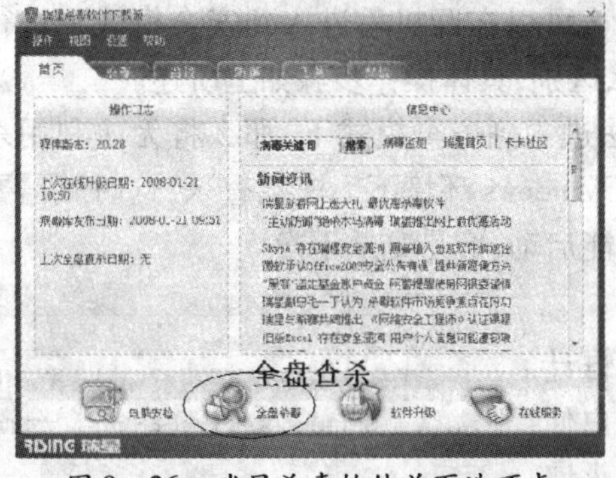

图 9-26 瑞星杀毒软件首页选项卡

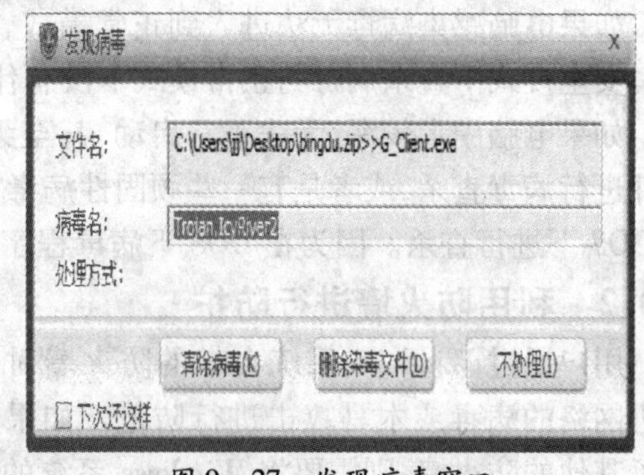

图 9-27 发现病毒窗口

(3)杀毒软件对感染病毒的文件进行病毒清除,并在瑞星杀毒的界面中显示感染病毒文件的相关信息。

(4)杀毒完成后,弹出“杀毒结束”对话框,提示了扫描病毒的结果,这里单击“确定”按钮。

(5)返回到瑞星杀毒界面,单击标题栏右侧的“关闭”按钮,退出杀毒软件。

> **小提示:**为了加快查杀的速度或是只针对特定盘符进行查杀,用户可以在右侧的查杀目标中只选择要查杀的目标文件即可。

2. 如何升级杀毒软件

病毒的数量和种类不是固定的，它们在日益的更新和变化。普通的杀毒软件只能通过自带的病毒库样本的特征来分析和确定病毒，因此要长时间地保护计算机不受病毒的侵犯，还需要及时对杀毒软件进行升级。下面介绍升级瑞星杀毒软件的操作方法。

(1)打开“瑞星杀毒软件”窗口，并单击“首页”选项卡，单击“软件升级”按钮。

(2)瑞星软件开始连接网络并获取升级信息，在打开的对话框中可看到当前升级的进度。

(3)瑞星杀毒软件自带的智能升级程序开始下载新的组件，并在打开的“瑞星软件智能升级程序”对话框中显示了当前下载的进度，如图 9－28 所示。

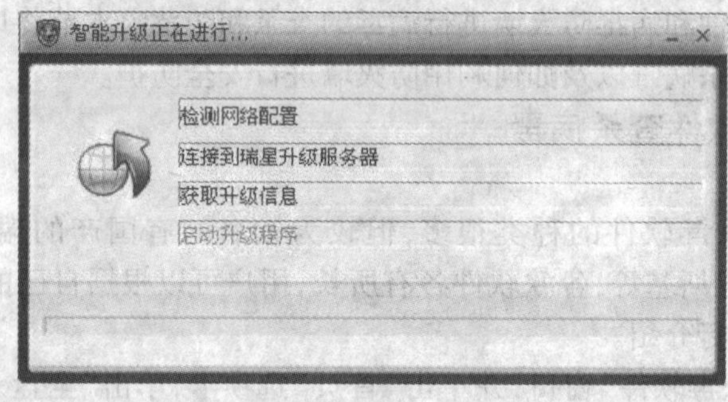

图 9－28　升级杀毒软件

(4)杀毒软件进行智能升级，此时在打开的“更新过程中”对话框中显示了升级的进度。升级完成后单击“瑞星杀毒软件”窗口右上角的“关闭”按钮，退出瑞星杀毒软件。

如果电脑感染病毒无法进入到正常模式，那么可以在开机后进入到安全模式下进行查杀。安全模式下查杀病毒与正常模式下没有什么区别，具体操作步骤如上所述。

如果电脑中毒较深，无法正常启动，甚至无法进入到安全模式下，那么将无法利用杀毒软件进行病毒查杀，或者是有一些顽固性病毒在 Windows 环境下无法被查杀，这时就需要进入 DOS 下进行查杀。因为在 DOS 下病毒程序未能启动，容易查杀干净。

9.3.2　利用防火墙进行防护

用户通过 Windows 系统自带的防火墙对来自计算机网络的病毒或木马攻击进行防范。如果用户使用了其他的防火墙，则需要将 Windows 系统的防火墙关闭。一旦用户停止了使用其他的防火墙，那么应该立即启用 Windows 系统的防火墙以保护计算机系统安全。由于在 Windows Vista 和 Windows XP 中启动防火墙的方法相似，下面将介绍在 Windows Vista 中启用防火墙的操作方法。

(1)选择“开始”→“控制面板”命令。

(2)打开“控制面板”窗口，单击“允许程序通过 Windows 防火墙”超级链接。

(3)在打开的“用户账户控制”对话框中，单击

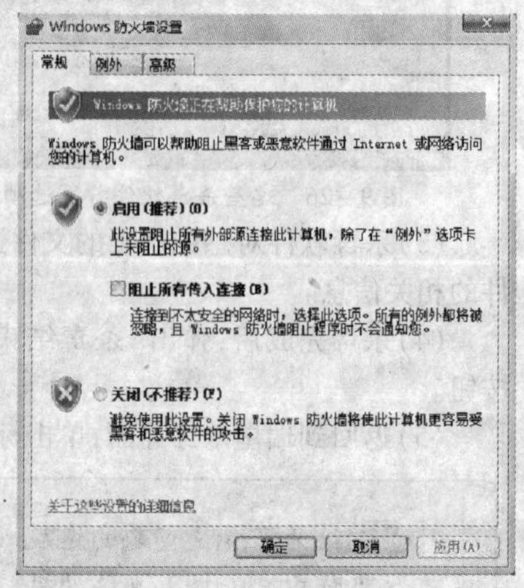

图 9－29　“常规”选项卡

"继续"按钮。

(4)打开"Windows 防火墙设置"对话框,单击"常规"选项卡,选中"启用(推荐)"单选项,如图9-29所示。

(5)单击"例外"选项卡,在"程序或端口"栏中选中"Windows Media Player"复选框,取消选中"飞鸽传书"复选框,如图9-30所示,单击"添加程序"按钮。

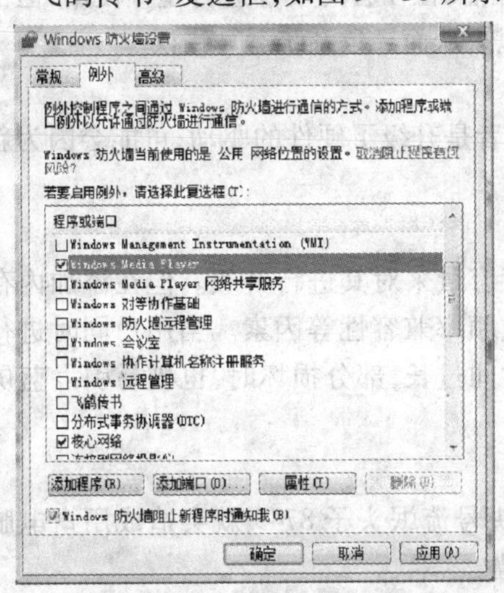

图9-30 "例外"选项卡

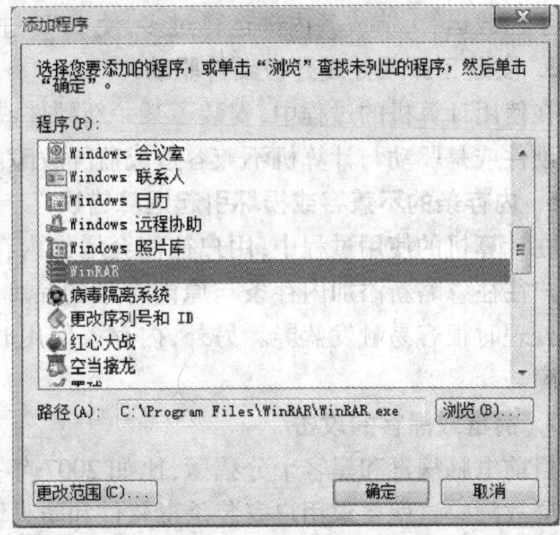

图9-31 "添加程序"对话框

(6)在对话框的"程序"栏中选择"Win RAR"选项,如图9-31所示,依次单击"确定"按钮即可允许"Win RAR"软件通过防火墙访问计算机网络。

9.4 常见故障的清除

在计算机的运行过程中经常会遇到蓝屏、死机等故障。本节我们主要介绍如何清除这些常见的故障。

9.4.1 Windows 蓝屏故障

所谓的蓝屏就是计算机在使用的过程中,突然出现蓝色屏幕,电脑无反应死机。计算机蓝屏的原因大致有以下几种:

1. 计算机运行时间过长

如果长时间开机,特别是在同时运行多个任务时,计算机往往会因无法及时响应用户的操作而崩溃,表现出来的现象就是蓝屏死机。

2. 计算机散热不良

如果计算机机箱内不进行除尘处理,内部灰尘聚集过多,就会出现散热不良的情况,特别是长时间挂机进行 BT 下载时,就会因散热问题而蓝屏死机。

3. 虚拟内存不足

虚拟内存是 Windows 系统所特有的一种解决系统资源不足的方法,其一般要求主引导区的硬盘剩余空间是其物理内存的2~3倍。如果用户的磁盘空间不足,当虚拟内存需要使用磁盘空间的时候,就会因为磁盘空间不足而出现运算错误,从而导致蓝屏故障。要解决这问题很简单,确保系统有充足的剩余空间,经常清理磁盘垃圾,进行磁盘碎片整理,或者手动配置虚拟内存,将虚拟内存的默认地址指向其他的逻辑盘下,这样就可以避免因虚拟内存不足而引起的蓝屏。

4. CPU 超频导致运算错误

很多用户为了最大限度的挖掘计算机硬件的性能,往往会对硬件进行超频使用,但由于进行了超载运算,造成其内部运算过多,使 CPU 过热,从而导致系统运算错误。

5. 安装了新硬件或升级硬件驱动

在使用计算机的过程中,安装了某一新硬件或者是升级了硬件的驱动,可能会因为新安装的硬件或是驱动与计算机不兼容造成蓝屏故障。

6. 内存条的不兼容或损坏引起运算错误

在计算机的使用过程中,用户往往会增加内存容量来对其进行升级。但在添加内存条时用户往往忽略新添加内存条与原内存条的品牌、频率兼容性等因素。当用户同时进行多任务处理时很容易触发蓝屏。另外,内存条使用时间过长,部分损坏时,也极易引发蓝屏死机故障。

7. 病毒或黑客的攻击

目前电脑病毒和黑客十分猖獗,比如 2007 年头号流氓头子 8749 就会造成用户电脑出现蓝屏故障。这就要求用户安装杀毒软件和防火墙。

8. 不正确的插拔操作

使用计算机的过程中,用户总是要使用如光驱、U 盘、可移动硬盘等设备,在使用这些设备的过程中,如果用户强行弹出这些设备,往往会引发蓝屏死机故障,甚至会造成设备的物理损伤。因此,在使用这些外部设备时最好先停用设备后,再拔下设备。

当电脑出现蓝屏故障后,用户该如何排除蓝屏故障呢? 在 Windows2000/XP 操作系统中,用户可以通过如下步骤进行排除。

当出现蓝屏后,将屏幕上的死机代码记录下来备用,STOP 后面跟随的一串十六进制代码就是死机代码,然后到网上以死机代码为关键字进行搜索,通常可以搜索到蓝屏故障的原因及排除方法。如果无法最终确定蓝屏故障的原因,可以通过如下方法排除故障。

(1)出现蓝屏警报窗口时,用户首先应该考虑重新启动计算机,大部分情况下重启系统后即可解决问题。不过,一般此时已无法通过“Ctrl + Alt + Del”热启动,而只能按下复位按钮冷启动,或者索性断开电源后重新开机。

(2)重新启动后,在启动过程中按下【F8】,显示开机菜单,从 Windows 启动菜单中选择【最后一次正确配置】,这样可以解决错装驱动引起的不兼容蓝屏故障。

(3)如果无法进入【正常模式】,试着进入【安全模式】,然后删除或禁用新安装的附加程序或驱动程序。

(4)将病毒库升级至最新,利用杀毒软件对系统进行彻底查杀,消灭病毒,解决因病毒引起的蓝屏故障。

(5)利用事件查看器查看导致故障的设备或驱动程序,查找蓝屏的原因。选择菜单【开始】—【设置】—【控制面板】命令,打开控制面板,双击【性能和维护】选项,在接下来的窗口中双击【管理工具】选项,在弹出的窗口中双击【事件查看器】,打开【事件查看器】窗口,选择

【系统】选项，在右侧窗口中查看日志，确定导致故障的设备或驱动程序。

(6)打开主机箱，进行灰尘处理，如果有新安装的硬件设备，将其拆除，然后重启。

(7)将 BIOS 升级至最新，可以有效地解决软硬件不兼容而引发的蓝屏死机故障。

小提示：以上操作并无一定的先后顺序，用户可根据自己的判断选择一个合适的方案，如果用其中的一种方案排除了故障，其他方案就不用再试了。

9.4.2　Windows 死机故障

在电脑的运行过程中死机是一种常见的现象。死机故障的表现形式多种多样，有蓝屏死机、黑屏死机、花屏死机、失去响应死机等。死机大多是由于以下原因造成的：

1. 灰尘过多

大量灰尘进入某个板卡的插槽中就可能引起该板卡接触不良而出现死机故障。

2. 某硬件散热不良

如果风扇上的灰尘过多，润滑不良，磨损严重，那这些硬件的散热就存在问题，久而久之，随着情况的不断恶化，就会出现在开机使用一段时间后频繁死机或重启的现象。

3. 系统重要文件破坏

操作系统对整个计算机来说是至关重要的，如果系统文件损坏，那么也很容易导致 Windows 系统不稳定，引发频繁的死机故障。

4. 第三方程序设计不完善

在使用计算机的过程中，用户往往需要同时开启多个程序，而程序的最终执行是要在内存中来执行的。但是一些第三方程序由于设计不合理会和另一个第三方程序使用同一块内存地址，这时就会出现冲突而导致死机。

5. 插件接触不良

如果用户开机即死机，或者无论运行多么小型的程序都会死机，甚至是无法启动，那么就可能是因为接触不良引发的死机故障。

6. 硬盘剩余空间太少或是磁盘碎片太多

由于一些大型应用程序运行时需要大量的内存，如果物理内存不足就需要使用硬盘上的虚拟内存，此时如果硬盘的空间太少的话，那么就会使运行速度缓慢，甚至是失去响应，导致死机故障的发生。

7. 内存条的稳定性差

如果购买的内存条的质量低劣或是二手内存，或是使用时间过长造成内存条松动，焊点脱落或内存芯片本身损坏，都可能引发死机故障。

8. 硬盘故障

如果硬盘严重老化、在运行中受到震动、出现逻辑、物理坏道或出现坏扇区的话，电脑在运行时就很容易发生频繁死机故障。

9. 启动程序过多

随 Windows 启动程序的增多，将会在后台消耗大量的系统资源，如果用户再运行大程序的话，会因系统资源紧张而引起死机。

10. 病毒的影响

病毒特别是一些蠕虫、木马病毒可以使电脑性能和工作效率急剧下降从而造成频繁死机，因此安装使用一款强劲的杀毒软件，并定期升级病毒库可以确保电脑的稳定性。

11. 动态链接文件库 DLL 文件丢失或损坏

动态链接库 DLL 文件，对系统的稳定运行十分重要。用户在卸载软件的过程中，很可能误将其他应用程序仍然需要的 DLL 文件删除掉，当程序运行需要调用误删除的动态链接库时就会产生软件错误。如果丢失的动态链接库是比较重要的核心文件的话，那么系统就会崩溃死机。

综上所述，Windows 死机故障多种多样，原因也千奇百怪，解决的方法也不相同。因此，对付死机故障没有万灵药，往往要具体问题具体分析，针对不同的原因，采取不同的措施，这需要我们认真的摸索。一般情况下，排除故障的工作可以围绕软件和硬件两方面进行。

(1)在软件方面的问题一般是文件丢失、损坏和冲突，或者是资源缺乏，主要是文件方面的原因，也有系统方面的原因。所以解决方法也要从文件开始，如果文件丢失损坏，可以查找、复制和恢复，就需要把其中一个先关闭或者卸载。如果是系统资源缺乏，那么就需要看是哪些资源占用较多，适当调节就可以了。在判断问题的时候，可以从错误类型上来判断，一般软件错误都会有提示。

(2)在硬件方面如果出现问题，一般都是发热，超负荷工作以及质量和环境。如果出现这些故障，我们应该使用排除法，一点一点地排除，缩小故障范围，然后再判断、解决。解决方法一般为清理或者更换配件，判断方法一般都是靠眼睛和鼻子来检查，如果通过观察，发现内存金手指有氧化现象，则应该使用橡皮擦来清除氧化层。判断硬件问题的时候，也是从错误类型上判断，如果开机发现机箱报警，则可以通过声音来辨别其中某个硬件发生了故障。

1. 简答题

(1)什么是计算机病毒？

(2)计算机蓝屏的原因有哪几种情况？

(3)计算机死机的原因有哪几种情况？

2. 拓展练习题

除了 Windows 优化大师外还有哪些系统优化软件？利用这些软件如何优化系统？

3. 实践操作

(1)对计算机进行磁盘碎片整理和磁盘清理。

(2)使用 Windows 优化大师优化磁盘缓存、优化网络设置和优化开机速度。

第10章

网络的组建

在学习了微机的各种部件、各部件的组装、操作系统及相关应用软件的安装之后，接下来我们学习如何将各台微机互相连接起来进行通信和资源共享，即网络的组建。网络的组建是一项庞大的系统工程，本章从网络组建的基础知识入手，重点介绍局域网的组建。

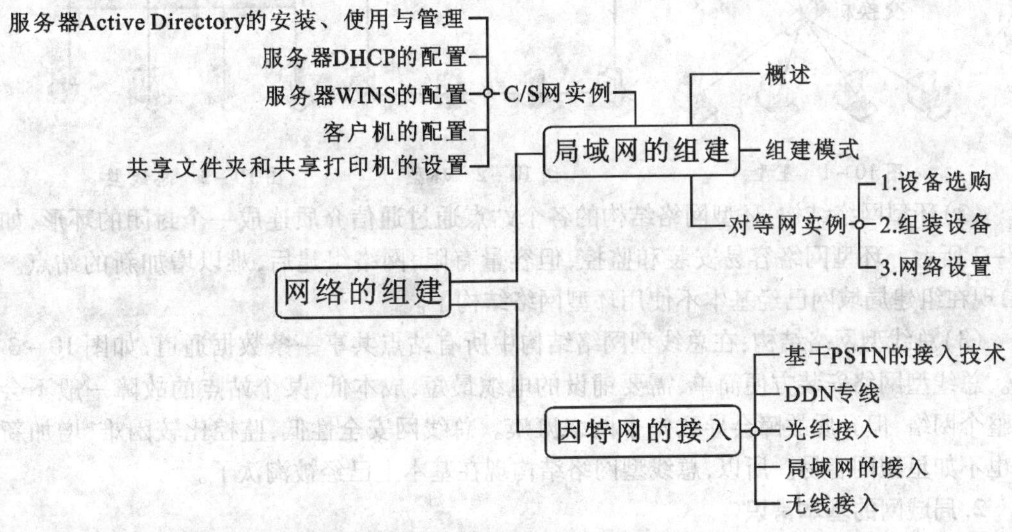

10.1 局域网的组建

10.1.1 局域网概述

局域网(Local Area Network,简称 LAN)，是指在一定范围内由多台计算机通过有线和无线的方式连接起来，达到数据通信和资源共享的一种网络。局域网可以实现文件管理、应用软件共享、打印机共享、扫描仪共享、工作组内的日程安排、电子邮件和传真通信服务等功能。在日常的学习和工作中，我们经常需要组建一些简单的局域网，以便计算机之间能共享资源。在组建局域网之前我们先来了解局域网的类型和一些基本的网络概念。

提示:这里的“一定范围”可以是同一办公室、同一建筑物、同一公司和同一学校等，最多不超过 25km。

1. 局域网的种类

局域网按照不同的功能及特点可分为不同的类型，按照拓扑结构（网络的拓扑结构是指网络中通信线路和站点相互连接的几何形式）的不同，可以将网络分为星型网络、环型网络和总线型网络三种基本的类型；按传输介质可分为有线网络和无线网络两种；按服务对象可分为企业网和校园网。下面就第一种分类进行详细介绍。

(1) 星型网络拓扑结构：在星型网络拓扑结构中各个计算机使用各自的线缆连接到网络中，因此如果其中一个站点出了问题，不会影响整个网络的运行。星型网络结构是现在最常用的网络拓扑结构，如图 10－1 所示。

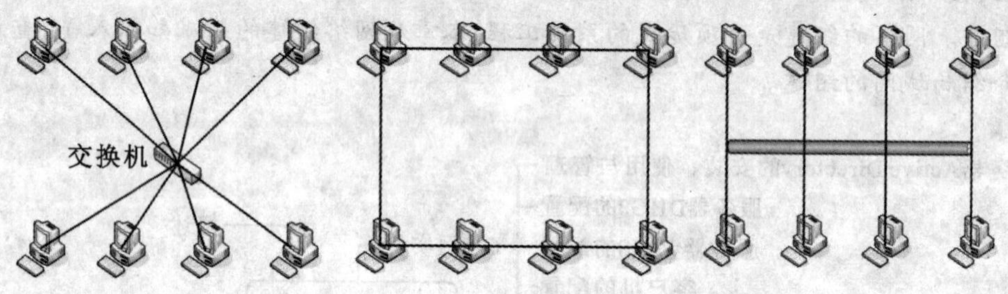

图 10－1　星型　　图 10－2　环型　　图 10－3　总线型

(2) 环型网络结构：环型网络结构的各个站点通过通信介质连成一个封闭的环形，如图 10－2 所示。环型网络容易安装和监控，但容量有限，网络组建后，难以增加新的站点。因此，现在组建局域网已经基本不使用环型网络结构了。

(3) 总线型网络结构：在总线型网络结构中所有站点共享一条数据通道，如图 10－3 所示。总线型网络安装方便简单，需要铺设的电缆最短，成本低，某个站点的故障一般不会影响整个网络，但介质故障会导致整个网络瘫痪。总线网安全性低，监控比较困难，增加新站点也不如星型网容易。所以，总线型网络结构现在基本上已经被淘汰了。

2. 局域网的基本常识

要组建局域网不但需要相应线路设备，还需要相应的网络协议等辅助信息才能实现局域网的功能，下面分别进行介绍。

(1) 组建局域网的设备。要配置一个局域网，需要购置一些网络连接设备和线缆，下面详细介绍这些设备和线缆。

① 集线器（HUB）。集线器是一种网络中继器，主要的功能是对接收到的信号进行放大，以扩大网络的传输距离，通常集线器处于网络的一个星型结点，对结点相连的工作站进行集中管理。依据总线带宽的不同，集线器分为 10M、100M 和 10/100M 自适应三种，这些集线器通常使用 RJ－45 接口的网线进行连接。

② 交换机（Switch）。交换机的外形与集线器很相似，但它提供了许多互联网络功能，可以将网络分成小的冲突域，为每个工作站提供更好的带宽。

③ 路由器（Router）。路由器是一种网络设备，它能够利用一种或几种网络协议将本地或远程的一些独立的网络连接起来。

④ 网线。要连接局域网，网线是必不可少的。在局域网中常见的网线有双绞线、同轴电缆和光缆三种。

双绞线是由许多对线组成的数据传输线。常见的有 3 类线,5 类线、超 5 类线和最新的 6 类双绞线。3 类线主要用于语音传输,传输频率 16MHz,最高传输速率 10Mbps。5 类线较 3 类线增加了环绕密度,外套一层高质量的绝缘材料,传输频率为 100MHz,最高传输速率为 10Mbps,主要用于局域网。超 5 类线具有衰减小、串扰少,并且具有更高的衰减与串扰比值和信噪比,更小的延时误差,性能得到很大的提高。该类网线主要用于千兆位以太网。6 类双绞线的传输频率为 1MHz～250MHz,其传输性能远远高于超 5 类线,最适合于传输速率高于 1Gbps 的应用。

作为最常用的 5 类网线其制作有两种标准,即 568A 和 568B,他们都是按照双绞线中不同颜色线缆的排列顺序来进行的。

568A 的制作方法:1 - 白绿、2 - 绿、3 - 白橙、4 - 蓝、5 - 白蓝、6 - 橙、7 - 白棕、8 - 棕,如图 10 - 4 所示。

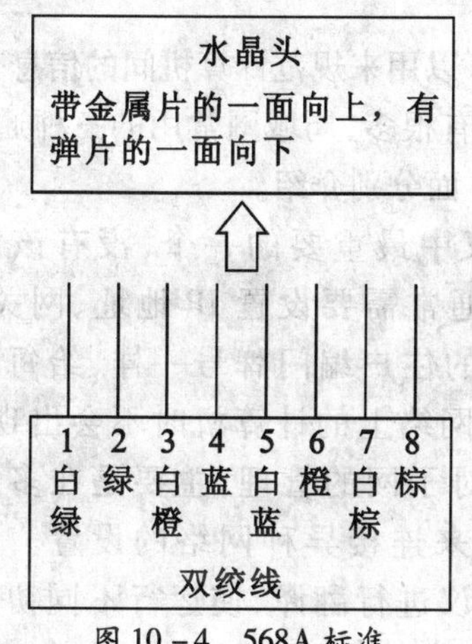

图 10 - 4　568A 标准

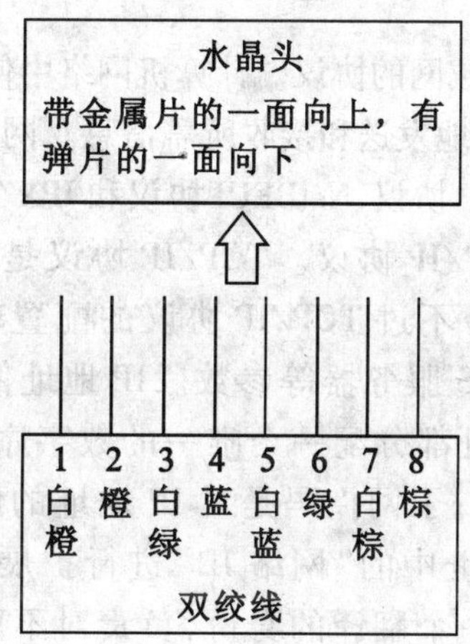

图 10 - 5　568B 标准

568B 的制作方法:1 - 白橙、2 - 橙、3 - 白绿、4 - 蓝、5 - 白蓝、6 - 绿、7 - 白棕、8 - 棕,如图 10 - 5 所示。

双绞线的连接方法有两种:直通线和交叉线。

直通线水晶头两端都应遵循 568A 标准或 568B 标准,双绞线的每组线在两端是一一对应的,颜色相同的在水晶头两端的相应槽中保持一致,如图 10 - 6 所示。直通线主要用在交换机(或集线器)Uplink 口连接交换机(或集线器)普通端口或计算机普通端口连接计算机网卡上。

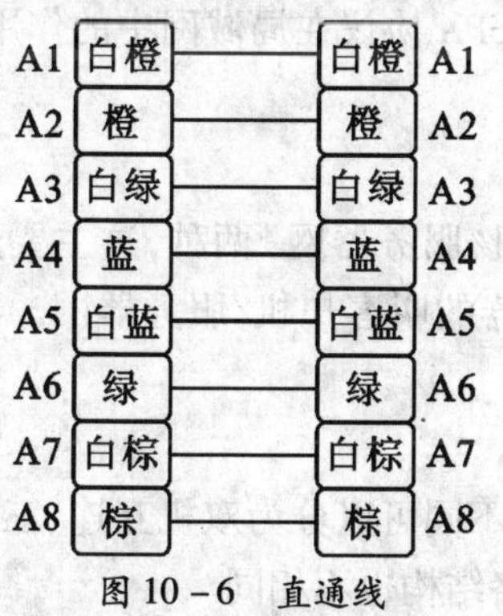

图 10 - 6　直通线

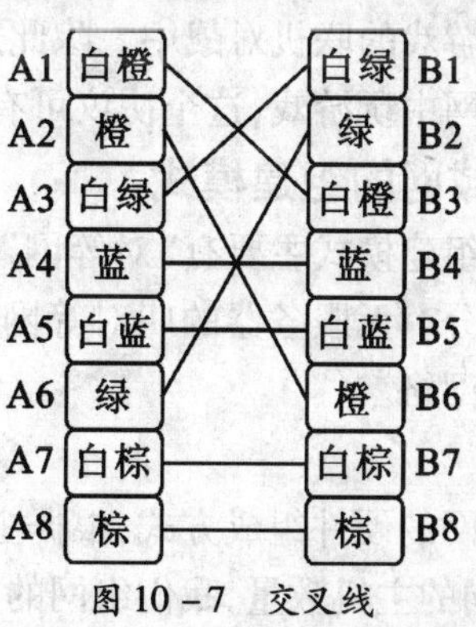

图 10 - 7　交叉线

交叉线的水晶头一端应遵循568A标准，而另一端则采用568B标准，即A水晶头的1、2对应B水晶头的3、6，而A水晶头的3、6对应B水晶头的1、2，如图10－7所示。交叉线主要用在交换机（或集线器）普通端口连接到交换机（或集线器）普通端口或网卡连到网卡上。

同轴电缆是由一层层的绝缘线包裹着中央铜导体的电缆线，其特点是抗干扰能力好，传输数据稳定，价格便宜。同轴电缆一般和BNC头（Bayonet Nut Connector，刺刀螺母连接器，一种用于同轴电缆的连接器）相连，市场上卖的同轴电缆线一般都是已经和BNC头连接好的成品。

光缆是目前最先进的网线，但其价格昂贵，是由许多根细如发丝的玻璃纤维外加绝缘套组成的。由于靠光波传送，它的特点是抗电磁干扰性极好、保密性强、速度快、传输容量大等。

（2）局域网的协议。计算机网络中使用的协议可以用来规范计算机间的信息交流，使计算机能顺畅地发送和接收所需信息。网络中的协议有很多，局域网常用的三种通信协议分别是TCP/IP协议、NetBEUI协议和IPX/SPX协议，下面分别介绍。

① TCP/IP协议。TCP/IP协议是这三大协议中最重要的一个，没有该协议是无法上网的。不过TCP/IP协议的配置较为麻烦，通常需要设置IP地址、网关、子网掩码以及DNS服务器等参数。IP地址像给街道上的住户编门牌号一样，给每台局域网上的计算机都分配一个唯一的数字序列，使查找网络上的计算机时不会出现“冒名顶替”的现象；子网掩码是对IP地址的解释，用于对子网的管理，主要是在多网段环境中对IP地址中的“网络ID”进行扩展；网关是用来连接异种网络的设置。网关其实充当的是一个翻译的身份，负责对不同的通信协议进行翻译，使运行不同协议的两种网络之间可以实现互相通信，如运行TCP/IP协议的计算机要访问运行IPX/SPX协议的Novell网络资源时，则必须由网关作为中介。

② NetBEUI协议。NetBEUI即NetBIOS Enhanced User Interface，NetBIOS增强用户接口，是NetBIOS协议的增强版本，是一种短小精悍、通讯速率高的广播型协议，安装后不需要进行设置，特别适合于在“网络邻居”中传送数据。所以建议除了TCP/IP协议外，局域网的计算机上最好也安装上NetBEUI协议。

③ IPX/SPX协议。IPX/SPX协议是Novell开发的专用于NetWare网络中的协议，目前常用于计算机游戏的联机对战中。除此之外，IPX/SPX协议在局域网中的作用并不是很大，如果不在局域网中玩游戏，这个协议可有可无。

10.1.2 局域网的组建模式

局域网的组建模式主要有“对等网”和“客户机/服务器网”两种，这主要是以网络中有无服务器来划分。无服务器的叫对等网。有服务器的叫客户机/服务器网。下面分别介绍这两种模式的网络。

1. 对等网

针对对等网的硬件组成方式，根据主机数据的不同可以分为双机互连、三机互连和多机互连，对于不同的主机数量，我们组网的方式和网络结构也不相同。

(1)双机互联。双机互连是最简单的网络结构,也是在小型局域网中最常见的组网方式之一。双机互连不需要过多的附加网络设备,只要为每台计算机配置一块网卡,并且通过双绞线制成的特制交叉线,插在两块网卡的 RJ－45 插头上,就构成了最简单的对等网络,如图 10－8 所示。通过这种联网方式可以为每台计算机设置共享文件夹并传递数据,同时也可以通过其中一台计算机的上网设备共享 Internet 资源。如果你已经有一台计算机通过网卡连入 Internet,那么,再添加一块网卡后,这台计算机就安装了两块网卡,只需要计算机中配置共享 Internet 连接,就可以实现另一台计算机连入 Internet。

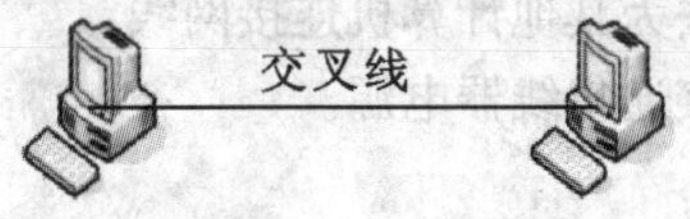

图 10－8　双机互连

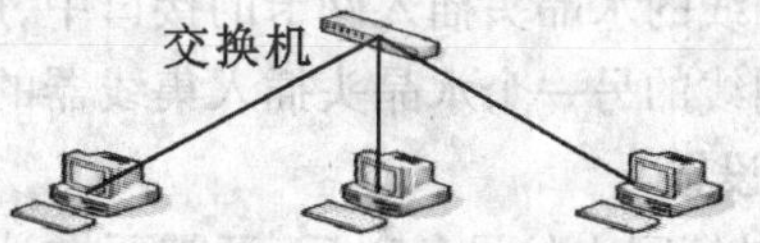

交换机

图 10－9　使用交换机实现三级互连

(2)三机互连。实现三机互连最简单的方法是添置一台四口或八口的集线器或交换机,并且为每台计算机配置一块网卡。将每块网卡通过双绞线连接到集线器或交换机上,这样就构成了一个典型的星型网络,如图 10－9 所示。

(3)多机互连。如果网络中的计算机数量比较多,那么最可行的方法就是买一个集线器或交换机,并为每台计算机配置一块网卡,然后用双绞线将它们连接成一个星型网络。

2. 客户机/服务器网

客户机/服务器网简称 C/S 网,如图 10－10 所示。它是指网络中有一台或几台处理能力较强的计算机集中进行软硬件资源的共享和管理,这些计算机统称为服务器。在客户机/服务器网中,服务器的作用是管理和共享数据,而将大部分的处理任务交由网络中的其他计算机,这时服务器不再以文件管理的方式来控制管理数据,而是以数据库的方式来控制管理数据,这就是分布式处理系统,服务器被称为数据库服务器。数据库服务器只作数据的存取、管理和搜索等工作,通过网络与负责处理数据的工作站进行数据交换。另外,作为服务器的计算机必须安装相应的服务器操作系统,如 Windows 2000、Server、Linux 等。

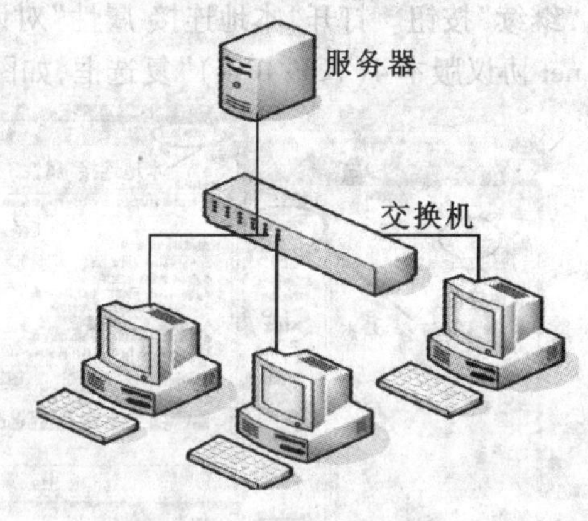

图 10－10　C/S 网

10.1.3　组建对等网实例

要组建一个对等网需要进行一系列的准备和操作,一般包括选购设备、设备连接以及网络设置 3 步。下面我们就以组建 3 台计算机的对等网为例来介绍组建对等网的方法。

1. 设备选购

在选购对等网设备时一般需要 RJ－45 接口网卡 3 张、集线器一个、双绞线若干米以及水晶头若干个。其中双绞线的制作与连接方法是:根据需要截取 3 段双绞线,把双绞线的一头外皮剥开,从左到右按白绿、绿、白橙、蓝、白蓝、橙、白棕、棕的顺序排列好,插入 RJ－45 水晶头并用卡线钳固定;另一头则从左到右按白绿、绿、白橙、蓝、白蓝、橙、白棕、棕的顺序排列好,插入另一个 RJ-45 水晶头并用卡线钳固定。

2. 组装设备

在组装对等网的设备时,应在断开电源的情况下进行。其方法是将网卡插入计算机,并用网线将计算机与集线器或交换机连接,再接通电源即可。下面就介绍其操作方法。

(1)关闭计算机的电源,打开计算机机箱,将网卡插入计算机的 PCI 扩展插槽上并用螺丝将其固定在机箱上。

(2)将网线的水晶头插入网卡的接口中,用相同的方法为其他计算机连接网线。

(3)将网线的另一个水晶头插入集线器的接口中,并接通集线器电源。

3. 网络设置

连接好对等网中的设备以后,还需要在计算机中设置 IP 地址,才能使对等网正常工作。下面介绍在对等网中的一台安装了 Windows XP 的计算机中设置 IP 地址的操作方法。

(1)选择"开始"→"控制面板"命令,打开"控制面板"窗口。

(2)单击"查看网络状态和任务"超级链接,打开"网络和共享中心"窗口。

(3)单击左侧窗格中的"管理网络连接"超级链接,打开"网络连接"窗口,双击窗口中的"本地连接"图标。

(4)打开"本地连接 状态"对话框,单击"属性"按钮,打开"用户账户控制"对话框,单击"继续"按钮。打开"本地连接 属性"对话框,在"此连接使用下列项目"列表框中双击"Internet 协议版本 4(TCP/IPv4)"复选框,如图 10-11 所示。

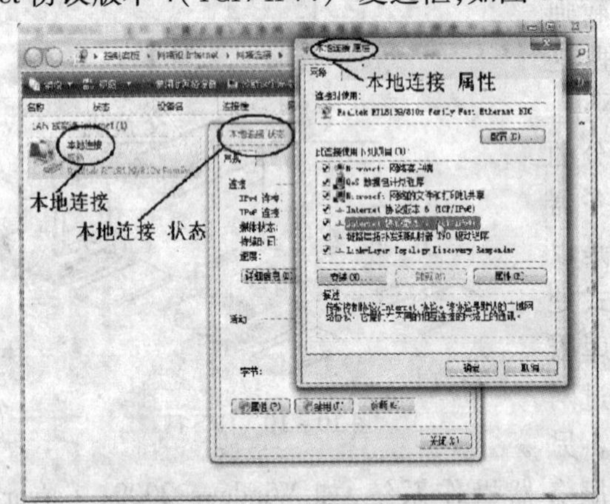

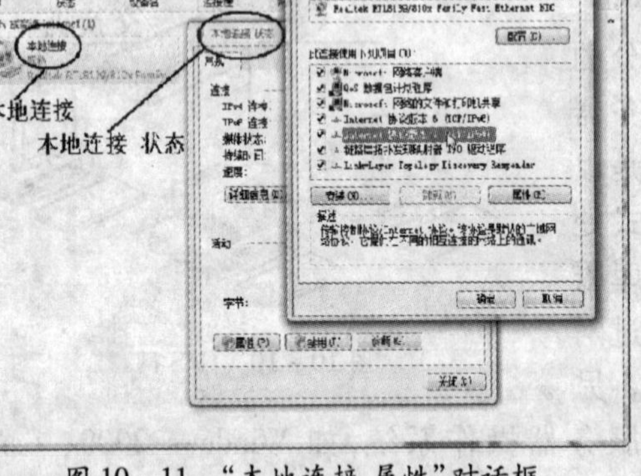

图 10-11 "本地连接 属性"对话框

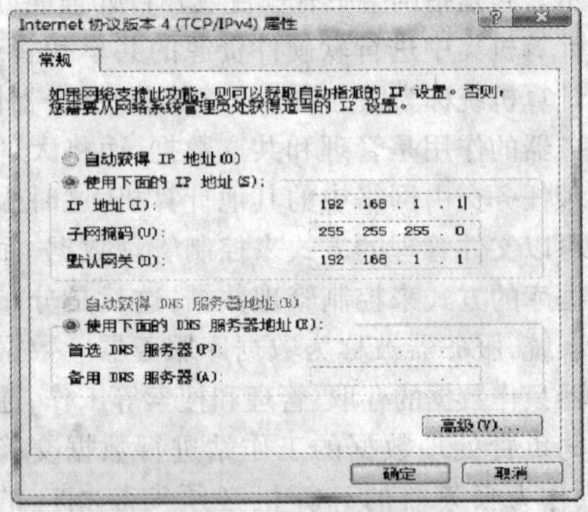

图 10-12 设置 IP 地址

(5)打开"Internet 协议版本 4(TCP/IPv4)属性"对话框,选中"使用下面的 IP 地址"单选项,在"IP 地址"文本框中输入由四组数字序列组成的 IP 地址,这里输入"192.168.1.1";单击"子网掩码"文本框,系统根据 IP 地址将自动分配为"255.255.255.0";在"默认网关"文本框中输入由四组数字序列组成的默认网关,这里输入"192.168.1.1",如图 10-12 所示,所有地址设置好后,单击"确定"按钮。

(6)返回到"本地连接 属性"对话框,再单击"确定"按钮。返回到"本地连接 状态"对话框,单击"关闭"按钮完成本地连接 TCP/IP 属性的配置。

10.1.4　组建客户机/服务器网实例

在组建客户机/服务器网时，其硬件设备的选购和组装方法与对等网基本相同，这里就不再赘述。在进行网络设置的时候，主要是对服务器进行配置，客户机的配置则比较容易，只需在设置 IP 地址时设置为自动获取 IP 地址即可。下面将介绍在服务器中安装和使用 Active Directory、配置 DHCP 及 WINS(Windows Internet Name Service，网络名称转换服务)的方法。

1. 服务器 Active Directory 的安装

(1)选择“开始”→“程序”→“管理工具”→“配置服务器”命令，打开“Windows 2000 配置您的服务器”窗口。

(2)在该窗口中选中“这是网络中唯一的服务器”单选项，单击“下一步”按钮，在打开的窗口中提示可以安装与配置服务器的 Active Directory、DNS 和 DHCP 等服务。

(3)单击“下一步”按钮，打开如图 10－13 所示的对话框，输入安装 Active Directory 的域名，这里输入“www”；输入 Internet 上注册时使用的域名(如果没有注册 Internet 上使用的域网，就输入本地名)，这里输入“fantasy. com”。

(4)单击“下一步”按钮，打开如图 10－14 所示的对话框，提示安装过程概况。

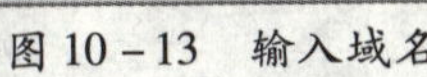
图 10－13　输入域名

图 10－14　提示安装过程概况

(5)单击“下一步”按钮，正式开始安装。这个过程大约需要几分钟，并需要 Windows 2000 安装光盘，期间会提示 DNS、DHCP 等的安装信息。安装完毕后系统会提示重新启动计算机，以便使安装及配置生效。

(6)重新启动计算机并进入桌面，再次打开“Windows 2000 配置您的服务器”窗口，这和第一次进入系统时已经不同了。它的“首页”内容提示服务器上已经安装了 Active Directory，可以设置并管理用户账号和组。单击“管理”超级链接，将打开“Active Directory 用户和电脑”窗口，可以进行用户账号和组的设置。

2. 使用和管理 Active Directory

在“Active Directory 用户和计算机”窗口中，可以进行用户账号和组的设置，这是服务器最基本也是最重要的一个配置环节。下面介绍其设置的操作方法。

(1)选择“开始”→“程序”→“管理工具”→“Active Directory 用户和电脑”命令，打开

“Active Directory 用户和计算机”窗口，如图 10－15 所示。

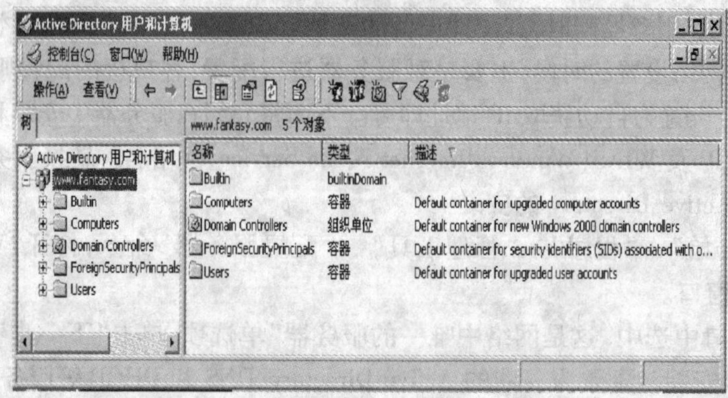

图 10－15　www. fantasy. com 域中共有 5 个对象

(2)展开域节点，在窗口左边的“树”列表中一些文件夹将被显示出来，如果是第一次安装完活动目录后打开该窗口，则包括 Built in(预定义本地组)、Computers(计算机)、Domain Contro1ers(域控制器)、Foreign Security Principals(外部安全负责人)和 Users(预定义全局组)等文件夹。在这里可以增加一些新对象，如组织单位、用户、组、计算机、联络人、打印机和共享文件夹等。下面我们就依次介绍如何实现这些功能。

组织单位是活动目录的基本构成单元。组织单位可以包含用户、组和计算机等其他对象，还可以包含其他的组织单位放入其中的 Active Directory 容器。它是最有用的目录对象类型，要创建其他对象，都必须首先创建组织单位。添加组织单位的操作方法如下：

(1)在“Active Directory 用户和计算机”窗口左边的域名“www. fantasy. com”上单击鼠标右键，在弹出的菜单中选择“新建”→“组织单位”命令，如图 10－16 所示。

(2)打开“新建对象－组织单位”对话框，在“名称”文本框中输入组织单位名称，这里输入“studio”。

(3)单击“确定”按钮，返回“Active Directory 用户和计算机”窗口，在左边展开的域中可看到新建立的组织单位 studio，如图 10－17 所示。

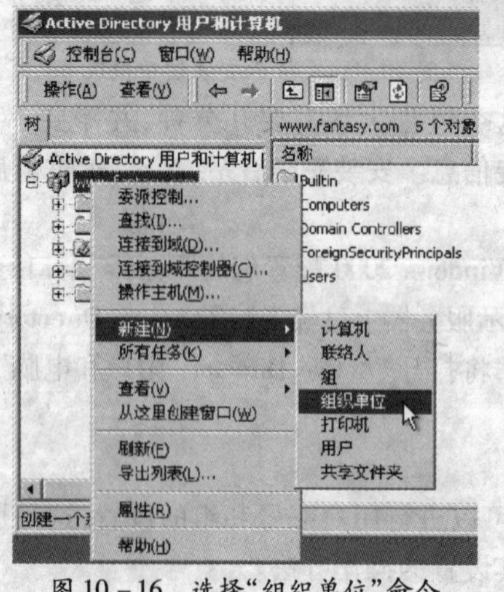

图 10－16　选择“组织单位”命令

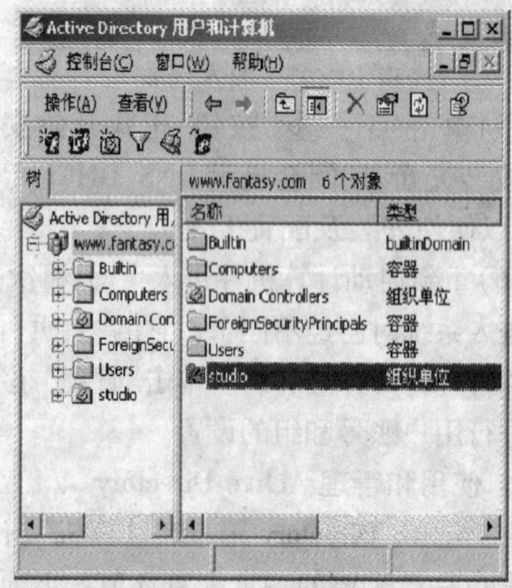

图 10－17　添加的组织单位

建立用户账户的具体操作步骤如下：

(1)在“Active Directory 用户和计算机”窗口中左边的域名上单击鼠标右键，在弹出的快捷菜单中选择“新建”→“用户”命令，打开“新建对象－用户”对话框，如图 10－18 所示。在对话框中填写用户基本信息，如用户姓名、登录名等，这里输入要创建的用户名称为“redrain”。

(2)单击“下一步”按钮，打开如图 10－19 所示的对话框，输入密码和确认密码，然后选中“密码不过期”复选框。

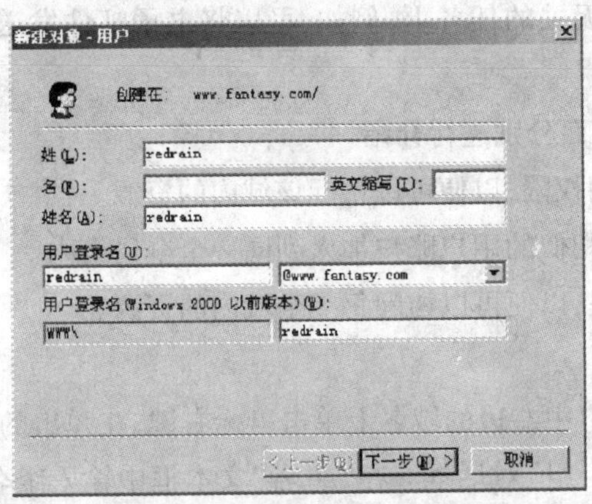

图 10－18　输入要创建的用户名

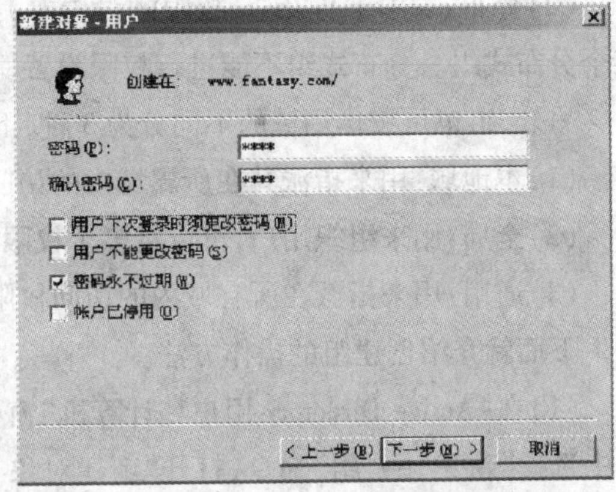

图 10－19　输入密码和确认密码

(3)单击“下一步”按钮，打开的对话框中显示了用户填写的信息，如用户全称、用户登录名和密码权限等，单击“完成”按钮，完成用户账户的创建。

修改用户属性的操作步骤如下：

(1)在“Active Directory 用户和计算机”窗口中的用户名“redrain”上单击鼠标右键，在弹出的快捷菜单中选择“属性”命令，打开“redrain 属性”对话框，单击“成员属于”选项卡。

(2)单击“添加”按钮，打开“选择组”对话框，在该对话框上部的文本框中选择“Administrators”选项，单击“添加”按钮，如图 10－20 所示。

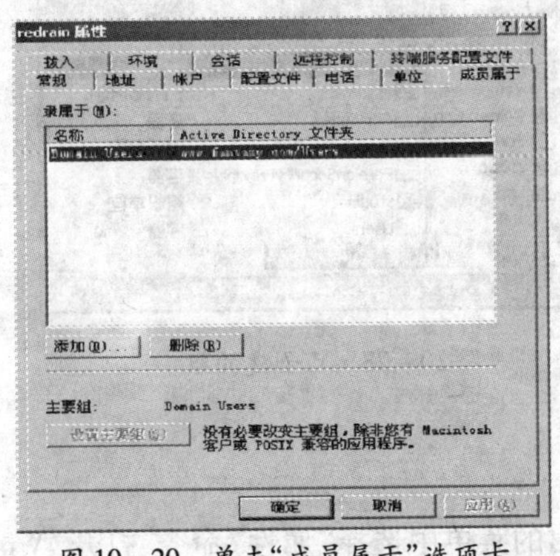

图 10－20　单击“成员属于”选项卡

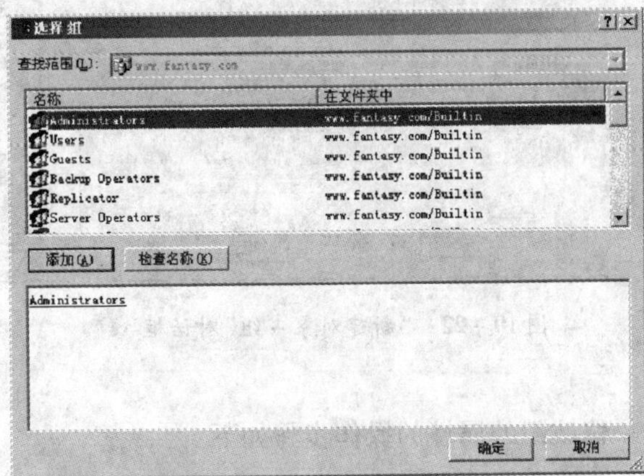

图 10－21　“选择组”对话框

(3)单击“确定”按钮，返回“redrain 属性”对话框，redrain 已属于内置全局组 Administrators，因而具有超级用户的权限，如图 10－21 所示。单击“确定”按钮，完成用户 redrain 的属性修改。

为更有效的管理创建的用户账户，应进行创建组的操作。其中创建的组可按权限的不同分为两种类型，下面分别进行介绍。

(1)安全式：其作用是设置权限，简化网络的维护和管理。

(2)分布式：用于与安全(权限的设置等)无关的任务上，例如，可以将电子邮件发送给某个分布式组。分布式组不能进行权限设置。

另外，组也可按作用域的不同分为 3 种，下面分别进行介绍。

(1)本地域：用来指派其在所属域内的访问权限，以便可以访问该域内的资源。

(2)全局：用来组织用户，可以将多个权限相似的用户账户加入到同一个全局组内。

(3)通用：用来指派在所有域内的访问权限，以便可以访问每一个域内的资源。

下面就介绍创建组的操作方法。

(1)在“Active Directory 用户和计算机”窗口中左边的域名上单击鼠标右键，在弹出的菜单中选择“新建”→“组”命令，打开“新建对象－组”对话框。在“组名”文本框中输入组名，这时拟建一个具有超级用户权限的组，这里在“组名”文本框中输入“WorkGroup”，组作用域与类型采用默认值，如图 10－22 所示。

(2)单击“确定”按钮，完成组的创建，如图 10－23 所示，名为 Work Group 的组已被创建。

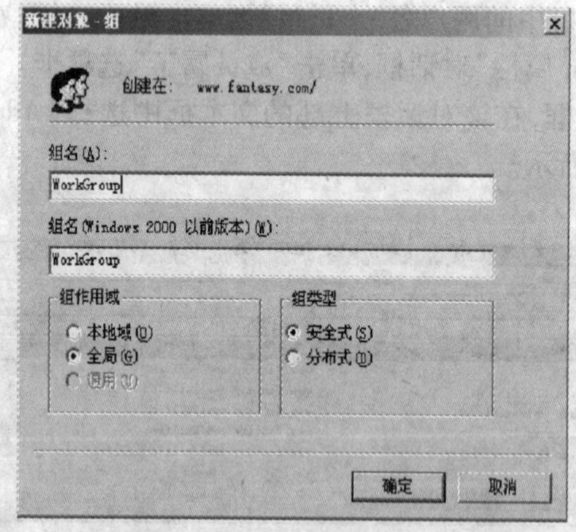

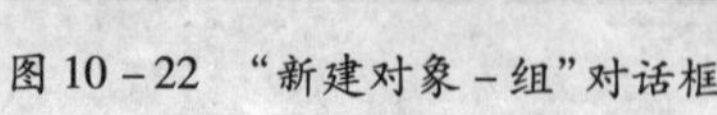
图 10－22 “新建对象－组”对话框

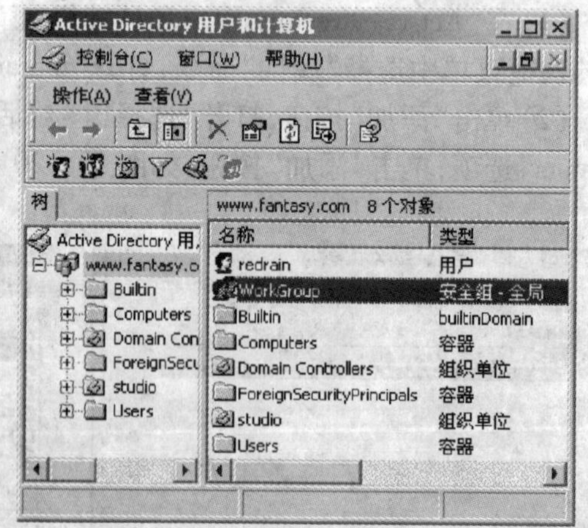

图 10－23 已创建的组

修改组的属性的操作步骤如下：

(1)在组名 Work Group 上单击鼠标右键，在弹出的菜单中选择“属性”命令，打开“Work Group 属性”对话框，再单击“成员属于”选项卡，如图 10－24 所示。

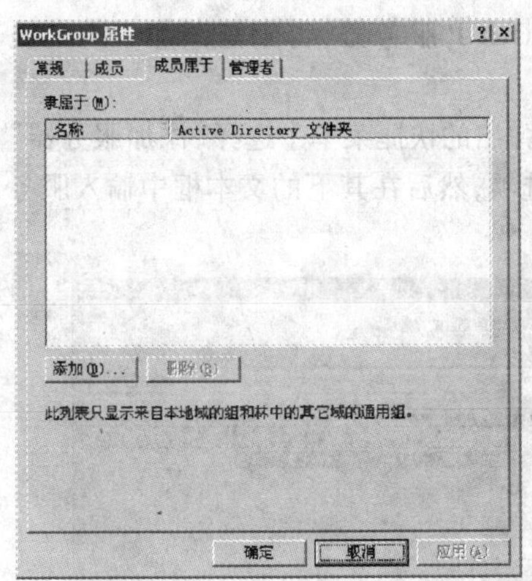
图 10－24　"成员属性"选项卡

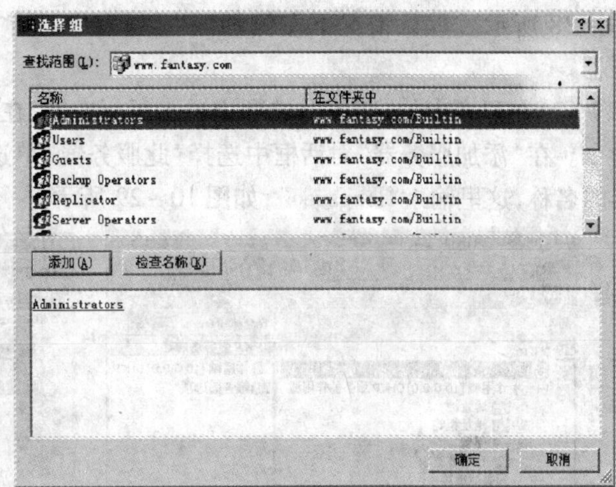
图 10－25　选择内置全局组 Administrators

(2)单击"添加"按钮,打开"选择组"对话框,如图 10－25 所示,可以为组赋予各种用户权限。在对话框上部的列表框中选择"Administrators"选项,单击"添加"按钮,而后单击"确定"按钮。

(3)返回"Work Group 属性"对话框,单击"应用"按钮,完成组的权限属性修改,组的成员已属于内置全局组 Administrators 中。

添加账户到组的操作步骤如下:

(1)在"Work Group 属性"对话框中单击"成员"选项卡。

(2)在该选项卡中单击"添加"按钮,打开"选择用户、联系人或计算机"对话框,在该对话框的上半部分可以选择要添加的用户,这里选择"Kite",单击"添加"按钮,如图 10－26 所示。

(3)单击"确定"按钮,返回到"Work Group 属性"对话框,如图 10－27 所示。单击"确定"按钮完成组属性的修改。

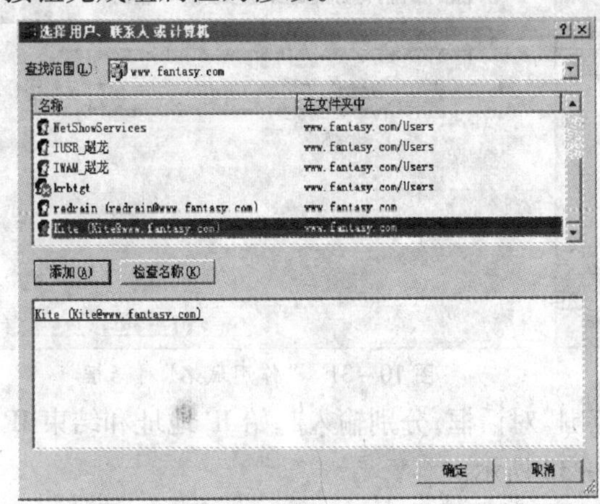
图 10－26　选择普通用户 kite

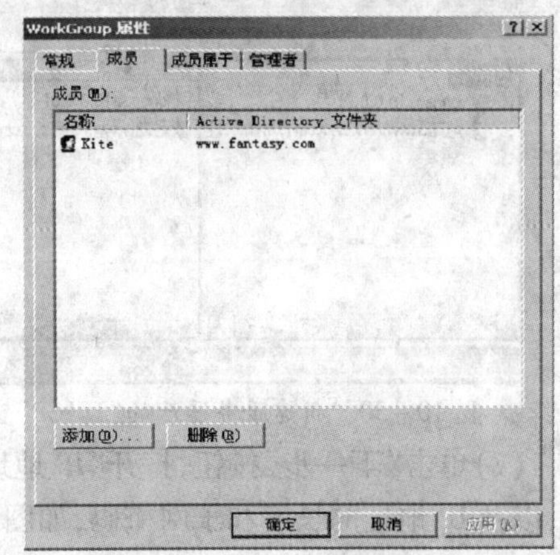
图 10－27　添加完成后

3. 服务器 DHCP 的配置

(1)选择"开始"→"程序"→"管理工具"→"DHCP"命令,打开"DHCP"窗口,如图

10－28 所示。默认情况下左侧的“树”列表中已有 DHCP 服务器,否则需添加 DHCP 服务器。

(2)在列表中的“DHCP”选项上单击鼠标右键,在弹出的快捷菜单中选择“添加服务器”命令。在“添加服务器”对话框中选择“此服务器”单选项,然后在其下的文本框中输入服务器的名称,这里输入“longageo”,如图 10－29 所示。

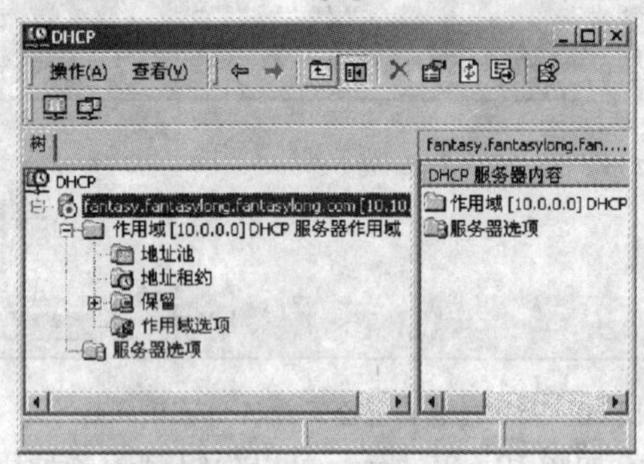

图 10－28 “DHCP”窗口

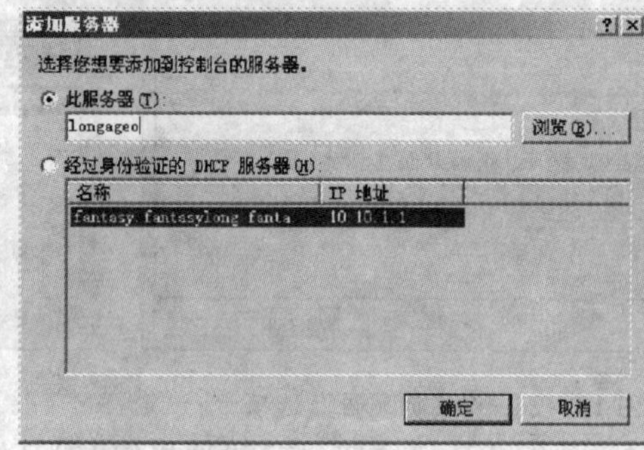

图 10－29 “添加服务器”对话框

(3)单击“确定”按钮,创建的服务器如图 10－30 所示。也可单击“浏览”按钮,在打开的“选择计算机”对话框中选择要添加的服务器。

(4)新建的 DHCP 服务器还需要经过授权才能分配 IP 地址,选择要授权的服务器,单击鼠标右键,在弹出的快捷菜单中选择“授权”命令即可。

(5)在服务器的名字上单击鼠标右键,在弹出的快捷菜单中选择“新建作用域”命令,打开“新建作用域向导”对话框。

(6)单击“下一步”按钮,打开“作用域名”对话框,分别在“名称”和“说明”文本框中输入新的域名和说明文字,这里分别输入“longago”和“‘飞儿’工作室”,如图 10－31 所示。

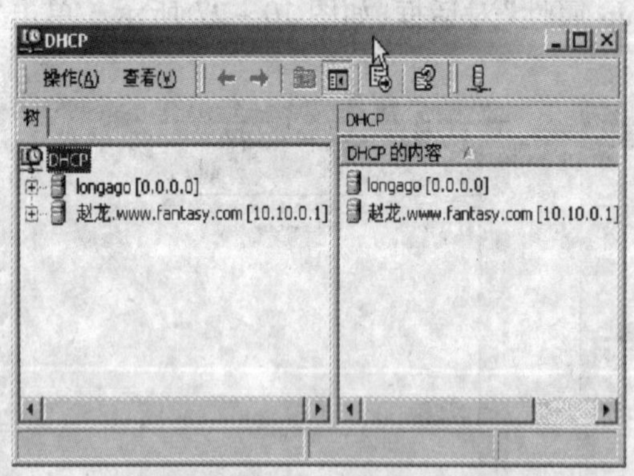

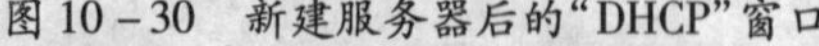

图 10－30 新建服务器后的“DHCP”窗口

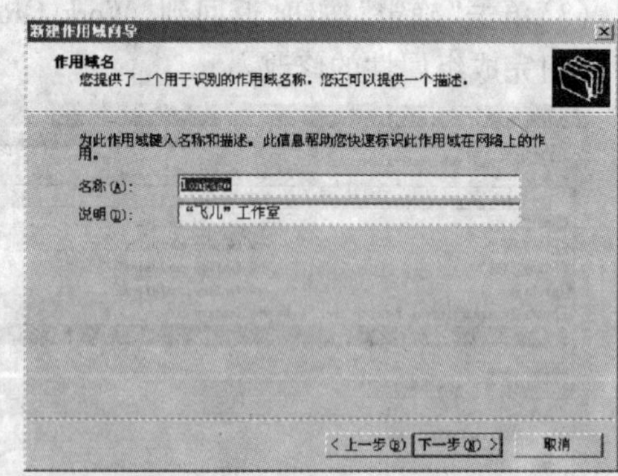

图 10－31 “作用域名”对话框

(7)单击“下一步”按钮,打开“IP 地址范围”对话框,分别输入起始 IP 地址和结束 IP 地址,以及 IP 地址的长度和子网掩码,如图 10－32 所示。

(8)单击“下一步”按钮,打开“添加排除”对话框,输入要排除的 IP 地址的范围,即该范围内的 IP 地址不能使用。填写完后单击“添加”按钮,IP 地址将被添加到“排除的 IP 地址范围”列表中,如图 10－33 所示,在这里可以添加多个排除的 IP 地址范围。

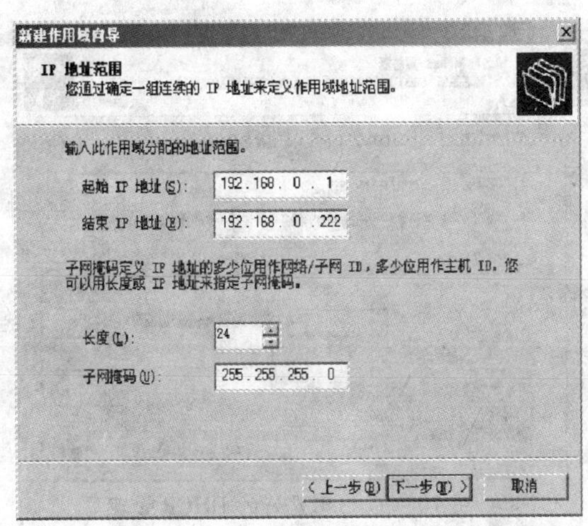

图 10－32　“IP 地址范围”对话框

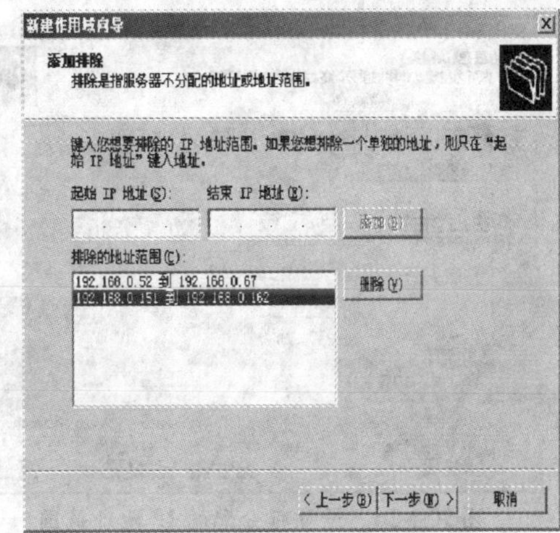

图 10－33　“添加删除”对话框

(9)单击“下一步”按钮，打开“租约期限”对话框，该对话框主要用来限制客户机连接到服务器的时间，这里在“限制为”数值框中输入“8”天“18”小时“30”分钟，如图 10－34 所示。

(10)单击“下一步”按钮，打开“配置 DHCP 选项”对话框，这里选择“是，我想现在配置这些选项”单选项，以便进一步设置 DHCP 服务器，如图 10－35 所示。

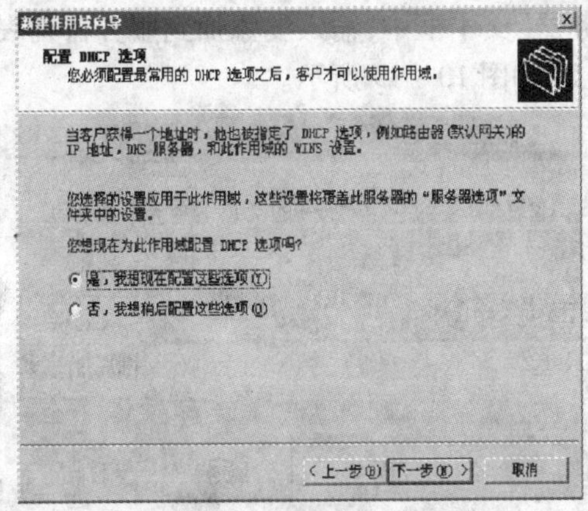

图 10－34　“租约期限”对话框

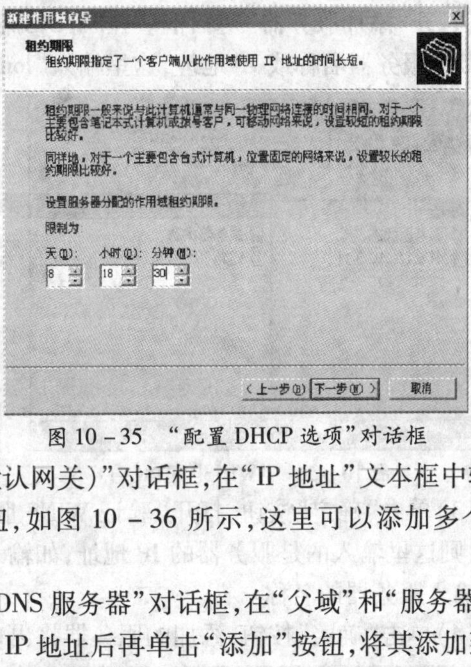

图 10－35　“配置 DHCP 选项”对话框

(11)单击“下一步”按钮，打开“路由器(默认网关)”对话框，在“IP 地址”文本框中输入路由器或网关的 IP 地址，再单击“添加”按钮，如图 10－36 所示，这里可以添加多个 IP 地址。

(12)单击“下一步”按钮，打开“域名称和 DNS 服务器”对话框，在“父域”和“服务器名”对话框中输入域名，在“IP 地址”文本框中输入 IP 地址后再单击“添加”按钮，将其添加到下面的列表框中，再单击“解析”按钮，查看 IP 地址和服务器是否对应，如图 10－37 所示。

(13)单击“下一步”按钮，打开“WINS 服务器”对话框，在该对话框中输入 WINS 服务器的名称和 IP 地址。

(14)单击“下一步”按钮，打开“激活作用域”对话框，选中“是，我现在激活此作用域”单选项，再单击“下一步”按钮将提示新建作用域完成，单击“完成”按钮即可。

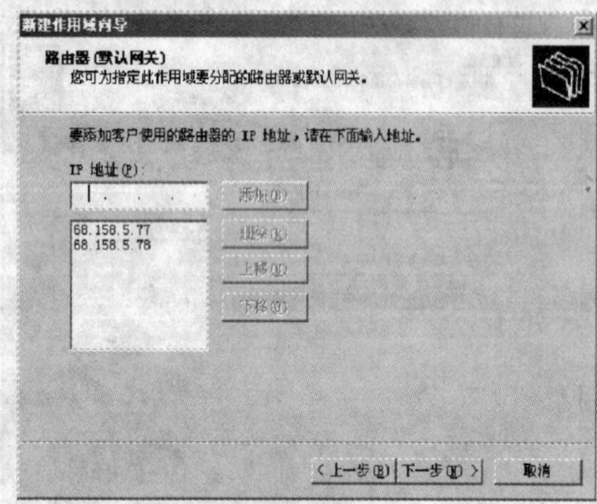

图 10－36　设置可分配的 IP 地址范围

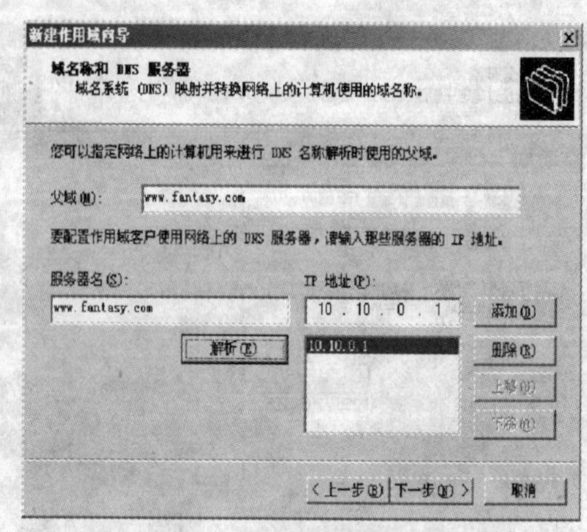

图 10－37　配置好的 DHCP 管理器

4. 服务器 WINS 配置

添加 WINS 服务器的操作步骤如下：

(1)选择“开始”→“程序”→“管理工具”→“WINS”命令，打开“WINS”窗口，如图 10－38 所示。

(2)在“树”列表中用鼠标右键单击 WINS 根节点，在弹出的菜单中选择“添加服务器”命令，打开“添加服务器”对话框。在“WINS 服务器”文本框中，输入要添加到服务器列表中的 WINS 服务器名称或 IP 地址，这里输入“long_2”如图 10－39 所示。

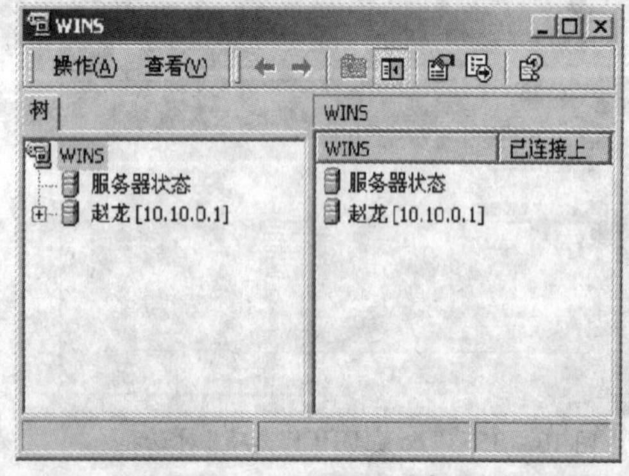

图 10－38　“WINS”窗口

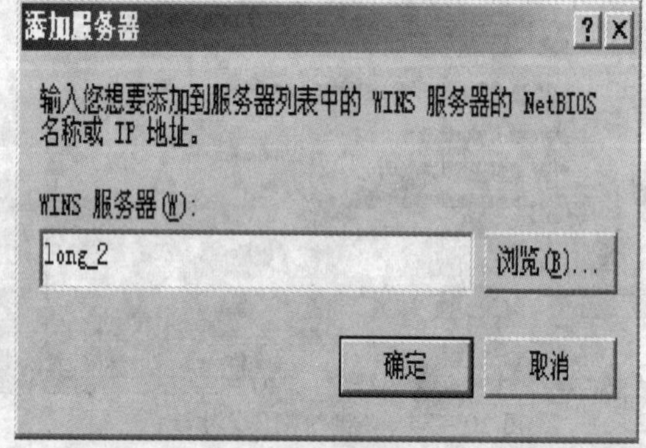

图 10－39　“添加服务器”对话框

(3)单击“确定”按钮，打开“验证 WINS 服务器”对话框。如果上一步中输入的是服务器名，则这里输入的是服务器的 IP 地址，如输入“192.168.0.1”，如图 10－40 所示。否则这里要输入服务器的名称。

(4)单击“确定”按钮，添加的服务器将出现在左侧的“树”列表中，如图 10－41 所示。

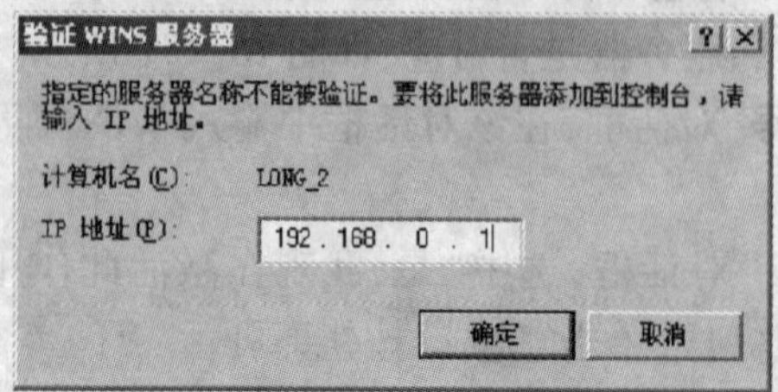

图 10－40　“验证 WINS 服务器”对话框

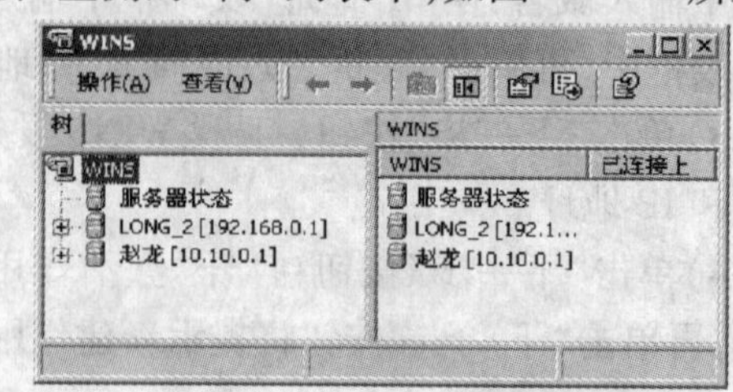

图 10－41　添加的 WINS 服务器

设置 WINS 服务器的操作步骤如下：

(1)在“WINS”窗口的“树”列表中要设置属性的服务器上单击鼠标右键，这里在“赵龙[10.10.0.1]”选项上单击鼠标右键，在弹出的菜单中选择“属性”命令，打开该服务器的属性对话框，如图 10－42 所示。

(2)在“常规”选项卡中选中“自动更新统计信息间隔”复选框，并输入刷新的时间间隔(一般约为 10 分钟左右)，WINS 服务器将自动按照设置的时间定时更新 WINS 数据库的信息。

(3)为了防止 WINS 数据库被破坏造成数据丢失，可以对 WINS 数据信息进行备份。单击“浏览”按钮打开“浏览文件夹”对话框，在该对话框中选择要保存备份文件的目录，然后单击“确定”按钮返回属性对话框。选中“服务器关闭期间备份数据库”复选框，这样在服务器关闭时系统将自动对 WINS 数据信息进行备份。

(4)单击“间隔”选项卡，在此可以设置更新时间间隔、记录消失时间间隔、消失超时时间以及验证时间间隔，这里分别设置为“6”天、“4”天、“6”天和“24”天，如图 10－43 所示。

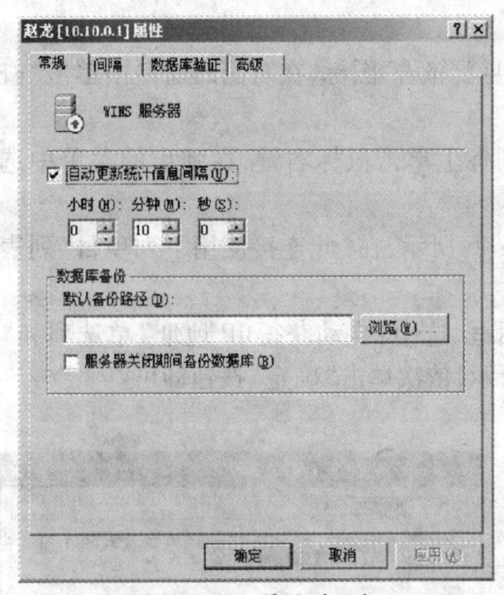

图 10－42　属性对话框

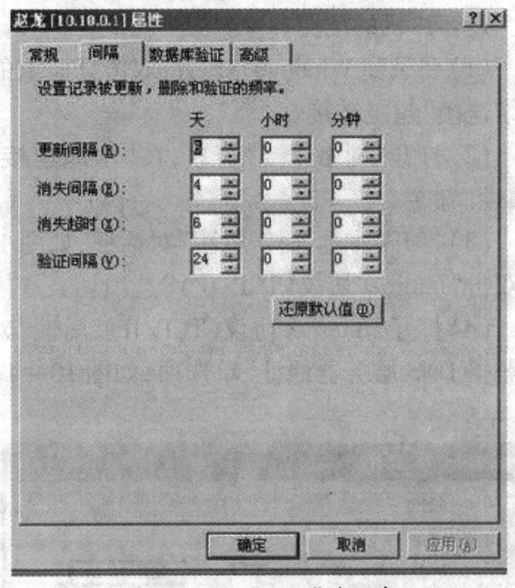

图 10－43　“间隔”选项卡

(5)单击“数据库验证”选项卡，在选中“数据库验证间隔”复选框后，就可以对验证数据库的时间间隔、开始时间和每周最大验证记录等进行设置，这里分别设置为“24”小时、“2”小时和“30 000”，如图 10－44 所示。对 WINS 服务器的数据库信息定期进行检查，看其与网络实际情况是否一致，因其不一致可能会导致网络连接错误。

(6)单击“高级”选项卡，如图 10－45 所示。如果需要记录详细的日志事件，可选中“将详细事件记录到 Windows 事件日志中”复选框，然后在“数据库路径”文本框中输入数据库路径。如果需要启用突发事件处理功能，可选中“启用爆发处理”复选框。如果需要和 LAN Manager 计算机名兼容，则可选中“使用和 LAN Manager 兼容的计算机名称”复选框，最后单击“确定”按钮即可。

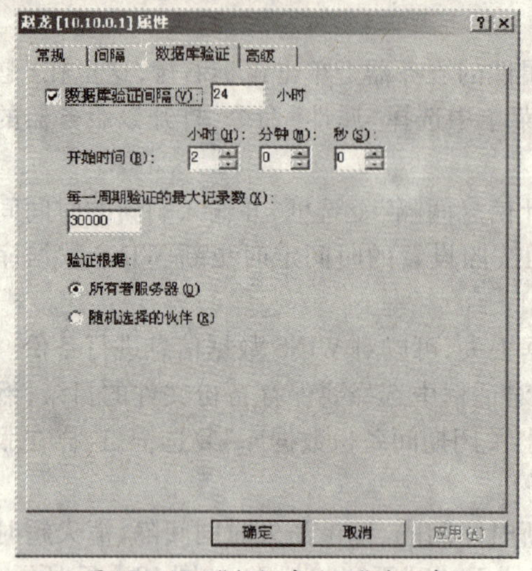

图 10－44 “数据库验证”选项卡

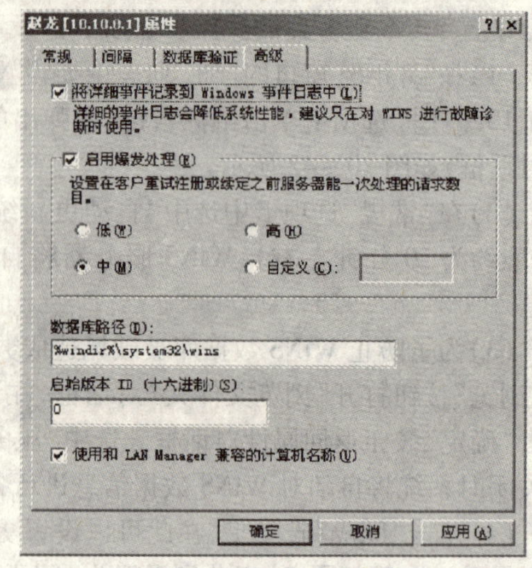

图 10－45 高级选项卡

4. 客户机的配置

(1)登录到 Windows XP 后,双击桌面上的“网上邻居”图标,在右侧的窗格中单击“查看网络连接”超级链接。

(2)打开“网络连接”窗口,在“本地连接”图标上单击鼠标右键,在弹出的菜单中选择“属性”命令。

(3)打开“本地连接 属性”对话框,如图 10－46 所示,在“此连接使用下列项目”列表框中双击“Internet 协议(TCP/IP)”选项。

(4)打开“Internet 协议(TCP/IP) 属性”对话框,选中“自动获得 IP 地址”单选项和“自动获得 DNS 服务器地址”单选项,如图 10－47 所示,依次单击“确定”按钮即可。

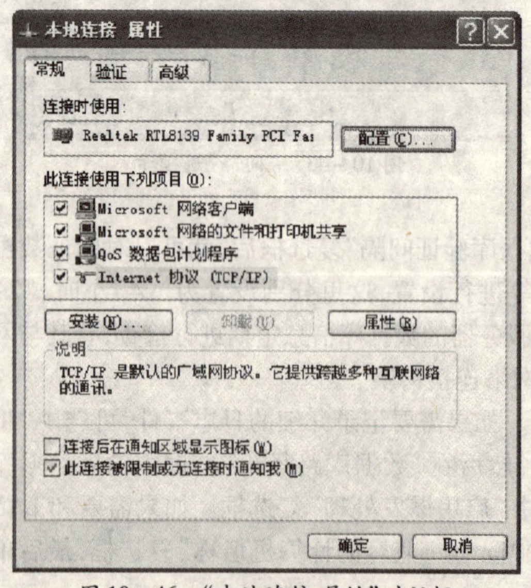

图 10－46 “本地连接 属性”对话框

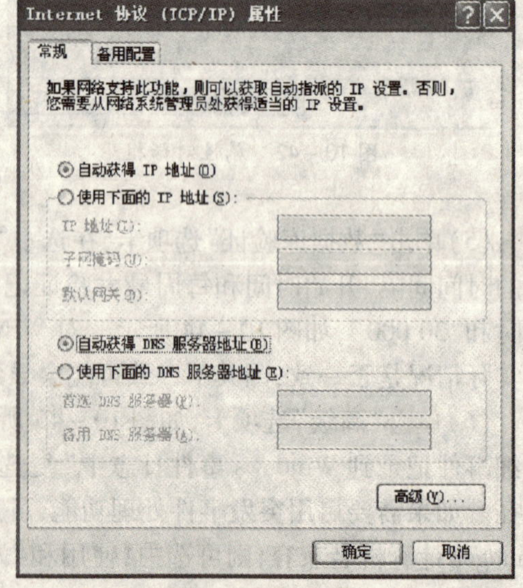

图 10－47 设置 IP 获得方式

5. 设置共享文件夹(在 Windows XP 中设置)

(1)打开“我的电脑”窗口,双击 C 盘图标,打开 C 盘窗口,在窗口工作区中的空白处单击鼠标右键,在弹出的菜单中选择“新建”→“文件夹”命令。

(2)将新建的文件夹命名为“共享资源”,并在该文件夹上单击鼠标右键,在弹出的菜单中选择“共享和安全”命令。

(3)在“共享资源 属性”对话框中单击“共享”选项卡,单击“如果您知道在安全方面的风险,但又不想运行向导就共享文件,请单击此处”超级链接(该超级链接只在第一次设置共享文件时出现)。

(4)在“启用共享文件”对话框中选中“只启用文件共享”单选按钮,并单击“确定”按钮。

(5)返回到上级对话框,选中“在网络上共享这个文件夹”复选框,并单击“确定”按钮完成共享文件夹的设置,如图 10 - 48 所示。

(6)返回到 C 盘窗口中,此时的“共享资源”文件夹图标下增加了一个手掌标记,如图 10 - 49 所示,表示该文件夹已在局域网中共享。

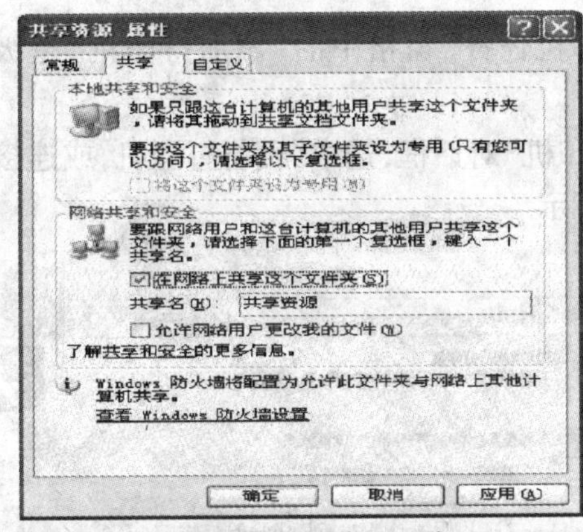

图 10 - 48　共享文件夹

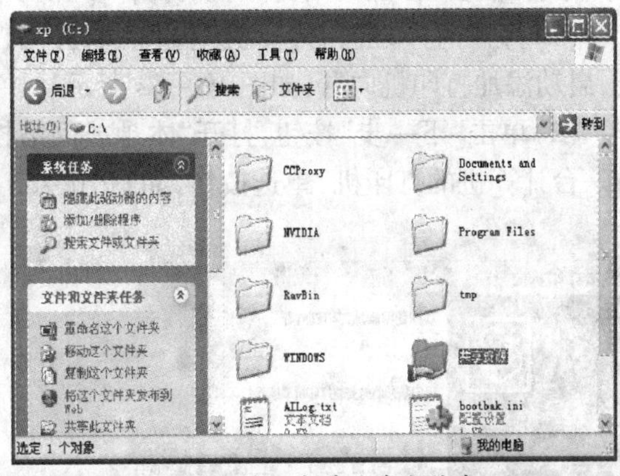

图 10 - 49　查看共享文件夹

6. 设置和添加共享打印机

某个局域网中只要有一台打印机,使用共享打印机功能即可满足需要,大大节省了资金投入。将这台打印机共享,然后在其他计算机上添加网络打印机。这样,所有用户都可以方便地使用打印机。

设置打印机共享的操作步骤如下:

(1)在安装打印机的计算机上执行[开始\设置\打印机和传真]命令,打开“打印机和传真”窗口。其中显示这台计算机上所安装的打印机,如图 10 - 50 所示。

(2)右击需要共享的打印机图标,从弹出的快捷菜单中选择“共享”命令,打开打印机的“属性”对话框。在“共享”选项卡中选中“共享这台打印机”单选按钮,并在“共享名”文本框中输入共享名称,如图 10 - 51 所示。

(3)单击“确定”按钮,将该打印机设置为共享。这样,网络中的其他用户可以通过网络添加网络打印机。

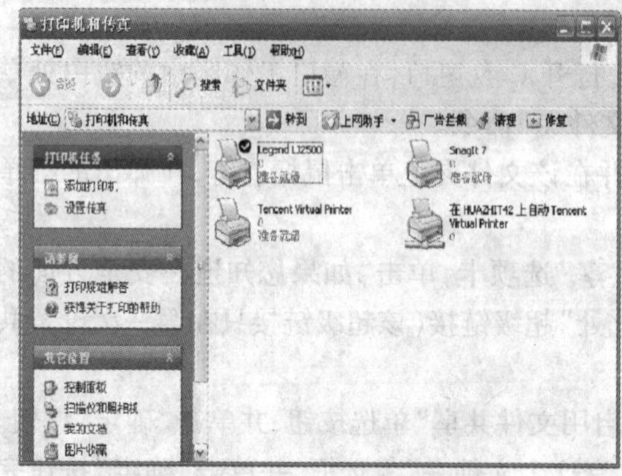

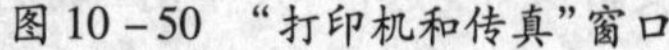
图 10－50 “打印机和传真”窗口

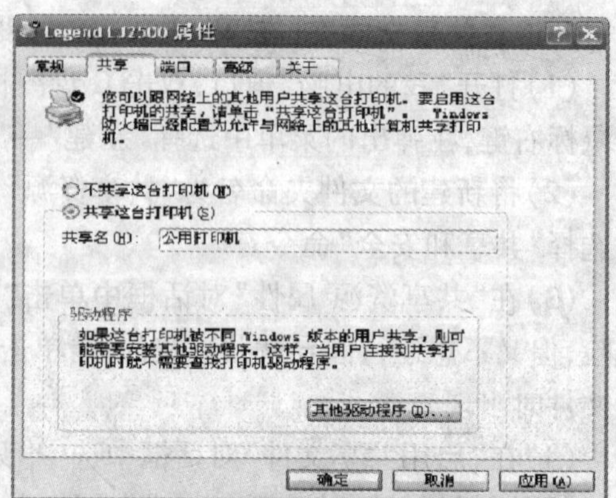

图 10－51 打印机属性“共享”选项卡

7. 添加网络打印机

将打印机设置为共享后，网络中没有安装打印机的计算机可以通过网络添加打印机，实现共享打印机。添加网络打印机的操作步骤如下。

(1)打开“打印机和传真机”窗口，单击“打印机任务”窗格中的“添加打印机”超级链接，启动添加打印机向导，如图 10－52 所示。

(2)单击“下一步”按钮，打开“本地或网络打印机”对话框，选中“网络打印机，或连接到另一台计算机的打印机”单选按钮，如图 10－53 所示。

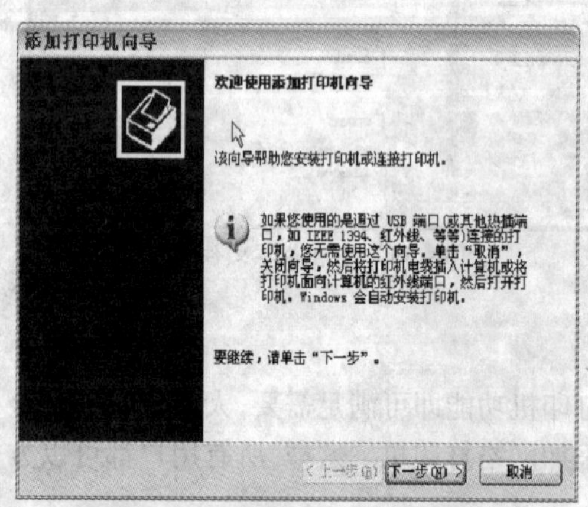

图 10－52 “添加打印机向导”对话框

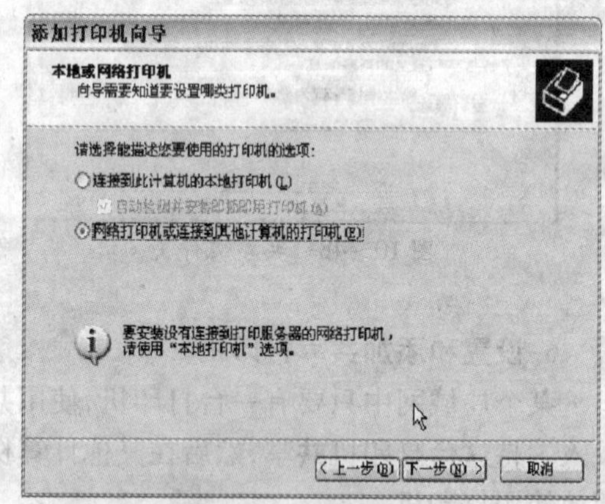

图 10－53 “本地或网络打印机”对话框

(3)单击“下一步”按钮，打开“指定打印机”对话框，选中“浏览打印机”单选按钮，如图 10－54 所示。

(4)单击“下一步”按钮，打开“浏览打印机”对话框，在“共享打印机”列表框中选择要添加的网络打印机，此时“打印机”文本框中会显示所选打印机的名称，如图 10－55 所示。

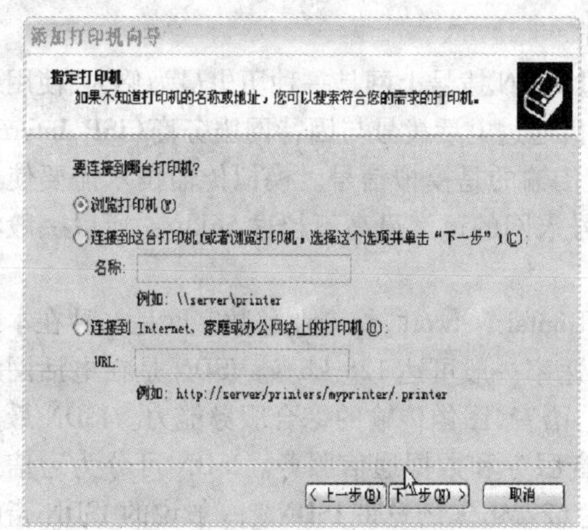

图 10－54　“指定打印机”对话框

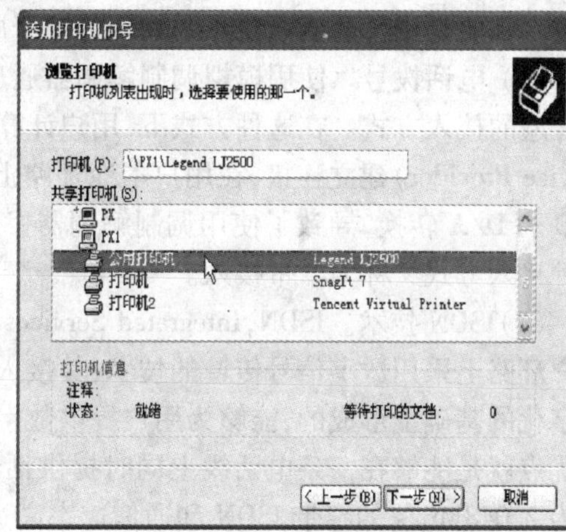

图 10－55　“浏览打印机”对话框

(5)单击“下一步”按钮，打开“默认打印机”对话框。选中“是”单选按钮，将这台打印机设置为默认打印机，如图 10－56 所示。有打印任务时，计算机会首先把文档送到默认打印机。

(6)单击“下一步”按钮，打开“正在完成添加打印机向导”对话框，如图 10－57 所示。

(7)单击“完成”按钮，成功添加网络打印机。在“打印机和传真”窗口中会显示所添加的打印机。

网络打印机的使用方法和本地打印机类似，需要注意的是，不能有多个用户同时使用一台网络打印机。使用网络打印机时，提供打印服务的计算机必须处于运行状态。

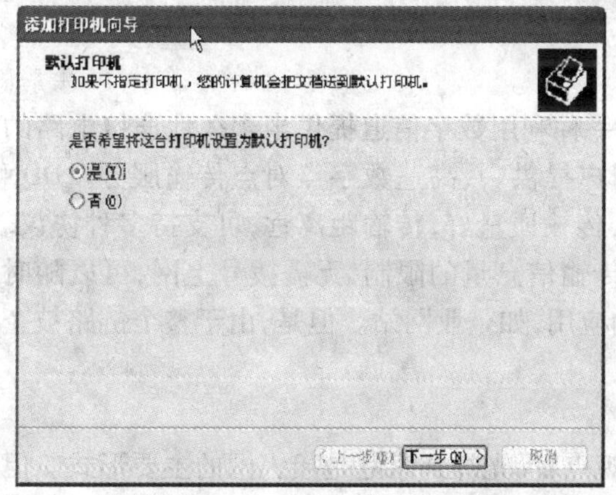

图 10－56　“默认打印机”对话框

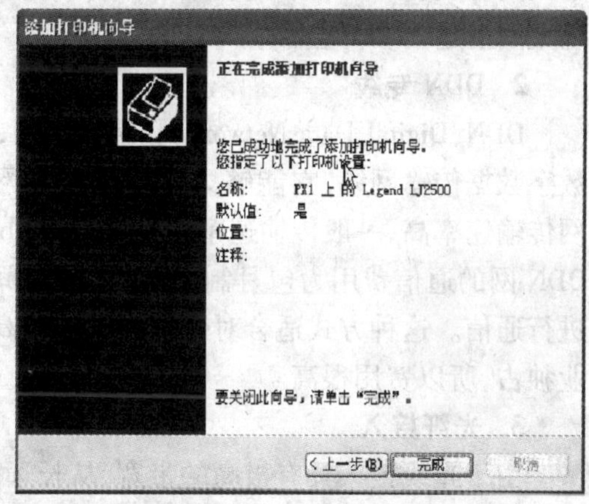

图 10－57　正在完成向导

10.2　因特网的接入

所谓因特网的接入就是将各种终端系统连接到因特网的接入点，准确地说是接入到因特网的边缘路由器，所谓的边缘路由器就是从端接系统接入因特网的第一个路由器。一般来说有以下几种接入方式。

1. 基于 PSTN(公共电话交换网)的接入技术

基于 PSTN(公共电话交换网)的接入技术主要包括电话拨号、ISDN 和 ADSL。这三种接入技术都要是用普通电话线作为物理传输介质。

(1) 电话拨号。使用模拟调制解调器通过 PSTN 拨号上网是一种历史最为悠久、使用最为普遍的接入方式。在这种方式下,用户计算机通过电话拨号与因特网服务商(ISP, Internet Service Provider)建立连接,在用户本地环路上传输的是模拟信号。模拟传输技术需要使用 A/D 和 D/A 转换,导致了使用调制解调器拨号入网的速度最高不超过 56kb/s,所以一般将这种接入方式又称为窄带接入。

(2) ISDN 技术。ISDN, Integrated Services Digital Network,综合业务数字网是一种在本地用户环路上采用数字信号传输的技术,其接入速率一般可达 128 kb/s。ISDN 是在电话网络数字化的基础上形成的,能够为用户提供数字、语音、图像传输的综合服务能力。ISDN 最大的优点就是能够在一条电话线上同时提供话音服务和数据通信服务。ISDN 可分为通信速率为 2.048Mb/s 的窄带 ISDN 和通信速率高达 622Mb/s 的宽带 ISDN。一般说的 ISDN 指的是窄带 ISDN。

(3) ADSL 技术。ADSL, Asymmetric Digital Subscriber Line,非对称数字用户线,这种接入技术可以在普通的电话铜缆上提供 1.5 ~ 8Mb/s 的下行传输速率和 10 ~ 64kb/s 的上行传输速率,能在一对电话线上同时提供语音和数据服务,使上网、打电话互不影响,还可进行视频会议和影视节目传输。这种接入技术非常适用于上网目的以因特网浏览为主的用户。ADSL的应用类型有很多种,对于一般用户来说常用的是 PPPoE(PPP over Ethernet),这是因为用户计算机上的网络接口多数是以太网类型的。PPPoE 利用了以太网的工作机理,并在以太网协议和 PPP 协议之间增加了协议适配软件,将 PPP 承载到以太网上,使得用户可以在以太网上建立 PPP 会话。

2. DDN 专线

DDN, Digital Data Network,数字数据网,是一种利用数字信道提供半永久性连接电路的数字数据传输网络,它能够为专线或是专网用户提供中、高速数字点对点传输服务。DDN 网传输速率高,一般传输速率可达 2.048Mb/s,传输质量好,传输距离远,可支持多种协议。DDN 网的通信费用为包月制,不受通信时间、传输信息量的限制,无需拨号上网,可以随时进行通信。这种方式适合对带宽要求比较高的应用,如企业网站。但是,由于整个链路被企业独占,所以费用很高。

3. 光纤接入

由于光线接入具有极高的带宽,从长远的观点看,光纤到家庭是接入网的主要形式。但是以目前的发展水平,光纤网络的建设成本仍然非常高,所以光纤到家庭在短时间内还难以实现,光纤到楼、光纤到小区和光纤到路边则是比较现实的中期目标。

4. 局域网接入

局域网接入指的是用户采用局域网连接到所在区域网络,并通过区域网络来访问因特网的方式。局域网的接入必须与其他接入方式相结合,目前典型的组合方式是光纤到小区外加局域网接入,即电信局把光线铺设到服务小区,使服务小区的局域网与因特网连接,服务小区内部把各个用户链接到服务小区的局域网中,这样每个用户就可以通过局域网来访问因特网了。

5. 无线接入

无线接入非常适合于移动用户或是无法铺设电缆的用户。具体实现时,在端局与用户之间既可以采用有线和无线的组合,也可以全部使用无线接入。无线接入采用的技术主要有微波传输技术、卫星通信技术、蜂窝移动通信技术、数字无绳电话技术和无线局域网技术。目前新出来的一些无线上网设备,如 3G 无线网卡,使用起来很方便,只要缴纳一定的资费,开通之后便可随时随地上网。

1. 简答题

(1)什么是局域网?

(2)简述局域网的种类有哪些。

(3)什么是因特网接入?

(4)Internet 的接入方式有哪些?

2. 拓展练习题

查阅资料阐述广域网如何组建。

3. 实践操作

(1)动手制作直通线和交叉线各一根,并用线缆测试仪测试其连通性。

(2)自己动手组建一个对等关系的局域网。

(3)小组合作组建客户机/服务器网。

(4)在微机实验室的计算机上设置并使用共享打印机。

图书代号 JC10N0002

图书在版编目(CIP)数据

微型计算机使用与维护/乜勇主编. －西安:陕西师范大学出版社,2010.2
ISBN 978－7－5613－5003－4

Ⅰ.①微… Ⅱ.①乜… Ⅲ.①微型计算机－使用②微型计算机－维修 Ⅳ.①TP36

中国版本图书馆 CIP 数据核字(2010)第 023456 号

微型计算机使用与维护
乜 勇 主编

责任编辑 赵 旭
责任校对 田均利
封面设计 鼎新设计
出版发行 陕西师范大学出版社
社 址 西安市长安南路 199 号(邮政编码:710062)
网 址 http://www.snupg.com
经 销 新华书店
印 刷 陕西向阳印务有限公司
开 本 787mm×1092mm 1/16
印 张 11
字 数 228 千
版 次 2010 年 3 月第 1 版
印 次 2010 年 3 月第 1 次印刷
书 号 ISBN 978－7－5613－5003－4
定 价 20.00 元

读者购书、书店添货或发现印刷装订问题,请与本社教材中心联系、调换。
电 话:(029)85307826 85303622(传真)
E－mail:jcc@snnup.net